教育の植民地支配責任を考える
Considering responsibility for colonial education

植民地教育史研究年報◎ 2017　20
Reviews of Historical Studies of Colonial Education vol.20

教育の植民地支配責任を考える

2017　植民地教育史研究年報　第20号　目次

巻頭言　植民地教科書研究の意義―『研究年報』20号に寄せて―　…　佐藤広美　5

Ⅰ．20周年記念講演
日本植民地教育史研究会・創設の頃とその後　………………………　渡部宗助　14

Ⅱ．シンポジウム　植民地教育の戦争責任・戦後責任
シンポジウム「教育の植民地支配責任を考える」
　　発題　教育の植民地支配責任とは何か―小沢有作を中心に考える―…　佐藤広美　30
福沢諭吉研究の現状と日本の植民地教育史研究の課題
　　―安川寿之輔著『福沢諭吉のアジア認識』を手がかりにして―……　松浦　勉　40
「満洲国の職業技術教育と植民地支配責任」を考える　………………　丸山剛史　62
中学生の認識に内在する「国家の論理」（植民地主義）を
　　相対化する授業………………………………………………………　三橋広夫　72
　　討論　シンポジウム「教育の植民地支配責任を考える」……………………　89

Ⅲ．研究論文・研究ノート
「満洲」の国語教育実践における『満洲補充読本』の位置　……………　宇賀神一　106

Ⅳ．書評・図書紹介
根川幸男、井上章一編著『越境と連動の日系移民教育史―複数文化体験の視座』
　　……………………………………………………………………………　岡田泰平　128
田中寛著『戦時期における日本語・日本語教育論の諸相』……………　宮脇弘幸　134
林琪禎著『帝国日本の教育総力戦―植民地の「国民学校」制度と
　　初等義務教育政策の研究―』………………………………………　合津美穂　142
松原孝俊監修『満洲及び朝鮮教育史―国際的なアプローチ―』
　　………………………………………………　山本一生・Ulrich Flick・山下達也　149

Ⅴ．資料紹介
日本統治下朝鮮の学校経験―池明観氏の場合―…　李省展・佐藤由美・芳賀普子　158
満洲鉱工技術員協会編『鉱工満洲』誌目次集（1）………………………　丸山剛史　175

Ⅵ. 旅の記録
　台湾教育史遺構調査（その10） ……………………………………… 白柳弘幸　192

Ⅶ. 学会・シンポジウム参加記録
　戦争をどう乗り越えるか──盧溝橋事件80年国際シンポジウムに参加して──
　……………………………………………………………………………… 田中 寛　202

Ⅷ. 彙報 ………………………………………………………………………………　212

編集後記 ……………………………………………………………………………　217
著者紹介 ……………………………………………………………………………　218
『植民地教育史研究年報』投稿要領 ……………………………………………　221
CONTENTS …………………………………………………………………………　222

巻頭言

植民地教科書研究の意義
――『研究年報』20号に寄せて――

佐藤広美*

　私たちの植民地教育史研究会は、1997年3月に「発会式」を行っています。『植民地教育史研究年報（1）植民地教育史像の再構成』（皓星社）の刊行は、1998年6月でした。それから毎年のように『年報』の刊行を続け、本号で20号となります。20年を一区切りとして、装丁を新たにしました。お手にとった感じはいかがでしょうか。

　幸いに、この20年間、植民地教育史研究の意義に理解を示していただいた方々は少なくなく、本研究会の会員が減るということはありませんでした。とくに、若い研究者と外国からの留学生によって、研究会の評判を聞きつけたのでしょう、参加の申し出はつねに継続されてきました。会員数は減少することなく安定して確保されてきたように思います。これは、私たちの研究的な自信につながりました。

　20号の刊行を気分一新の材料にして、今後も植民地教育史研究の意義を発信していけるよう、よりいっそうの努力を重ねたいと思っています。

　私は、発会式からの会員ですが、最近10年間で取り組んだ本研究会の大切な研究活動の一つは、植民地教科書の検討（植民地教科書の全体像の把握）であったろうと思います。30名を前後する会員による共同研究で、3回ほどの文科省の科研費研究の助成を得てのものでした。以下に記します。

○宮脇弘幸科研報告書『国定教科書と植民地・占領地教科書の総合的比較研究―国定教科書との異動の観点を中心に』（2006年度～2008年

*東京家政学院大学

度)
○西尾達雄第 1 次科研報告書『日本植民地・占領地教科書と「新教育」に関する総合的研究―学校教育と社会教育』(2010 年度～2012 年度)
○西尾達雄第 2 次科研報告書『日本植民地・占領地教科書にみる植民地経営の「近代化」と産業化に関する総合的研究』(2013 年度～2015 年度)

　日本の植民地教育にも膨大な歴史が残されています。日本本国で、文部省が国定教科書を編んだように、植民地においても現地総督府が独自に教科書を編纂し、現地の住民にその教科書の使用を義務付けました。日本の植民地当局者がいかなる教育内容を現地の民衆に与えようとしたのか、これはとても重要な課題だと思いました。
　旧植民地に対する教育の歴史を日本の教育の歴史に内在させて(有機的に関連づけて)分析することは、本研究会の初発からの志しでした。それを教科書の歴史にそくして解いていこうという試みでした。
　旧植民地とは、台湾、朝鮮、関東州・南満州鉄道付属地、中国占領地、南洋群島、東南アジア(シンガポール、マレー、インドネシア、ビルマ、タイ、フィリピン、香港など)を指します。上記の科研費報告書は、それぞれの地域別、教科別(修身、日本語、歴史・地理、算数、理科、唱歌・音楽、図画、体育、家事科、実業科目、など)による論文が成果として掲載されています。科研の報告書にとどめておくのはもったいない話なので、これを整理して出版物(仮題『日本の植民地教育を問う―植民地教科書には何が描かれていたのか―』)にし、市場にのせ、幅広い読者に発信できないものか、いま、鋭意、検討中です。

　このように、植民地教科書の研究は、膨大な材料が存在するのですから、多くの会員からの関心を集め、一堂に会して見識を持ち寄り、見解と異論をぶつけて分析をしてみる魅力を秘めているものだということが分かってきました。ここでは、一つだけ、私が感じる植民地教科書研究の面白さについて書かせていただきます。それは、朝鮮総督府発行の『初等国史　第5学年』(1940 年)のことです。
　朝鮮総督府の歴史教科書の変遷(1910 年～)についての詳細は省きま

す。それまでの朝鮮の歴史教科書は、文部省編纂の国定教科書『初等科国史』を基本に、いくつかの「朝鮮の事歴」を挟んだ『国史』であったのですが、この1940年に作成された『初等国史　第5学年』(『初等国史　第6学年』1941年とともに)は、文科省編纂の国史教科書の基本的な考え方（内容）にとらわれない全く独自な編纂と記述を行っていたのでした。これは特筆に値するものだったのです。なぜ、そのような編纂を行ったのか、その理由や、朝鮮総督府の考え方がいかなるものであったのか、などの事情についてはまだよく分かっていません。

　日中全面戦争（1937年）の勃発は、朝鮮植民地教育支配にとってとても大きな影響をもたらしました。第3次朝鮮教育令（1938年3月）は、その画期を記しています。塩原時三郎学務局長の造語といわれる「皇国臣民」という用語が登場し、教育の目的とされます。1937年10月に「皇国臣民の誓詞」が作られ、朝鮮人はすべてその暗唱を強いられます。皇国臣民体操の普及が叫ばれ、学校行事や神社参拝・宮城遙拝が強化さるといった具合でした。小学校規程第20条の国史教育の目的には、次の文言があります。

「国史ハ肇国ノ由来ト国運進展ノ大要トヲ授ケテ国体ノ尊厳ナル所以ヲ知ラシメ皇国臣民タルノ精神ヲ涵養スルヲ以テ要旨トス」

「尋常小学校ニ於テハ肇国ノ体制、皇統ノ無窮、歴代天皇ノ聖徳、国民ノ忠誠、賢哲ノ事蹟、文化ノ進展、外国トノ関係等ヲ授ケテ国初ヨリ現時ニ至ルマデ国民精神ノ国史ヲ一貫セル事実ヲ理会セシムベシ」

　これを、それ以前の規程と比べて、その違いを注意してみましょう。
　第2次朝鮮教育令（1922年2月）の普通学校規程第13条は以下のように記されています。

「日本歴史ハ国体ノ大要ヲ知ラシメ兼ネテ国民タルノ志操ヲ養ウヲ以テ要旨トス」

「日本歴史ハ我国ノ国初ヨリ現時ニ至ル迄ノ重要ナル事歴ヲ授ケ朝鮮ノ変遷ニ関スル事蹟ノ大要ヲモ知ラシムヘシ」

　第3次朝鮮教育令と比べ、それ以前のものが、いかにあっさりとしていたのかがわかります。第3次朝鮮教育令は、肇国の由来と国運発展の大要を朝鮮の子どもたちに授け、国体の尊厳を知らしめることを強く要請しています。そのために、肇国の体制、皇統の無窮、歴代天皇の聖徳、

国民の忠誠、賢哲の事蹟、文化の進展、そして、外国との関係に配慮する教育内容を教えることを課しているのでした。

『初等国史』改訂版（第5学年と第6学年）は、このような規程に忠実に従った教科書であったのでしょう。磯田一雄は『「皇国の姿」を追って』（皓星社、1999年）で、「内地」「外地」を通じて従来の国史の教科書の概念を全く超えた新しい教科書であったと述べています。第5学年は「国体明徴」を中心に、第6学年は「国運進展」を中心に置き、完全に皇国主義のイデオロギーの宣伝・教化の武器に教科書を変えたものであったとします。通史としての歴史を5年と6年で二分するという戦前の小学校歴史教育の常識を放棄し、神代から現代までを両学年でくり返して教える「循環法」を採用するという破天荒な内容となったと述べます。結果として、国内の国定歴史教科書『初等科国史』とも際だった違いを生むことになります。

たとえば、近代日本（天皇制国家の出現）の記述のところを紹介します。少し、長い紹介になりますが、なぜ、このような記述を行ったのか。国内の国定歴史教科書ではほとんど不可能と思われるような書き方でもあるので、あえて記しておきます。

　　「明治天皇は、まづ何よりも国の勢を盛にすることが大切であるとおぼしめして、王政復古をおほせ出されると、すぐに外国と親しいまじわりをする御方針をおきめになり、はつきりと、国民に御さとしあらせられました。国力を盛にするのには、ヨーロッパやアメリカの国々の政治のきまりや産業などのすぐれたところをとり入れて、よくきまりをととのへ、まつりごとのゆきとどくやうにするのがいちばんよいとおぼしめしたからであります。ちやうど聖徳太子や天智天皇が、支那のすぐれたところをおとり入れになつたおぼしめしと同じであります。」（『初等国史　第5学年』166～167頁）

外国（ヨーロッパ）と親しい交わりを行い、すぐれたところを取り入れた、という記述には驚きます。ほかにも、留学生を西洋に送り出して、「ヨーロッパやアメリカの国々に出かけて西洋の学問をまなんで来たり、すぐれた技術を習つて来たりするものが多くなりました」（169頁）との

文章もあります。太平洋戦争が勃発する直前の教科書です。欧米近代思想の排撃は、植民地朝鮮でも強まっていたはずですが、歴史記述ではかならずしも狂信的な表現は行わずにいる、ということです。

しかも、ヨーロッパだけでありません。「支那のすぐれたところ」を取り入れてきたという歴史的伝統も述べています。国内の国定教科書『初等科国史』では、すでに、聖徳太子が支那のすぐれたところをとりいれたという記述は消されており、中国の学者を招いたと注意深い書き換えを行っていただけに、この表現の違いには注視したいと思います。

さらに、明治帝国憲法についての説明が詳しく書かれていることが重要です。これは、国定『初等科国史』との明らかな違いです。たとえば、以下の文章が憲法の説明として書かれていますが、これをどう読んだらよいものでしょうか。

> 「地方には、市・町・村の制度が設けられて、府や県のさしづをうけて、その地方の人びとがたがひに相談して治めてゆくきまりになつたのも、この頃からであります。西洋のすぐれてゐるところを、わが国がらにあふやうにおとり入れになつたのであります。」(174頁)
>
> 「まつりごとについては法律をおきめになることも、陸海軍をおすべになることも、外国と戦争をしたり条約をむすんだりなさることも、みな、このきまりによつて行はれることが定められてあります。また、私ども臣民を、ひとしく朝廷の役人におとりたてになることが示され、日常のくらしについても、財産をもつことをはじめ、いろいろの権利をおみとめになつたばかりでなく、裁判所のきまりを立てて保護を加え、深く御いつくしみをたれさせられることになつてゐます。」(176頁)
>
> 「帝国議会ができて西洋の政治のきまりの中で一ばん進んだ制度が、わが国にとり入れられたばかりでなく、大ぜいのものの意見をきこしめされるおぼしめしは、はつきりとゆきとどくことになつて、新政はすつかりととのひました。」(180～181頁)

法でもつて国家を統治するという、法治主義にたいする説明を試みよ

うとしていることが分かります。西洋の進んだ制度の受容、大勢の人びとの意見を聞く、等しく扱う、さらには「権利」「保護」という言葉さえ使っています。これをどう考えたらよいのか。じっくりと考えてみるに値すると感じました。

いま、直ちに気づくことは、この記述の主語は、すべて明治天皇であったということです。明治天皇こそが、西洋のすぐれた制度を取り入れることができたというわけです。西洋思想を柔軟に受容し、民衆の意見を等しく聞き分け、権利と保護の思想をわが国伝統の国体精神に適うように定めた人物こそ、天皇であったという点にすべてが収斂していく、という構造であったと思うのです。天皇こそ支那（外国）のよきところを取り入れてきた伝統を堅持してきたということではないでしょうか。最大のねらいはここにありそうです。「肇国ノ由来ト国運発展ノ大要」と「国体ノ尊厳ノ由来」を説く絶好の対象こそ、近代日本の象徴である明治帝国憲法であったということです。西洋近代の精神を閉ざすことなく、そこに開かれた精神を所持する明治天皇と天皇によって統治された日本によって指導される朝鮮（人）はまことに幸福である、という思想がここに厳然と存在しているという読みが可能かも知れないと思うのですが、いかがでしょうか。

日中戦争から太平洋戦争の勃発に至る時期（1937年から1941年）、植民地朝鮮の教育にとって何がもっとも重要視されるべき課題であったのか。国内の事情をはるかに超えた植民地における切迫した支配当局者の心情というものを推し量ってみる必要性を感じます。

同じ時期の国定『初等科国史　下』（第6学年、1941年）の方は、どうか。その記述は比べてみると、実にあっさりしていることが分かります。

「明治22年に至り、皇室典範と大日本帝国憲法とをお定めになり、紀元節の日に、宮中正殿において、憲法発布の式をお挙げになつた。」
（117頁）
「天皇は時勢の進運にかんがみ給ひ、皇国の隆昌と臣民の慶福とをお望みになる大御心から、皇祖皇宗の御遺訓に基づいて、御みづからこの大法を御制定になり、国民こぞつて御仁徳をあふぎ奉り、和氣の上下にみちみちてゐるうちに、御発布あわせられた。かやうな

ことは、外国には全くその例をみないことで、ここにも比類のないわが国体の尊さがある。」(118頁)

　明治憲法がどのような法律であるのか、その内容に立ち入る姿勢はほとんどありません。憲法に対し国民こぞって仰ぎ奉った、という国家の威信が強調される点だけが目につきます。最後の国定歴史教科書『初等科国史　下』(1943年)になると、その点の強調が一段と進むばかりとなります。

　　「この日、めでたい紀元節は、まづ、皇祖皇宗に、したしく典憲制定の御旨をおつげになつたのち、皇后とともに、宮中正殿にお出ましになり、皇族・大臣・外国の使節を始め、文武百官・府県会議長をお召しになつて、おごそかに式をお挙げになりました。盛儀が終ると、青山練兵場の観兵式に臨御あらせられました。民草は、御道筋を埋めて、大御代の御栄えをことほぎ、身にあまる光栄に打ちふるへて、ただ感涙にむせぶばかりでした。奉祝の声は、山を越え野を渡つて、津々浦々に満ち満ちたのであります。」(113～114頁)

　同じ時期、国内の国定歴史教科書『初等科国史』では、「西洋のすぐれたところを取り入れて」等という表現はほとんど見受けられません。西洋近代を超える日本(西洋近代思想の排撃)という主題が歴史記述に流れているのでしょう。国内の政治事情はそれで十分だったのかも知れません。しかし、植民地朝鮮の事情は、それとかなり違った政治事情があったのだろうと思います。西洋近代を超えるばかりでなく、さらに、アジアを興す盟主日本という姿を明示するという切迫した植民地事情が推測されます。国内の国定歴史教科書をはるかに超えた物語(肇国の体制、皇統の無窮、歴代天皇の聖徳、国民の忠誠、賢哲の事蹟、文化の進展、そして、外国との関係)が記述される必要があったのだと思われます。
　ところが、朝鮮総督府編纂最後の『初等国史　第5学年』(1944年)では、この西洋のすぐれたところを取り入れて、という記述はひどく弱まっていきます。こうした表現は許されなくなるのでしょう。それは、なぜなのでしょうか。興味は尽きないのです。

朝鮮総督府の『初等国史　第5学年』(1940年) の分析の面白さについて書いてみました。植民地教科書には何が描かれていたのか。植民地当局者がいったいどんなことを被植民地民衆に教え込もうとしたのか。その支配者の意図と責任をどう理解すればよいのか。この点の究明は今後も続けられていくものだと思います。

Ⅰ．20周年記念講演

日本植民地教育史研究会・創設の頃とその後

渡部宗助＊

0. 1996年9月23日

　日本植民地教育史研究会と僕との関わりは、1996（平成8）年9月23日（祝）に始まる。折しも立教大学で第40回教育史学会が開催されており、その2日目・11時に池袋の喫茶店に、槻木瑞生さんとともに小沢有作さんに呼ばれたのである。当初はその前日の午後の予定だったのが、台風来襲のため一日延期された旨、手帳にメモが残っている。相談事というのは、「中日共同研究について」（『教育学研究』63巻2号・同年6月刊）という会員通信「記事」についてだった。投稿者は王 智新さん（当時、宮崎公立大学）で、その趣旨は (1) 中国で、20世紀初めから1945年までの「教育史研究」を国家プロジェクトとして立ち上げた、(2) については日本側の支援（協力・参加）を得たい、というものだった。[資料1]

　小沢さんはこの中国の提案に「応えたい」が、日本にはその「受け皿」がないので－そういう断定的口吻だったかについては、自信がないが、小沢さんにはそう映っていたのであろう－研究会的なものを立上げて、中国側に応えたい。中国が主催するシンポジウムにも参加したい。それについて、槻木さんと僕にも協力を得たい、という趣旨だった。なぜ、槻木さんと僕だったのかは、推測の域を出ないが、槻木さんは大学院時代から30年間一貫して「満洲」を対象に、現地にも足繁く踏査していたから必然的と思えた。僕の場合は、小沢さんの日本・朝鮮研究所時代から多少の交流があり、「植民地・民族問題」という捉え方で読書会的な場を共にしたり、M・L主義の青木文庫、国民文庫や「三原」（上原・南原・矢

＊国立教育政策研究所名誉所員

内原) はもとより高島善哉の著作などで「民族とは何か？」を真面目に議論していた。その後「大学紛争・闘争」があって、それは頓挫・雲散した。すこし落ち着いた1971 (昭和46) 年に僕は広島大に、槻木さんはその1年前だったと思うが名古屋大に赴任した。それ故、僕にとって小沢さんとの関わりには20年以上の空白があった。僕にお声がかかったのは、中国側の研究プロジェクトの拠点が中国「中央教育科学研究所」(当時) で、カウンターパー

資料1

トとしては日本も「国立教育研究所」(当時) が望ましいという思惑だったと思う。それと、僕は多少なりとも「中国語」を勉強していたということもあったかも知れない。小沢さんと槻木さんとの接点については知らなかったが、僕以上に疎遠だったのではないかと思う。そんなわけで、僕は小沢さんの「瞬間湯沸かし器」的場面は全く知らない。偶然ではあるが、小沢さんの『民族教育論』(1967年) の書評が掲載され『教育学研究』(36巻3号、1969年9月) には、僕の投稿論文「台湾教育史の一研究」が載っている。これは全くの運命のいたずらであろう。中国からの提案に特に反対する理由も見つからなかったので、そのまま「受け皿」作業に加わった。

当時、僕の国研での中心的「研究調査課題」は、佐藤秀夫さん達と『教育刷新委員会／教育刷新審議会 会議録』(全13巻) の翻刻・刊行であったが、最終段階にあって第13巻資料編の編集と解題を分担執筆していた (その発行は、1998年10月)。この校訂作業については『教育と情報』誌 (460号、1996年7月) に小文を載せている。

1. 日本植民地教育史研究会発足の頃

　1990年代半ば・1995（平成7）年は、「戦後50年」の節目で「国会決議」（同年6年9月）を巡って大いに議論されて、日本の「植民地支配」や「侵略的行為」について「反省の念」の表明と、8月15日には村山首相の「お詫び」の談話が出された。それらは、その10年前・1985（昭和60）年5月の西ドイツ（当時）大統領・ヴァイツゼッカー大統領の有名な演説に比すれば、穏微な「反省・お詫び」であったが、そのドイツでは翌1986（昭和61）年から歴史家論争が起こって、「歴史修正主義」批判－「あったものを、なかったことにする！」批判－が提起されていた。日本の教育現場では、日本の「加害・被害」の歴史教育にあり方について議論されていた。そうした中で、「自由主義史観研究会」(1995) の活動（翌々年、新しい歴史教科書を作る会・西尾幹二）は、ロン・ヤス・サッチャーのグローバルな「新自由主義」とも共鳴して日本版「歴史修正主義」と言えるものであった。東西ドイツの統一（1990年）、中国の「改革・解放」（1990年）、ソ連邦の崩壊（1991年）という大情況下で、特に日本の「人文・社会」科学では、「戦後歴史学」批判の議論も始まっていた。

　上述の1996（平成8）年9月の池袋で会合の後は、石神井公園団地1Fのたまり場「ねぎぼうず」が寄合の場となった。小沢さんがこの年3月に都立大学を定年退職し、それを機に私財をつぎ込んで団地の1戸分を購入して改築中の「たまり場」兼書庫であった。日本植民地教育史研究会結成の呼びかけは1997（平成9）年1月末日付であったが、それまでの準備はここで進められた。呼びかけ人の人選・依頼などは主に小沢さんの手で進められた。僕はその寄合のすべてに出席していたわけではないが、「呼びかけ文」[**資料2**] については意見を求められた記憶がある。

　当時、僕の学会活動の中心は「55年体制」崩壊を機に、1993（平成5）年に結成された日本教育政策学会にあった。臨教審最終答申によって、国立教育研究所が「政策」研究中心に改組・再編されて、「教育政策研究部」が設置された時（1989年）、僕はそこの「教育史・教育理念研究室」所属になっていたので、教育政策学会に加入したのは自然の流れであった。加入と同時に常任編集委員に「指名」されたのは想定外のことで面

食らったが、現状分析・批判、政策提言に力点があって、政策史的研究が相対的に弱いという事情もあったようだ。政策学会も植民地教育史研究会も、後発の任意団体だったが、学閥や運動・イデオロギーと無関係とは言えなかったが、とにかく若い「働き手」が必要だった。僕はその「繋ぎ」のようなポジションにいたように思う。「世代論」に与するわけではないが、共通の歴史的体験世代層の存在意味はあると思っており－例えば、「昭和一ケタ」とか、「戦後ベビーブーム」とか、「高度成長期」とか－、幸か不幸か僕はそのどれにも属せず、栄えある「六・三」制の一期生として、今や「戦後批判」の対象にさえなっている。先を急ごう。

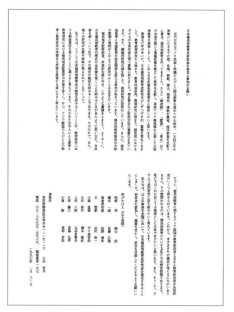

資料2

翌1997（平成9）年の3月29日（土）午後、学士会館別館（本郷）で、日本植民地教育史研究会の発会式を行った。この日の詳細は、通信「植民地教育史研究」（創刊号、1997年5月5日）、後に『植民地教育史像の再構成』（『植民地教育史研究年報』第1号、1998年10月20日）に再録されている。槻木さんが全体司会を、①代表としての小沢さんが「アジアから信を得るために」というこの研究会の「哲学・思想」－目的・性格・歴史的課題－について述べ、僕が発会式までの経過報告を行い、②佐野通夫さんが「旧植民地から植民地教育を考える－韓国とジンバブエの体験から－」という研究報告を、③「植民地教育史国際シンポジウム」（8月予定、北京）の参加要請の案内を各々を行った。

2. 1950年代から1990年代へ

　戦後の日本における植民地教育史研究の動向について略述しよう。これについては、駒込武さんが「植民地教育史研究の課題と展望」で1950年代から略40年間の「朝鮮、台湾」に限定しての研究レヴューを行っている（『日本教育史研究』10号、1991年9月）。台湾については「研究論文目録」も付しているが、主に研究方法に関わる3つの論点を整理して提起しており、今日でも一読の価値がある。彼の著書『植民地帝国日本の文化統合』（1996年3月）執筆過程での執筆と思われるが、『岩波講座近代日本と植民地』の完結がその間である（1993年6月）。つまり、小沢有作さんは、それらを横目で見ながら、まわり道を経て、「90年代に入って、ふたたび日本の植民地教育の問題に向き合い」、退職を機に本格的に植民地教育研究に回帰したという事であった。

　1950年代から1970年代の教育史研究動向は、戦後の「憲法・教育基本法」を指標とした教育改革・実践・運動をめぐるせめぎ合いの中にあった。1960年代に小学館の『近代教育史』（「教育学全集」全15巻の第3巻）の刊行（1968年2月）があり、「植民地教育の成立」が「明治後期」の章・節の中に「項」として記述された。国土社の『近代日本教育論集』（全8巻）は1969（昭和44）年に刊行開始されて、その第1巻が『ナショナリズムと教育』だった。その間、1968年〜'69年の「大学紛争・闘争」があり、それは国際的なヴェトナム反戦運動とも重なり大きな拡がりを持ったが、その総括は未だなされていない。その最中に、「明治百年」があり、司馬遼太郎の「坂の上の雲」が『産経新聞』で連載が始まった（1968年4月〜）。琉球政府主席に屋良朝苗が当選したのもこの年だったが、僕も孫請けで加わった岩波『近代日本総合年表』（初版）は1968（昭和43）年が下限であった。日教組の全国教育研究集会に「人権と民族の教育」分科会が設けられて、「在日朝鮮人の教育」が議論されていたが、在日朝鮮人の「民族教育」の権利をどう考えるか、その具体的教育実現の場としての日本の学校を、そして「民族学校」を日本の教育法理・学校制度にどう位置付けるかということが、政策・運動における応用問題であった。その一例は、美濃部都政下において朝鮮大学校の「各種学校」としての

認可であった（1968年4月）。

　グループによる1990年代前後の「植民地教育史研究」に「特化」して先を急ごう。

①成城学園・教育研究所を拠り所にした、磯田一雄、野村章らによる植民地教科書研究があった。この研究会の創設自体は1983（昭和58）年であったが、その過程で白川今朝春（元・在満教務部教科書編輯部主事）所蔵の在満教科書の発掘があった（「白川文庫」）。それらの成果は成城大学文芸学部『成城文芸』と『教育研究所年報』に1990年代末まで各々数回にわたって掲載された。

②「満洲事変」60周年を前にして、1991（平成3）年3月に海老原治善らによって結成された「満洲国」教育史研究会の活動がある。この研究会は当初から日中共同研究を志向して、研究集会、フォーラム、学術討論会を共同で開催した。1994（平成6）年に「日中共同「満洲国」教育史研究」（第3号）まで発行した。

③この「満洲国」教育史研究会と並行して槻木瑞生が中心になって、『「満洲・満洲国」教育資料集成』の刊行が進められた。第一期（「満洲帝国文教年鑑」、第二期（「満鉄教育だより」全3巻）、第三期（全23巻）までが、エムテイ出版から刊行された。その続編と言うべき「アジアにおける日本の軍・学校・宗教関係資料」が槻木の編集で龍渓書舎から現在刊行中である。

　④国立教育研究所を拠点に阿部洋を代表者とする近代アジア教育史研究会の仕事がある。『近代日本のアジア認識』（目録編と資料編・2冊）刊行以前に、渡部学・阿部洋共同編集の『日本植民地教育政策史資料集成（朝鮮編）』（全74巻）が1991（平成3）年完結した。その続編が現在進行中の『（台湾編）』という大部の刊行がある（いずれも龍渓書舎）。阿部（アジア研究室長）は、国立教育研究所『紀要』で「戦前日本のアジアへの教育関与」（121号、1992年）、科研費による「戦前日本の植民地教育政策に関する総合的研究」（1994年）を編集・発行した。

　⑤遅れて1992（平成4）年にこの世界に参入して精力的に調査・研究活動を展開した竹中憲一の仕事がある。長い北京在留経験（北京「大平学校」の日本語教師）による堪能な中国語を武器にアクティブに研究に邁進していたが、'90年代末には病魔に侵されてペースダウンをせざるを得なかっ

た。それまでの調査・研究を、『「満州」における教育の基礎的研究』(全6巻、柏書房)」として上梓したのは2000(平成12)年であった。

⑥日本の「技術教育」の領域から、満洲におけるそれを不可欠なものとしてその意義・意味について探求したのが、原正敏である。残念ながら志半ばで他界してしまった。その後を追ったのが、故佐々木享と丸山剛史で、特に丸山は後(2010年)に宇都宮大という「満洲」と関わりの深い宇都宮高等農林・農林専門学校の後身校に職を得た。

⑦日本と海外植民地・占領地を繋ぐ「環」ともいうべき対象的課題としての「日本語教育」の問題についても述べなければならない。僕もその分担者として参加した「戦前・戦時期における日本語教育史に関する調査研究」(代表者・佐藤秀夫)の成果は『第二次大戦前・戦時期の日本語教育関係文献目録』(1993年)としてまとめられた。この調査研究はその後、分担者だった前田均による徹底した継承活動で、『日本語教科書目録集成』(2005年)に結実した。

⑧最後になったが、小沢有作は1990年代、都立大学で何を課題にしていたか。小沢が都立大学助手に就いたのが、1967(昭和42)年9月であったが、僕の手元には都立大『人文学報』No.82(1971年3月)がある。小沢は「日本植民地教育政策論−日本語教育政策を中心にして−」を載せている。1969(昭和44)年は都立大も「大学闘争」で明け暮れしたから、赴任後最初の論考だったであろう。その後、1990年代、大学院小沢ゼミでは「差別と侵略の教育史年表−15年戦争期」(『人文学報』240(1993年3月)、「植民地教育記述に関する東アジア教育史書の比較研究」(『人文学報』270(1996年3月))などを公表した。

以上が東京中心にして見た植民地教育史研究の動向であった。京阪地方と広島中心とした中四国、福岡・熊本の九州の動向のフォローできていない。全国区の教育史学会の1990年代半ばの「学界動向」を見ると、「植民地・民族問題についての研究の増加も特筆すべきこと」と記されたのが1994(平成6)年10月(『日本の教育史学』37集、土方苑子執筆)。翌・1995(平成7)年・38集では「植民地教育研究の隆盛…。植民地教育研究は…、今や一つのブームの観を呈している」(大塚豊執筆)と評されていた。そして、1997(平成9)年9月の教育史学会(九大)の第41回シンポジウムのテーマには「植民地教育史研究の再検討」が掲げられるに

至った。僕はこのテーマを見た時、「植民地教育史研究」は「再検討」の対象となるほどの進展があったのか、という思いがあった。

3. 次なる飛躍を目指して

　上のような動向の中で、植民地教育史研究会は1997（平成9）年3月29日の正式に発足し、同年8月北京開催「日本占領下における中国の教育についての研究」大会への参加を研究会会員に呼びかけた。多少とも参加費をサポートできればと、僕が代表者になって申請した該年度の科研費・基盤研究（C）の「企画調査」－日本占領下の中国教育に関する日中共同研究企画－が幸運にも採択された。これは、中国では第9次5か年計画の「重点領域研究」とされていた課題で、日本人の在中滞在費は中国持ちで、旅費は参加者持ちだったのである。当時の科研費の組織枠組みで、研究分担者に石川啓二他10人、研究協力者に磯田一雄他9人で組織し、実際に北京での「日本侵華殖民教育史国際学術研討会」（8月21日～25日）には、日本から13人が参加し、報告も行った。結果的に参加者は発足したばかりの日本植民地教育史研究会の会員であった。実際に北京には行けなかったが、中国側報告の翻訳という形で参加した研究者が5人おった。この、北京での学術研討会の全容は、日本では『日本植民地教育史研究－日本侵華殖民教育史国際学術研検討会報告』（1998年3月）として発行した。このテーマで日・中の教育史研究者（有志）が一堂に会して報告・討論したこと自体に意義があったと僕は思っている。

　翌1998（平成10）年には、この研究課題で日・中の架け橋・仲介の役を果たした、王智新（宮崎公立大・当時）が中心になって、本研究会と日本国際教育学会（第9回大会）との協力・共催と言う形の「シンポジウム」を宮崎公立大学で開催した。このシンポは、参加者は多くはなったが、中国・満洲（斉紅深）、韓国（鄭圭永）、台湾・沖縄（又吉盛清）という新たな「研究視座」を提起して、日本人の歴史認識と植民地責任の共有化を訴えたことに意義があった。また、この年から3年間は、槻木瑞生を研究代表者とする、「"大東亜戦争"期における日本植民地・占領地教育の総合的研究」（総合A）が行われた。3年後に「報告書」が作成され

て（2001年3月）、本研究会『年報』（5号、2003年4月）に佐藤由美が紹介している。僕は、高等農林学校・農林専門学校（盛岡、三重、宮崎）に附設された、海外拓殖人材養成機関で、戦後消えた3つの「拓殖訓練所」について執筆した。

　そして1999年度から2年間は、先の「企画調査」を発展させて僕を研究代表者とする基盤研究（B）「国際共同研究」で「日本占領・植民地化の中国教育史に関する日中共同研究」を実施した。そして1999（平成11）年12月には、大連で「日本侵華殖民教育史国際学術研討会」が開催された。この日中共同シンポジウムにも本研究会は積極的参加を呼びかけたが、この時から主催者中国側が「第3回」（北京シンポから数えて）と冠するようになった。この時、日本からは15人参加したが、在中の日本人研究者の参加もあった。行きがかり上僕は日本側代表者のような恰好で挨拶は行った記憶はあるが、上記テーマでの「基調報告」のようなものはせず、一参加者としての報告を行った。そして終了後には、中国側の斉紅深と共同編集の「報告書」を作成した。日本側は中国人の報告を日本側の責任で日本語に翻訳し、中国側は日本人の報告を中国側の責任で中国語に翻訳する、というスタイルの2種の「報告書」であった。「日中教育の回顧と展望」という表題はメッセージ性の薄いものであったが、それは主催者側中国の国際シンポ「中日教育関係的回顧与展望」を踏襲したのである。僕は編者として、中国側の「未来志向」を「前車覆轍、後車之戒」と解した旨を「はじめに」で記したが、その時はもう次の「第4回」を目前に控えていた。22本の論文（翻訳者含む執筆者27人）を「日本植民地教育の性格」「日本植民地教育の比較」「日本植民地教育の状況」「日本植民地教育の研究方法」に一応分類したが、それは、中国側と擦り合わせたものであった。手元の中国側「報告書・日本侵華植民地教育研究」も同じ構成になっている（全370頁）。このシンポの開催時に竹中憲一から持ち掛けられて編者になったのが『教育における民族的相克』（2001年12月、東方書店）だった。同時期王智新らによって『批判植民地教育史認識』（社会評論社）も刊行された。

　翌2000（平成12）年には、自然の成りゆきで第4回日中共同研究シンポジウムは日本でという事で、準備に入った。科研費「国際共同研究」を有効に活かすべく、新機軸として台湾と韓国からも研究者を招へいするこ

とを試みた。科研費の代表者ということで僕が準備委員長、事務局は東京学芸大に置いて大森直樹が事務局長を引き受けてくれた。この第4回「日本植民地教育史研究国際シンポジウム」は、「植民地認識はいかに深化したか」をテーマに2000（平成12）年12月22日（金）～24日（日）に、東京学芸大学を会場として、中国から斉紅深等8名、台湾から呉文星、韓国からは鄭在哲等3名を招聘した。上記の槻木科研費にも加勢してもらい、さらには会場校・学芸大学から財政的支援を受けて、開会式では学芸大学学長も挨拶された。中国側からは「侵華殖民教育史」になぜ「朝鮮・韓国」かという疑問もあったかと思うが、日本での開催であり、「日本植民地教育史研究」の対象としての「朝鮮・韓国」は当然であるというのが、僕（ら）の捉え方で表立った批判は聞かれなかった。このシンポは、全体シンポ（中・台・韓・日）と個別研究報告（4セッション17本）で構成し、僕らの研究会の会員も多数参加して、報告はもとより司会など担当した。このシンポに合わせて、「報告レジメ集」（A4、194P）を日本語・中国語・ハングルで作成し**［資料3］**、実際のシンポ・研究報告でも「3語」を併用し

たが、同時通訳の施設もなく、もどかしさもあった。結果として議論を噛合わせることの困難さがあり、参加者の中にはレベルが低いとの評もあったが、田中寛は、『大東文化』（524号、2001年3月）で「人々と共感共苦を学ぶ」と題して鋭くも好意的に評してくれた。この第4回国際シンポジウムの最終「報告書」自体は作成されなかった、という言うより財政的にも、能力的にも、できなかったというべきだった。

資料3

4. 足もとを揺るがす事件

　この第4回「日本植民地教育史研究（日本侵華殖民教育史研究）国際シンポジウム」後に、発足間もない僕らの研究会を揺るがす大きな問題が起こった。このシンポに一般参加者の形で「自由主義史観研究会」会員が参加し、併せて研究会への加入申し込みを行ったのである。規約上は特に加入資格を問わない当時の状況下で事務局も加入を受け付けた。そして、この新入会員のSu氏が、翌年2001（平成13）年3月の「春の研究集会」での研究発表の申し込みを行ったのである。そこでこの「自由主義史観研究会会員」の「研究発表」を認めるか、どうかが、運営委員会で議論が紛糾したのである。欠席運営委員には文書で賛否も問うた。研究会員としての加入を認めて「発表」は認めないのはおかしいし、自由主義史観研究会の会員でも研究会だから発表の場で大いに議論したらいいではないか、という楽観論と植民地支配美化論者に発表の機会を認めることは、研究会の存立にかかわる、という教条論との対立と言えようか。運営委員会の多数は前者であったが、それに反対する運営委員と事務局員が退会し、O氏は研究会の外に向けてもこの問題を文書でアピールもした。運営委員会の多数意見には与しなかった運営委員でも、退会はせずに踏みとどまり、その後も運営委員としての活動を続けた会員ももちろんおった。この時のSu氏の発表は「発展した韓国・台湾、停滞するフィリピン－日本とアメリカの教育政策の比較」であった。「比較研究」による日本植民地教育政策の「美化」と言うべきもので、それは安易な「比較研究」の事例と僕は受け止めた。この問題では小沢さんは全く動じてなかったように僕には映った。
　こういう事はあったが、研究会と運営委員会の分裂と言う形は避けられたのは不幸中の幸いと言うべきではあった。退会を表明した事務局員の「アピール文書」に賛同して退会した会員、このような「内部紛争？」に嫌気をさして退会した会員、この渦中から少し間をおいて（どちらにも加担したくない？）退会した会員等々、会員数は一時減少した。残念だったのは、この事態が一方的とも思えるが形で中国にも伝わったらしく、第5回「侵華殖民教育史研究国際シンポジウム」については、中国側から

僕らの研究会には何らの照会も案内もないまま、2002（平成14）年重慶で開催されるやに聞いた（実際は瀋陽開催だった）。そして、渦中のＳｕ氏は、宮脇代表の熱心な説得、氏の「新著」を踏まえた運営委員会の「退会勧告」を経て、2003（平成15）年2月に研究会を円満に退会した。

5．研究会発起人・創設者＝初代代表・小沢有作の急逝

　研究会にとって一時的ではあったが危機と言うべき2001（平成13）年3月を代表・宮脇さんと前・代表小沢さん等の努力・奮戦で乗り越えたのもつかの間、この年の8月12日に小沢有作さんが文字通り急逝をされた（行年68）。文字通りの「晴天の霹靂」のような出来事で、小沢さんを知る者はこぞって「エッ」と絶句したことであった。僕自身は誰からその訃報を受けたか覚えていないが、たまり場「ねぎぼうず」での「耳学問の会」で具合が悪くなって、その翌日に亡くなったと後で聞いた。何かの「前兆」があったかどうかも僕は知らない。本研究会は1年前・2000（平成12）年の運営委員会で次期の代表に宮脇さんにお願いしていたので、小沢さんはこの時、編集委員を務めていた。小沢さん自身にはもう一期（3年）代表を継続する気持ちがあったように見受けられたが、僕には、研究会をどう運営して行くのがいいのか、「小沢」個人が前面に出るようなカリスマ的「研究会」がいいのか、というような漠然とした思惑があったのは事実である。

　『植民地教育史研究年報』の4号（2002年1月）には「追悼 小沢有作先生」を組み、宮脇代表など4人が追悼文を寄稿するとともに、遺稿と言うべき、「歴史教科書問題に寄せて－荒あらしい現代の転向者の言説－」を掲載した。これは、2001（平成13）年度から竹中憲一さんの尽力で研究会に「研究部会」を発足させて、その第1回研究部会（6月2日）で報告した、「新しい歴史教科書を作る会」の中学社会科・歴史教科書の詳細な批判をベースにした論稿であった。また、朝鮮問題研究会『海峡』20号（2002年3月）も、「追悼 小沢有作先生」を組んで、「在日朝鮮人教育75年の歴史をふり返る」を遺稿として載せた。佐野通夫さんが「未完の仕事」と題して追悼文を寄せていた。そして、本研究会『年報』の6号

(2004年4月)は「小沢教育学の遺したもの」を特集したが、これは2003(平成15)年3月「研究大会」（四国学院大）での国際シンポの報告であるが、韓国教育人的資源部から李　忠告さんをお迎えした。

　なお、この時の総会では、会則を一部改正して、「目的」（2条）に「アジアとの交流を深め、アジアから信を得ることのできる学術的研究」を追加し、併せて入会に際して、「会員2名」の推薦制を導入した。これは、前年の苦い経験を踏まえての追加の改正であった。また年一回の春の「研究集会」を以後「研究大会」と改称することにした。

6. 本研究会としての科研費による「共同研究」の計画・実施

　これまで言及した科研費による「研究報告」は3件ばかりあり、その執筆者の多くは本研究会の会員ではあったが、その申請時における種々の事情からそれらは必ずしも本研究会の「共同研究」の計画・実施を目指したものとは言えなかった。「科学研究費補助金」という文部省（当時）所管の補助金には、国家による「研究統制」の仕組みが見え隠れするという危惧がないとは言えない、特に大型・巨額の場合には。だから安易に「背に腹は替えられぬ」とも言えないが、「税金を取り戻す」という理屈もある競争的資金である。研究会を母体として「科研費」を申請する初めてのケースで、2005（平成17）年10月青学会館での運営委員会（事務局員含む）でこの事を議論したことを妙にはっきりと覚えている。「試練の年」（宮脇代表）にさらなる難題を押し付けるような後ろめたさを感じながら、僕は申請推進の発言をしたからであろう。科研費の申請・採択については多少の経験があって、審査する側の心理・論理についても経験者から聞いていた。それは今流には「忖度」の態でもあったが、そこには専門研究者の陥りやすい傾向への自覚もあった。課題の明確化と位置づけ、研究組織の合理性、研究費使途計画と課題との整合性etcのツボのようなものであった。

　宮脇さんの苦労と勤務校宮城学院女子大のサポートを得て、研究会として計画した「植民地教科書の総合的研究―国定教科書との比較研究を中心として―」が2006（平成18）年度から3年間の科研費が採択され

た。それは、画期的なことと言うべきことであった。僕は2006（平成18）年3月の第9回大会で巡り合わせの研究会代表を佐野さんから引き継いでいたが、事務局は佐野さん（四国学院大・当時）にお願いした。「宮仕え」から解放されていたので、断る理由も見つからなかったというのが本音であった。課題は沢山あったが、科研費によって非常勤・非正規研究者・大学院生等の研究活動を工夫によっては多少ともサポートできるというのが最も嬉しかった。そして、第10回大会は2007（平成19）年3月に宮城学院女子大で開催したが、その前年12月には玉川大で「植民地教科書と国定教科書」をテーマに、韓国と台湾から研究者を招いて国際シンポジウムも開催した。そして研究会『年報』10号は（2008年4月）、「植民地教育史研究会のこれから」と題して、小黒編集委員長の元で、この間の重要な資料と研究会「10年の略年譜」も作成・掲載した。この過程で、編集委員会規程がないことの問題性も生まれて、翌年の第11回大会（2008年3月）で「年報編集委員会規程」が定められたことも付け加えておく。

おわりに——脱兎のごとく

「記憶と記録」をもとに、昨年・2017（平成29）年3月18日の第20回大会における「口述」（プログラムでは「講演」となっていたが）を文章化してみたが、あの時のレジメも欲張って後半を端折ってしまったが、この文章もその再現となってしまった。「口述」に多少「加筆・修正」をさせてもらったが、なお、付け加えたいことがある。

一つは、2006（平成18）年度から3年計画で始めた宮脇さんを代表者とする科研費「植民地教科書と国定教科書」に続いて、2009（平成21）年度から西尾達雄さんは、研究会の代表ともう一つ、科研費「日本植民地・占領地教科書と"新教育"に関する総合的研究—学校教育と社会教育から—」の研究代表者を3年間務めた。これだけでも大変な心・身の「重労働」だったと思う。その上、次の科研費「日本植民地・占領地教科書にみる植民地経営の「近代化」と産業政策に関する総合的研究」（2012年度〜2014年度）でも研究代表者を務めて下さった。僕らの研究会におけ

る、科研費に依る「共同研究」計画・実施には、格別の任務が負荷されていると思う僕は、西尾さんの「人格」に甘えて加重の負担を強いてしまったと先に立たない後悔をしている。しかも、この間「科研費」の事務が毎年煩瑣になったという。おまけに大学は設置者・設置形態の違いに拘わらず「改革・競争」に追い込まれている。その中での6年間よく耐えたと思う。サッカーで鍛えた体躯だって、長く続いた「単身」赴任生活でボロボロだったんだろうと思う。

　もう一つは、多少飛躍するが「民族」という問題、その捉え方の問題である。小沢有作さんが50年以上前に敢えて「民族教育論」を提唱したのはなぜだったろうか、ということ。

「民族」は、本当に実体のないフィクションか？近代中国への関心から「学徒」生活を始めた僕には「中華人民共和国」のあの「大漢民族論」が気になって仕方ない。少数民族に何故あのように過敏なのか。グルジア出身のスターリンの「民族」概念は有名だが、言語学的にはそれまでの「ソビエト言語学」つまり「言語＝階級性論」を否定したものだった、と田中克彦は2000年の著作であらためて述べている（『「スターリン言語学」精読』）。民族概念の重要な構成定義に「言語の共通性」をスターリンは挙げたのだが、それは当時の日本の保守的言語学者を励ました、とも書いている。「植民地・民族問題」という捉え方は、「ソ連邦」の崩壊とともに湯水のごとく捨て去っていいんだろうか、と思う昨今である。

Ⅱ．シンポジウム
植民地教育の戦争責任・戦後責任

シンポジウム「教育の植民地支配責任を考える」
発題　教育の植民地支配責任とは何か
―― 小沢有作を中心に考える ――

佐藤広美＊

1. シンポジウムの開催趣旨

　昨年 2017 年は、日本植民地教育史研究会が発足してからちょうど 20 年目であった。本研究会の初代代表である故小沢有作は、『研究年報』の創刊号（「20 世紀の遺したもの」1998 年、皓星社）で、「教育学の植民地支配責任」を問う不十分な現状を論じ、その原因を戦後日本の教育学研究とその体制にあると述べ、私たちの研究会への期待を表明した。植民地教育を行うには、植民地主義を支え正当化する原理と思想が必要であった。戦前日本の教育学は植民地教育を支える重要な役割を担っていた。だから、戦後の教育学には、植民地支配（植民地主義）の責任が問われなければならなかった。小沢は、その責任がどのようなものであったのか、いかにそれを問うべきなのか、そして、なぜ、その問いが困難なのか、その課題を本研究会の重要な課題の一つに指摘したのであった。

　それから 20 年になる。私たちは、この課題をどこまで深めることができたのだろうか。原初に立ち返って、あらためて、教育（学）の植民地支配責任を考えてみたい。このように考えて、このテーマを設定してみた。

　そのために、次の方々による報告をお願いした。
　　（1）松浦勉氏（八戸工業大学）「福沢諭吉のアジア認識と植民地教育史研究の課題」
　　（2）丸山剛史氏（宇都宮大学）「満洲の職業技術教育と植民地支

＊東京家政学院大学

責任」
　(3) 三橋広夫氏（日本福祉大学）「中学生とともに植民地支配責任を
　　　考える」
　松浦氏には、次のような要望を出した。
　福沢諭吉のアジア認識（＝侵略主義）は、なぜ、日本教育史・思想史研究において十分な検討が行われてこなかったのか。福沢に貼りついた「市民的自由主義」像が影響してきたのだろうか。この点の究明をお願いしたい。
　福沢におけるアジア認識と市民的自由主義をどのように解けばよいのか。福沢のアジア認識にたいする検討の不十分性がなぜ生じたのか。これは、戦後民主主義（の弱点と課題）をどう考えるのかに結びつく問題でもあろう。その原因を解明し、植民地教育史研究にとっての課題を論じていただきたい。
　丸山氏への要望は、以下の通りである。
　満洲の職業技術教育は、満州国における産業と都市と国土の開発に直結した側面を有しており、これは、他の教育部門とくらべても、特段の固有の意味を持っている。職業技術教育は、満洲植民地支配にとって重要な位置を占め、大きな責任を有する役割をになったものであろう。
　職業技術教育の政策と実態の具体例を引きながら、この問題を考える「視点」、さらに、考えられる「結論」を提示していただきたい。植民地におけるインフラの整備、という戦後の論点の解明も期待したい。
　三橋氏へのお願いは次のようなものであった。
　戦後71年、日本の植民地支配責任はどのように問われてきたのか。この支配と暴力の歴史認識がなぜ不十分のままであったのか。学校教育の現場で考えてみたい。
　いま、日本の中学生は、いかに歴史の授業に向きあっているのだろうか。歴史は暗記教材におとしめられ、多くの中学生は、自分の外に広がる世界―社会と歴史に関心を示す可能性をひどく狭められてはいないか。さらに、自分たちの周り（＝学習空間）には、いじめや排除の人間関係がつくられ、人権感覚を形成することが困難な状況にあるのではないのか。
　こうした状況の中で、中学生は、「自分の生き方」を問うことにつながる植民地支配という過去の出来事をどのようにして学習しているのだろ

うか。自らの体験を交えた具体的な教育実践を報告していただきたい。
　上記の要望を報告者の方々にお伝えし、シンポジウムは開催された。

2．小沢有作は教育の植民地支配責任をどう考えたか

　私は、小沢有作が教育の植民地支配責任をどのように考えようとしたのか、を述べて発題を行った。ここでは当日の報告に加筆する形で述べておきたい。小沢の著作は次の5点を扱った。
①「日本植民地教育への視点」『岩波講座　現代教育学5』1962年
②『民族教育論』（明治図書、1967年）に所収の、
　第1部「民族教育と教育」の中の
　　「第1章アジアにおける日本教育の位置」
　第2部の「日本の植民地主義教育」
③「『大東亜共栄圏』と教育―15年戦争下におけるアジア侵略のための教育構造」
　『全書国民教育　激動するアジアと国民教育』明治図書、1973年
④「澤柳政太郎の植民地教育観」『澤柳政太郎全集　別巻』国土社、1979年
⑤「植民地教育認識再考―日本教育問題としての植民地教育問題」『「大東亜戦争」期における日本植民地・占領地教育の総合的研究』科研費報告書、槻木瑞生研究代表、2001年

（1）対外教育政策と対内教育政策の有機的把握
　　　──「日本植民地教育への視点」（1962年）──

　小沢は、日本の植民地支配における教育がはたした役割の重大性を論じていた。この点は特筆に値する。教育と教育学のはたした植民地支配責任の重大性である。これは欧米の植民地支配責任と比べ、いっそう重い問題であるということであった。小沢は次のように言う。
「露骨な政治的隷属・経済的搾取を行いながら、それに徹しきれず、『一視同仁』のオブラードで包みこもうとするところが、外見的にはイギリスの植民地支配の方法とは異なっている。それだけに、民族の経済的基盤の破壊だけでなく、民衆一般にまでおよぶ文化的精神的な伝統・生活・

態度の破壊を企てて、いっそう始末に負えないものとなる。教育がことさらに重視される由縁である。」

　日本の植民地支配にとっていかに教育が重大な責任を負っていたのか、その端的な指摘がなされている。

　日本の植民地教育は、植民地民衆の文化と思想に真っ向から対立し、民族の内面生活を踏みにじる精神的暴力であるだけでなく、それを民衆とその子どもの一人ひとりにまで及ぼそうとした。一方、日本の国内の教育は、植民地支配民族として自己形成することに全力をあげて奉仕するものであり、他民族にたいする侵略と支配という不道徳・非人間性が日本人には道徳であると教え込んできた。その責任の所在の追求を求めていたものである。

　この日本の植民地教育支配と教育学の関係について、小沢が端的な指摘を行っている点も見逃せない。

　第一に、日本の主要な教育学はまず、植民地教育を是認したということである。その結果、教育における人民と諸民族との連帯の立場を喪失したこと。

　第二に、植民地の教育を学問的認識の外におく教育（史）認識の方法が伝統化されたこと（講壇教育学者の日本教育史叙述には植民地教育へのスペースはほとんど割いていないという事実！）。あるいは、植民地教育についての学問的認識は、それをもっぱら教育行政官に委ねたことである。教育の専門家が植民地教育行政の担当者になって、支配者の立場からその専門的知識を実際化し、その経験をまとめて植民地教育への研究関心を成立させていった（伊沢修二や幣原坦、など）。

　教育学のほとんどは植民地教育に関心を払わず、時に、必要に迫られて植民地教育礼賛の時論を草することはあっても（澤柳政太郎ら）、批判の見地を提起することはまずなかった。かえって、他分野の矢内原忠雄が同化主義教育を批判していたとする。

　これは教育学における植民地支配責任のあり様がどのようなものであったのか、の指摘としてきわめて早い時期のものであろう。植民地支配にたいする教育学における、無関心と分業、是認の実態の指摘であった。

　この1962年論文でもう一つ注目しておきたい点は、戦後における植民地主義的教育支配意識の残存を述べたことである。植民地主義・人種

主義の心情は持続して敗戦後（戦後）も活動を続けたのである。日本人の多くは、そして、その教育学は、敗戦がもつ日本・朝鮮両民族間の政治的関係の変革という歴史的意味を把握し得なかったとの見解は重大であると思う。

（2）アジア教育侵略論の横行期をどう見るのか
──『民族教育論』（1967年）と
「『大東亜共栄圏』と教育」（1973年）──

『民族教育論』は、小沢の博士論文であり彼の代表的作品である。日本民族の教育認識の歪みを問い、その責任と変革を迫るものであった。
「日本近代100年の歴史は、アジアの人民を犠牲にし、その流した血をすすりながらふとってきた歴史である。」「日本とアジアの関係はつねに加害者と被害者の関係であった。」「アジアの上に日本をおく、日本近代史のあゆみかたと現状は、日本の国民・子どもにアジアへの無関心、偏見、蔑視をうえつけ、〈脱亜〉の思考形態を定着させた。」

このように小沢は近代日本の侵略主義的な歴史を問題にし、以下のように日本民族の教育課題を提示する。
「こうしたアジアを軽視し視野にいれないものの考えかたとその歴史をかえていく思想変革は、日本国民がとりくまねばならない教育課題となるであろう。」

『民族教育論』において、小沢は、日本植民地主義の教育を「アジア諸民族にたいする教育侵略の犯罪」と定義する。「教育侵略」という用語の登場である。小沢は、その後、しばしばこの言葉を使っている。

この教育侵略には二つの側面がある。一つは、アジア諸民族にたいする侵略・破壊であり、もう一つは、日本人民の国民教育を他民族抑圧を是とする方向へのねじ曲げであった。すなわち、教育侵略における「植民地アジアの教育」（＝対外教育政策）と「本国日本の教育」（＝対内教育政策）という二つの側面の有機的統一的把握がきわめて重要であると小沢は問題を提起した。教育の植民地支配責任は、日本国内の教育と教育学のあり方と本質を明らかにすることで真に達成されるということでもあった。

『民族教育論』では、朝鮮植民地教育の通史を述べる章がおかれ、その記

述は植民地教育の思想史的分析という色合いが濃い。植民地教育政策の思想を扱う故にこそ、支配責任を問う論文になっている。ここでは、この章を締めくくる最後の一節「教育研究における朝鮮教育認識」の記述を紹介する。

　小沢は、東大の教育行政学者である阿部重孝や文部官僚の澤柳政太郎（京都帝大・東北帝大の総長であり、新教育の成城小学校設立者、など）の植民地教育認識を取り上げ、「澤柳や阿部の比較的事物に即してものを考究する教育研究者もふくめて、日本の大多数の教育研究者は抑圧民族の立場にたってアジアと日本の教育問題をとらえることになれていた」と厳しい指摘をおこなっている。そして、次のように言う。

　「講壇教育学は朝鮮教育を学問的対象の外においてきたし、幾多の民間教育運動は朝鮮の植民地教育を自己と関係するものとは考えなかった。」「日本帝国主義が朝鮮を植民地として支配した時代には、朝鮮民族の国民教育の抑圧・破壊と日本人民の国民教育の腐敗とが有機的な教育的関係をもってむすばれており、それは日本帝国主義による両国人民の教育の支配という共通の原因から発している。それゆえ、朝鮮民族への教育侵略＝同化主義教育を肯定することは日本の国民教育の腐敗を自ら招く態度につながり、反対に、日本の植民地主義教育に反対する朝鮮人民の民族教育の運動を支持することは、ただちに日本の教育に内在する帝国主義的性質をただそうとする努力になってあらわれる。」

　教育の植民地支配責任の向かうべき基本的課題の提示として、十分に参考にしてよい言及ではないだろうか。

　論文「『大東亜共栄圏』と教育」（1973年）は、日中戦争から太平洋戦争にいたる戦時下の植民地教育全体の思想問題を扱っている点で興味深い。小沢は、この時期を大東亜教育圏論が流行した数年間と特徴づけ、「アジア教育侵略論の横行期」と見ている。その一例に、1936年に作られた、日本の教育学者を広く動員した政府官製版「日本諸学振興委員会」の活動を分析している（その教育学部門が今日の「日本教育学会」結成の直接の母体である）。

　小沢は、植民地教育に関心を示す教育学者は少なかったが、大東亜共栄圏の流行とともに、教育学者も先をきそってそれを論じだしたとする。伏見猛弥、倉沢剛、海後勝雄、楢崎浅太郎を先頭に、石山脩平、海後宗

臣、平塚益徳など多数の教育学者がアジア支配に奉仕する教育を鼓吹したと述べる。城戸幡太郎、留岡清男など教育科学研究会の指導者も、その列に加わった。小沢は言う。

「ニュアンスのちがいはあったとはいえ、大東亜共栄圏を認めたうえでの諸論議は、すべてアジア教育侵略論の性格を刻印されるものである。このような侵略の教育論は敗戦とともにぴたりととまり、忘れさられて、その侵略（鼓吹）の責任は自他において問われることなく25年の時をけみしている。」

　私は、この論文を30年以上前に読んでいるはずだが、この一文はひどく心に響いた記憶がある。特に、重視したいのは、小沢が倉沢剛（総力戦教育の理論）と海後宗臣（化育論）の論説の違いを指摘したことである。倉沢の総力戦論は「教育侵略者の空想計画の珠玉」であったが、「侵略の権力論理をそのまま教育論理にうつしかえたような論議」としたのに対し、海後宗臣の化育論は、その侵略性の中に「大東亜諸住民の生活編成」のための教育編成論があったと述べていることである。「生活編成のための教育」という考え方は戦後の海後宗臣の考え方につながるが、化育論は大東亜共栄圏の建設の目標にすべて収斂されていく点で決定的な違いがあるとする。生活編成のための教育編成（化育論）は、アジア民衆のためではなくて、日本の支配をつよめるためのものにほかならなかった。海後の化育論の責任は重い。倉沢の構想より海後の構想の方が植民地教育支配にとってより実際にそくして有用だった、と小沢は結論づけている。

　これは教育理論に内在させて侵略支配責任を解く指摘であったろう。2011年刊行の、日本諸学振興委員会に関する大部の研究書『戦時下学問の統制と動員　日本諸学振興委員会の研究』（東大出版会、駒込・川村・奈須編、800頁）は、残念ながら小沢のこうした指摘に迫る分析に進み出ていない。この本全体にたいする私の最大の疑問点は、戦争責任とともに教育学の植民地支配責任をどう解くのか、という問題関心の薄さである。これほどまでの大作に仕上げて、戦時下の教育学の全体像を検討したにもかかわらず、では、戦後教育学はどのような反省を経て成立してきたのか（戦後教育学の成立過程）、とくに、戦後教育学は教育の植民地支配責任をどう反省しようとしたのか、などについての有意義な見解がほ

とんど示されていないままなのである。1973年の小沢の指摘は、まだ、生き続けていると言える。

（3）植民地近代化論の矛盾
―― 「澤柳政太郎の植民地教育観」（1979年）と
「植民地教育認識再考」（2001年）――

　1979年論文「澤柳政太郎の植民地教育観」は、大正期自由主義教育思想における植民地主義を指摘した点で、戦後の大正デモクラシー期教育研究にたいするインパクトが大きかったのではないだろうか。それまでにも中野光や堀尾輝久らによる帝国主義あるいは天皇制ファッシズムの視点によって大正期の自由主義教育の弱点を指摘する研究はあったが、小沢はそれを一歩進めて、植民地教育支配という観点からその根本的問題性を論じた。

　澤柳の教育観は、人間の教育の個性化と民族の教育の個性化が分離・背理していると小沢は述べた。人間形成と民族形成の統一的把握が出来ておらず、国内教育においては自由主義であっても、朝鮮教育に向かっては侵略主義の顔をもっていたというのだ。

　私たち日本植民地教育研究会は、この小沢の指摘に学んで、それをさらに深めるつもりで、「植民地教育こそ新教育でなければならなかった」という仮説を立て、2010年に「シンポジウム　植民地と新教育―1920年代を中心に」（『植民地・こども「新教育」』植民地教育史研究年報14号、2011年、皓星社）をおこなった。植民地主義者にとっては、生活、文化、言語に大きな壁（困難）があったからこそ、児童中心主義・生活主義が必要であり、支配の最先端ではその利用が不可避であったのではなかったか。実験場であった植民地だからこそ、新教育が適応できたのではなかったのか。だから、ある程度植民地に浸透したがゆえに大正期の児童中心主義は「似而非」児童中心主義にならざるを得なかった、という仮説であったかと思う。

　植民地と新教育というテーマは、戦後の大正期新教育運動研究に大切な視点を投げかけたものであったと思う。

　2001年論文「植民地教育認識再考」は、自らの植民地教育史研究を再整理し、今後の課題をいくつか提示している貴重な論考である。

小沢は、ここで、二つの「責任意識」の欠落を述べている。一つは教育の戦争責任であり、もう一つは教育の植民地支配責任である。小沢は、この二つを次のように言う。
「日本の戦後教育において植民地教育の後遺症が残ったのは、なぜであろうか。その決定的要因は、戦後日本教育の出発点において、日本の教育行政官、教育研究者、教師らが戦争責任を痛感し、戦争のための教育を反省したけれども、植民地支配責任については、頬被りして、というより気づこうとすることなく過ごし、したがって植民地教育の実行にたいして反省することがなかった点にある。」
　教育の戦争責任についてはある程度反省があったが、教育の植民地支配責任については反省ができてこなかったという。私は、この小沢の見解には賛成できないが、教育の戦争責任と植民地支配責任の違いのあることを端的に示してくれた意義は大きいように思う。両者の違いを明確に論じた論文はこれまで存在しただろうか。二つの責任論を追求することは、私たちのこれからの課題なのではないだろうか。
　小沢は歴史修正主義者（歴史教科書問題などで登場した）の言説を取り上げ、植民地近代化論の問題点を深く追求しなければならないと述べている点は重要である。
　近代化への貢献を言い立てて、植民地支配を免責しかねない言説はこれまでにもあって、特段目新しいことではない。「文明化」としての近代化は植民地支配の当初から言われてきたものだと小沢は述べる。大事なのは、今日的な新たな装いの近代化論であろう。
　参考にすべき論点の二つを紹介しておきたい。第一は、近代化貢献論者は天皇制の植民地支配責任を問うことを避けるということである。近代化論者は、近代化ばかりに論点をずらし、植民地教育における天皇制イデオロギーへの同化という問題を無視するか、意図的に隠す、という指摘であった。
　第二に、植民地におけるインフラの整備という近代化の貢献論に関する矛盾の所在である。小沢はいう。「もとより知識や技術やシステムには普遍性があり、植民地時代にトレーニングされたそれらを独立後の社会発展に役立てたのであるが、その功績は独立した主体の活動に帰することであって、植民地支配の成果に属することではなかろう。」

指摘は明快である。植民地支配において社会システムの近代化は欠かせない。誰のための近代化であるのか。植民地主義者のためなのか、被植民地住民が欲する近代化なのか、どうか。そこが問われるだろう、と小沢は述べていた。

教育における植民地支配責任は、以上、述べてきたような問いに応えることで果たされていくように思うのである。小沢の植民地教育論に学ぶ必要性を感じる。

おわりに──怒りと悲しみ

教育における植民地支配責任を考える、という問題の設定はいったいどのようなことなのだろうか。日本の植民地教育史研究に携わる人間であれば、この問いは当然のことであり、誰でもがもてる問いなのだろうか。それとも、敢えて問わなければならない「問い」なのだろうか。

最後にひと言記しておきたいことは、小沢の文体ににじみ出る植民地主義にたいする怒りの表現である。被抑圧者に寄りそう徹底した共感的な態度。共感から生まれる悲しみの心情をためらわずに吐露する文章。私は、何かこの小沢の文体と植民地支配責任を問うこととの関連がありそうな予感をもっている。ほかの実証主義的論文やマルクス主義や社会科学の論文には見られない小沢の怒りや悲しみの気持ちが挟まれた文体に、植民地支配責任を問う根源的な力があるような気がしてならないのだがどうだろうか。

福沢諭吉研究の現状と日本の植民地教育史研究の課題
―― 安川寿之輔著『福沢諭吉のアジア認識』(2000年) を
手がかりにして――

松浦 勉*

　本稿は、福沢諭吉研究の現状とその基本的な問題点を摘出することをとおして、植民地教育史研究の課題を提起することを主要な課題とする。筆者は、福沢研究の現状を以下のように簡潔に整理したことがある［筆者稿「書評・安川寿之輔著『福沢諭吉の教育論と女性論』(高文研、2013年)」(日本植民地教育史研究会誌『植民地教育史研究年報 2015年』第18号、2016年、皓星社)］。〈福沢諭吉神話〉の圧倒的な存続・再生産とこの福沢神話に対する全面的・根底的・実証的批判という、二つの福沢把握と評価が鋭く対立する研究状況が成立し、継続している、と。2018年初頭の現在も、基本的な構図に大きな変化はない。しかし、思想史研究としての福沢研究を必ずしも主題としない他の隣接領域の福沢評価を含めて、植民地（教育史）研究とのかかわりで現状をみると、福沢神話の存在・存続の問題をもっと深刻に受けとめなければならない状況がある。そのため、本稿では、これを補足するかたちで、以下の構成をとる。

　まずⅠで、政治思想史家の丸山眞男が創作した福沢諭吉神話の現在を簡単に確認し、Ⅱでは、これに対峙する安川寿之輔の一連の福沢研究の成果のなかでも、とくに2000年末に刊行された『福沢諭吉のアジア認識―日本近代史像をとらえ返す―』(高文研) の方法的な特徴と意義を考察する。Ⅲでは、Ⅱの考察をふまえて、同書を手がかりにして、「近代朝鮮史研究」の視座から新たな福沢神話を創作する月脚達彦『福沢諭吉と朝鮮問題―「朝鮮改造」の展開と蹉跌―』(東京大学出版会、2014年) を俎上にのせる。そして、福沢の朝鮮政略論を「朝鮮改造論」と呼ぶ月脚が積極的に評価する、福沢の日本＝アジア盟主論が、国民を、「専ら武

*八戸工業大学

備を盛んにして国権を皇張」する強兵富国路線に動員し、権謀術数も辞さない対外強硬策により朝鮮の植民地支配を実行するための福沢のレトリックであることを確認する。

同様にして、Ⅳ—（1）・（2）では、福沢の「脱亜論」把握と評価をめぐる福沢神話の現在を検討する。1885年3月の『時事新報』に掲載された論説「脱亜論」は、福沢が直接・間接に関わった前年末の朝鮮での甲申政変の失敗に直面し、落胆した意識情況にあった福沢の「敗北宣言」だというのが「定説」だとする理解が政治（思想）史学の世界にはある。しかし、これは、「脱亜論」を福沢の〈脱亜入欧〉路線選択を宣言ととらえる学界全体の定説とは異なる。この相対立する二つの定説自体が「脱亜論」をめぐる福沢神話である。主要な成果として批判的に検討するのは、月脚、前掲書と趙景達編『近代日朝関係史研究』（有志社、2012年）である。とくに、後者については、福沢神話を、今日的な植民地（支配）責任の視座から全面的に批判しなければならない立場にある隣接する諸領域の研究までが、無批判にこの福沢神話を受容してしまっている問題に論及する。そして、最後に、植民地教育史研究の課題に言及する。

Ⅰ. 福沢諭吉神話の現在（1）

福沢諭吉神話とはなにか。簡単に確認しよう。丸山が創作した「壮大な虚構」の福沢神話については、安川寿之輔がほぼ全面的に解明・追及している［安川『福沢諭吉と丸山真男—「丸山諭吉」神話を解体する—』（高文研、2003年）］。「時代の寵児」として敗「戦後」日本の社会科学を代表し、福沢諭吉研究とマスコミの福沢評価に圧倒的な影響を与えてきたのは、政治思想史家の丸山眞男である。丸山は、福沢の著作や論説を恣意的・作為的に読み込み、「丸山諭吉」像として「福沢諭吉神話」を創りあげた。同時代の著名な専門研究者だけでなく、後続の研究者も、現在にいたるまで基本的に丸山に追従した。その結果として、〈福沢諭吉神話〉が国民的な常識して学界と社会に定着し、存続している。

丸山の福沢神話創作の事例を二つだけあげよう。第1に、丸山は福沢の『学問のすゝめ』の冒頭末尾の「……と云へり」という伝聞態を無視

して、人間平等論者としての福沢諭吉像を創作した（『丸山真男眞集』第3巻、167ページ、同第4巻、21〜22ページ）。また、第2に、1890年7月の福沢の論説「安寧策」を作為的に引用し、結論として「典型的な市民的自由主義の政治観」を表明した知識人として福沢諭吉像を創作したのも丸山である。『福沢諭吉選集』第4巻（岩波書店、1952年）に執筆した「解題」論文で、丸山が、「福沢が一貫して力説したのは経済・学問・教育・宗教等各領域における人民の多様かつ自主的な活動であり、かれが一貫して排除したのはこうした市民社会の領域への政治権力の進出ないし干渉であった」と主張し、「福沢の国権論が最高潮に達した場合でさえ、政治権力の体内的限界に関する彼の原則は少しも破られていないのである。」（『丸山集』第5巻、214〜216ページ）と主張した福沢評価はよく知られている。安川寿之輔によれば、これこそが典型的な福沢神話なのである。

　しかし、安川、前掲『福沢諭吉と丸山眞男』刊行後も、繰り返し福沢美化論が学術研究の名のもとに提起された。丸山眞男の福沢論に追従して、近年、福沢神話＝「国民的な常識」を共有する成果を積極的に発表している研究者の一人に宮地正人がいる。宮地『国民国家と天皇制』（有志社、2012年）の、福沢発案の「修身要領」（1900年6月）における中心理念「独立自尊」をめぐる福沢把握と評価では、福沢神話が前提となっている。福沢のもう一つの代名詞とされている「独立自尊」の思想構造をまともに分析しないまま、「修身要領」編纂時の福沢は、「教育勅語イデオロギー」ともっとも対決した「英米流個人主義・自由主義イデオロギー」思想を保持していたのだ、と宮地は主張している（187〜201ページ）。先行研究無視のこの宮地の成果に対しては、すでに前掲、安川『福沢諭吉の教育論と女性論』と杉田聡『天は人の下に人をつくる』（インパクト出版会、2015年）が厳密に反証と批判を加えている。また、福沢神話を前提にし、特異な方法論を駆使して福沢の朝鮮政略論を追求した成果に月脚達彦の二つの著作がある。月脚、前掲『福沢諭吉と朝鮮問題』と同『福沢諭吉の朝鮮―日朝清関係のなかの「脱亜」―』（講談社、2015年）の二つの成果である。月脚の成果は、丸山に追従する福沢研究のなかで不当に軽視されてきた「朝鮮問題」を主題としている。しかし、月脚の成果は、基本的に従来の福沢神話を補強・再生産するとともに、日

本を盟主とするアジア連帯論を高唱した福沢諭吉という新たな神話を創作する試みにとどまっている（後述）。

　教育学の世界における福沢神話の現在も、米山光義の成果をとおして簡単に確認しておこう。米山自身の福沢理解と評価も、前述の宮地正人の場合と同様に、結論的にいえば、「丸山諭吉」神話の深刻な影響下にある。「反儒教主義は殆ど諭吉の一生を通じての課題をなした」とか、福沢のナショナリズムは「忠君ナショナリズムとはまったく異質のもの」などという、やはり丸山眞男の創りだした神話の眼鏡をかけて、福沢神話を再生産し、屋上屋を重ねているといってよい［米山「福沢諭吉の実学思想」（日本科学者会議誌『日本の科学者』2012年10月、同「福沢諭吉の教育思想（1）」、同「（2）」（小室正紀編『近代日本と福沢諭吉』、慶応義塾大学出版会、2013年）など］。これが現在の日本の教育史学の現状である。

Ⅱ．福沢諭吉の〈アジア認識〉を問う福沢研究の胎動
──〈福沢諭吉神話〉の再生産と
　　福沢神話への根底的な批判の対抗──

　1990年代後半以降、福沢研究の圧倒的主流と本格的に対峙する新たな積極的な研究動向が生まれた。丸山眞男の福沢「研究」を筆頭とする、戦後日本の社会科学とメディアが定着させた福沢評価の国民的な常識や誤った定説的な評価を、「丸山諭吉」（飯田泰造）神話＝「福沢諭吉神話」として一貫して批判し、反証を加える本格的な福沢研究の成立である。これは、安川寿之輔の一連の福沢研究の成果に代表される。『日本近代教育の思想構造─福沢諭吉の教育思想研究─』（新評論、1970年、［増補版］79年）の主著をもつ安川の福沢研究は、福沢神話を信奉する主流とは決定的に異なり、福沢の私生活をも含めて、「啓蒙」思想家と慶応義塾の創設者、「時事新報」社主・言論人としての福沢諭吉という三重の役割をトータルに究明・追及した成果である。この方法的な基本線が、①安川、前掲『日本近代教育の思想構造』を含めて、安川の、2000年以降に新たに発表された以下の5冊の成果にも貫かれている。

　②『福沢諭吉のアジア認識』（高文研、2000年─以下、『アジア認識』と

略記する）

③ 前掲『福沢諭吉と丸山真男』（高文研、2003年）

④『福沢諭吉の戦争論と天皇制論―新たな福沢美化論を批判する―』（高文研、2006年）

⑤ 前掲『福沢諭吉の教育論と女性論』（高文研、2013年）

⑥『【増補改訂版】福沢諭吉と丸山真男』（高文研、2016年）

　また近年、哲学・思想史家の杉田聡も精力的に、これに合流する成果を発表している。杉田には、『福沢諭吉　朝鮮・中国・台湾論集―国権拡張・脱亜の果て―』（明石書店、2010年）、同前掲『天は人の下に人を造る―「福沢諭吉神話」を超えて―』（インパクト出版会、2014年）、同『福沢諭吉と帝国主義イデオロギー』（花伝社、2016年）という3冊の成果がある。他に、計800ページ余りの大作となっている雁屋哲『マンガ・まさかの福沢諭吉』上・下巻（2016年）と中谷成夫『一万円冊の福沢諭吉』（文芸社［文庫］、2014年）もあげておきたい。

　安川寿之輔の一連の福沢研究については、一部の例外をのぞいて、学界は総じて無視し、知的誠実さの欠如をあらわにしてきた。杉田聡の表現を借りていえば、「日本の学術水準の低さの象徴」ともいえよう（福沢の引退を求める三者合同講演会機関誌『さようなら！ 福沢諭吉』第3号、2017年4月18日、発行世話人：安川寿之輔）。筆者の前掲「書評」や米山光義の「図書紹介」（日本教育学会誌『教育学研究』第81巻第3号、2014年9月に、前掲『福沢諭吉の教育論と女性論』が「紹介」された）などは、ほとんど例外的なものにすぎない。ただし、米山の紹介は、およそ紹介の体裁をなしていない。

　植民地教育史研究との関連で特に重要な成果は、当然、前掲②『アジア認識』である。安川は、元「従軍慰安婦」の金学順らのカミングアウトと提訴に代表される、アジア太平洋戦争に対する日本の戦争責任と植民地支配責任を告発・追及した1990年代のアジア諸国（民）の声に積極的に応えて、自身の過去の福沢研究の見直しをはじめた。日本国民の戦争責任意識の成長と主権者意識（民主主義）の成熟、そしてその前進のうえに、近隣のアジア諸国（民）との「和解と共存の道のり」と展望を模索しはじめたのである。その最初のまとまった成果として発表されたのが前掲②『アジア認識』である。本書は、福沢諭吉のアジア認識の体

系的な解明をとおして、福沢が「日本のアジア侵略とアジア蔑視思想の先導者」であった事実を思想史的に実証・究明した著作である。

本書では、二つのことが意図された。一つは、「日本近代史像をとらえ返す」と副題にあるように、現代日本とアジアとの近現代の歴史認識をめぐる深刻な溝を埋めることである。もう一つは、そのためにも丸山眞男と司馬遼太郎が「明るい明治」と「暗い昭和」に分断した日本の近代史像の克服、すなわち「明るくない明治」と「暗い昭和」との学問的な架橋であった。そして、安川、前掲③の著作では、明治「政府のお師匠様」を自負した福沢諭吉は、「明治維新」から〈植民地帝国〉日本がアジア太平洋戦争の大敗北で崩壊するまでの〈日本近代化の道のり総体の「お師匠様」〉として捉えなおされた。

本論240ページの本書には、資料編として全体で70数ページにおよぶ「福沢諭吉のアジア認識の軌跡」が収載されている。慶応義塾編・岩波書店刊『福沢諭吉全集』全21巻から福沢のアジアに対する認識と判断、発言を悉皆的に収載した資料編である。これには、計397件の福沢の具体的な発言と「言説」が資料として時系列で段階的に掲載されているだけでなく、それぞれの発言・言説には、計18項目からなる、福沢のアジア認識の構成要素に対応する分類記号が付されている。以下に、番号をつけて列挙しよう。

① 際a　国際関係認識（パワ・イズ・ライト）
② 際b　国際関係認識（万国公法、バランス・オブ・パワー）
③ 際　国際情勢一般
④ 権　権謀術数
⑤ 蔑　アジアへの蔑視・偏見・マイナス評価
⑥ 文　文明論による合理化、口実としての独立
⑦ ★★　戦争・対外侵攻
⑧ ★　対外強攻策
⑨ 植　（強権的）植民地支配
⑩ 天　天皇の戦争指導
⑪ 皇　天皇の軍隊＝「皇軍」構想
⑫ ナ　（非合理的）ナショナリズム
⑬ な　臥薪嘗胆

⑭　軍　軍備拡大・強兵富国・富国強兵
⑮　太　言論機関の太鼓持ち
⑯　盟　アジアの盟主
⑰　○　（辛うじての）良識
⑱　□　戦争遂行支援

　この資料編を一瞥すれば、福沢のアジア認識の全体構造とその特徴、その段階的な変化が理解できる構成になっている。また、資料編の参考データとして、福沢の「思想」の形成・確立・展開の全過程が、それぞれⅠ期：初期啓蒙期→Ⅱ期：中期保守思想の確立期→Ⅲ期：日清戦争期→Ⅳ期：最晩年期の4期に区分され、上記の18項目のそれぞれの構成要素・分類記号に関する福沢の発言・言説の各時期の頻度を集計した「一覧表」も添付されている（241ページ）。本論で、この時期区分にしたがって福沢のアジア認識が体系的に分析されていることに対応したものである。換言すれば、本書は、上記の時期区分にしたがって、この資料編の福沢発言・言説とそのアジア認識の性格についての緻密な分析を行うかたちで論述が構成・展開されているのである。

　この「一覧表」からも、生涯全体と各段階の福沢のアジア認識の特徴を把握することができる。福沢の全生涯を通じて頻度数が一番多いグループは、蔑＞★＞文＞軍のグループである。不等号は頻度数の序列をあらわしている。つまり、生涯にわたる福沢のもつアジア認識の最大の特徴は、「アジアへの蔑視・偏見・マイナス評価」が突出していることであり、ついでそれを梃子として福沢が政策提言をくり返す中国と朝鮮に対する「対外強攻策」も大きなウエイトをしめ、以下「文明論による合理化、口実としての独立」と「軍備拡大・強兵富国・富国強兵」がこれにつづく。これらの特徴的なアジア認識は、時期的には、Ⅱ期とⅢ期に集中的にあらわれている。安川の提示した、「日本のアジア侵略とアジア蔑視思想の先導者」としての福沢諭吉の実像が、資料編のアジア認識にかかわる発言・言説の頻度数からも把握することができるのである。

　今日的には「ヘイトスピーチ」ともいえる福沢の、幕末・初期啓蒙期いらいの一貫したアジア蔑視思想についても、丸山眞男が作為的に創作した福沢神話がある。丸山は、日清戦争後に来日することになった中国人留学生への「蔑視・偏見・マイナス評価」の表明を戒めたほとんど唯

一の例外的な福沢の論説「支那人親しむ可し」(1898年3月22日『時事新報』)を根拠にして、これを福沢の基本的な中国観を代表する社説であると評価・引用するという作為をおこなった(『丸山真男集』第15巻、217ページ)。加えて、福沢のアジア蔑視は「中国や朝鮮の人民や国民」に対する発言・言説ではなく、中国を「東洋の老朽木」、「偸安因循」、朝鮮を「野蛮国」「妖魔悪鬼の地獄図」などと繰り返し侮蔑する福沢による近隣の後進のアジア諸国に対する「蔑視・偏見・マイナス評価」にみられるように、「満清政府」や李氏政権に対するものであるという、丸山の恣意的な把握と評価がある。例えば、マスメディアが持て囃した『福沢諭吉の真実』(文春新書、2004年)の著者である平山洋のような福沢美化論者は、「鬼の首」でもとったように安川の福沢研究を貶めるための武器として、これを使っている

　もっと重大な問題は、福沢が「蔑視・偏見・マイナス評価」の対象としたのは、アジア諸国(民)だけではなかったことである。「人の上」に人(天皇以下の皇族・華族)をつくり、「人の下」に国内外の圧倒的多数の人びとをつくり出した福沢は、例えば、生涯「男女の平等」や「女性の解放」を説きつづけた「男女平等」論者だという定説的な福沢女性論評価とは決定的に無縁である。福沢は、自身今日的なジェンダー平等＝同権の人間関係を全面否定する典型的な性差別主義者であり、家父長制的なセクシズムの女性論を体系化した人物である。そして、福沢は、とくに近代の日本人男性「臣民」の早熟的な帝国意識形成を啓蒙・先導したのである(安川、前掲⑤『福沢諭吉の教育論と女性論』、参照)。安川の、最新の前掲⑥『【増補改訂版】福沢諭吉と丸山眞男』は、日本のアジア侵略とアジア蔑視思想の先導者・福沢を、「原理・原則なき帝国主義的保守主義者」と把握・評価している。

Ⅲ. 新たな福沢諭吉神話の創作
　　──朝鮮の「独立」を前提とする
　　　　東アジア連帯の日本＝アジア盟主論という神話──

　安川が「日本のアジア侵略とアジア蔑視思想の先導者」として福沢諭

吉をとらえるのに対して、月脚、前掲『福沢諭吉と朝鮮問題』は、安川の一連の成果に代表される先行研究を批判的に検討する手続きを怠ったうえに、なんの正当な根拠も提示し得ないまま、福沢が「アジア蔑視論者」「朝鮮侵略論者」であるのか否か、という問いは「思想史研究として意味をもたない」などと極言・裁断する。ところが、他方で、月脚は福沢の朝鮮政略論を「朝鮮改造論」と言いかえ、この概念に、朝鮮の「文明化」を進めてその「独立」の維持をはかるために、朝鮮政府に「日本単独での武力をともなう朝鮮内政改革」を強要する政策論の意味を与えている。軍事力を背景とする朝鮮に対する内政改革の強要を主唱するのは、朝鮮への侵略と植民地支配を渇望する福沢の明白な煽動である。この福沢の朝鮮論は蔑視や侵略とは無縁だと主張する月脚の矛盾・対立する議論が論理整合性をもつためには、月脚自身が、朝鮮に国家主権を認めない福沢に安直に同化してはじめて可能となろう。

　アジアに対する侵略や蔑視の言辞（アジア認識）の思想史的な意味を否定する月脚が偏重するのは、「文明（化）」である。安川の把握する福沢のアジア認識においては、「文明」はアジア蔑視等や対外強硬策についで重要な位置をしめていた。じっさい、例えば1882年8月1日の論説「朝鮮政略」が、同年7月の壬午軍乱への事後策となる「文明に敵する」朝鮮への日本の出兵は、日韓両政府が「文明の幸福を共にする」ための行為で、日本兵は「宇内文明の保護のため」の「文明改進の兵」だと主張したように、福沢にとって「文明」とは、日本によるアジアへの軍事侵攻と植民地支配を正当化するための口実にすぎない。ところが、西欧諸国による侵略を回避するために福沢は一貫して「文明化」を志向したのだ、その意味で福沢は一貫して脱亜主義者だったと強弁する月脚は、福沢の論理を逸脱して「文明」を実体概念として把握するとともに、1885年3月の論説ではじめて福沢の使用した「脱亜」概念を矮小化するのである。そして、福沢の朝鮮論研究の中心は、脱亜主義をとる福沢の朝鮮政略論は、文明的「改造」による朝鮮の「独立」をはかる主張であることを解明すること、あるいは日本と同じ朝鮮の「同系発展論」と、朝鮮と中国との「宗属関係廃棄論」の検討だというのである。

　月脚の成果の課題と方法をめぐる問題はこれだけではない。Ⅳで福沢「脱亜論」の位置づけと評価をめぐってまた批判的に検討するが、ここで

はもう一点だけ指摘しておこう。〈まえがき〉をみると、月脚は安川寿之輔や杉田聡らの研究成果を「一部で誤解されている」云々と形容し、具体的な成果とその著者名を明示するという最低限の知的誠実さそのものを欠落させて、それを意に介さない。月脚の研究自体がおよそ思想史研究と評価できるような学術性をもたないことは、安川の分析内容との対比でより明確になろう。あまつさえ、月脚は、「一九世紀においてあり得たとは思えない日本と朝鮮との対等な連帯という理想をもとに、福沢の朝鮮政略論を批判することに何らの意義も見出さない」（244ページ）とまで放言するのである。月脚、前掲『福沢諭吉と朝鮮問題』の書評を書いた吉野誠は、月脚の粗雑な方法論を批判して「福沢研究の核心は、なおも蔑視と侵略性の追究にあるといっていい」（『歴史評論』No.789、2016年1月、84〜85ページ）と正しく指摘しているが、他方で月脚の成果に、福沢の朝鮮「改造」「独立」論の全体像を描き出した「力作」（81ページ）、「極めて堅実な手引書」（85ページ）などと、全体として好意的・肯定的な評価を与えている。加えて、月脚の放言がしめす、福沢の生きた時代と社会のなかに別の可能性や選択肢を見出そうとする方法意識を拒絶する月脚の非歴史的で保守的な福沢擁護論に対しては沈黙する。月脚の方法意識は、福沢研究における歴史修正主義ともいえよう。

　結局、福沢のアジア蔑視と侵略主義のアジア認識を思想史研究の方法的視座から追放・排除する月脚は、福沢の朝鮮政略論を、朝鮮の〈急進開化派〉知識人への福沢の「義侠心」にもとづく「政治的恋愛」問題などと把握し、福沢の植民地主義の政略論を人情問題に矮小化してしまうのである。真壁仁は、この月脚の成果を、「福沢と『時事新報』の朝鮮政略論における情念の問題をあつかった研究と読むことができる」（日本政治学会誌『年報政治学　2016－Ⅰ』248ページ）といって、思想史研究として積極的に評価する書評を書いているが、まったく支持できない。月脚や真壁とはちがって、46歳の福沢の「保守思想宣言」となった『時事小言』は同時代の国内の知識人やジャーナリズムなどから厳しく批判されたことを想起したい。

　ここでは、特異な方法的視点から福沢の朝鮮政略論を「朝鮮改造論」の名称と範疇でとらえ、そのなかにアジア連帯の唇歯輔車論を引きだす月脚の把握と評価を、福沢が『時事小言』を、国内外の民衆一般＝「愚民

を籠絡する欺術」としての神権天皇制を構想・提言した『帝室論』(1982年)とならぶ「福沢における保守思想の確立」(1877～1894年)の指標と位置づける安川寿之輔のそれと対照させてみたい。ただし、月脚の場合は、その他多くの福沢研究者と同様に、福沢の近代天皇制論＝『帝室論』の存在を基本的に無視している。

　比較・対照する前提として、『時事小言』の思想的エッセンス部分を、安川、前掲②『アジア認識』資料編(73番)から補足を加えて引用・紹介しておこう。出典は、慶応義塾編『福沢諭吉全集』第5巻(岩波書店、1959年、108～221ページ)である。

　　　金と兵とは有る道理を保護するの物に非ずして、無き道理を造る
　　機械なり。……(中略)……他人権謀術数を用れば我亦これを用ゆ。
　　　　……(中略)……
　　　苟も今の世界の大劇場に立て西洋諸国の人民と鉾を争はんとする
　　には、兵馬の力を後にして又何物に依頼す可きや。武は先にして文
　　は後なりと云はざるを得ず。……(中略)……
　　　……富国強兵の法は、……(中略)……此言道理に於て然るが如
　　くに聞ゆれども、社会の事跡に於ては往々然らざるものあり。……
　　(中略)……
　　　本編立論の主義は専ら武備を盛にして国権を皇張するの一点に在
　　り。……(中略)……萬国公法……(中略)……唯耶蘇宗派の諸国
　　に通用するのみ。……(中略)……権力の均衡(バランス・ヲフ・パワー)
　　……(中略)……信ずるに足らず。……(中略)……支那人……数
　　千年来陰陽五行の妄説に惑溺し……(中略)……改進文明の元素は
　　此国に入る可らざるなり。……(中略)……文明の中心と為り他の
　　魁を為して西洋諸国に当るものは、日本国民に非ずして誰ぞや。亜
　　細亜東方の保護の責任は我責任なりと覚悟す可きものなり。……(中
　　略)……事情切迫に及ぶときは、無遠慮に其地面(朝鮮と中国など―
　　松浦)を押領して、我手を以て新築するも可なり。　……(中略)
　　……
　　　第一、外教の蔓延を防ぐ事。……(中略)……耶蘇教の主義は真
　　に公平にして世界を一家と見做し……(中略)……国権の維持の為

に大なる障害と云ふ可し。……（中略）……
　　第二、士族の気力を維持保護する事。……（中略）……

　安川寿之輔によれば、福沢『時事小言』は、蔑と文、植を含む9つのマイナスの発言・言説分類を網羅した「後ろ向きの抜群の包括性」（95ページ）をもつ福沢の代表的な著作である。だから、安川は、この著作を、翌1882年4月の『帝室論』とならんで中期福沢諭吉の保守思想確立の重要な指標と把握する。こうした把握は、安川、前掲①の段階ですでに提示されていた。また、こういう性格をもつ著作であるがゆえに、『福翁自伝』（1898年7月から翌年2月にかけて連載された）における「此の日本国を兵力の強い商売の繁盛する大国にして見たい」という福沢の「大本願」は、この『時事小言』が福沢諭吉の自己の人生総括の基軸となっていることを示唆している、と安川は指摘する（211ページ）。
　『時事小言』で表明されていないのは、⑩天の天皇の戦争指導と翌82年11月に提言される⑪皇　天皇の軍隊＝「皇軍」構想だけである（資料編88番:1882年4月『帝室論』）。⑩天が無いのは、日清戦争開戦の10年以上前の著作であるから当然である。一書、一論説でマイナス発言分類が例外的に集中しているものには、この『時事小言』のほかに、やはり日清戦争開戦の前に発表された「東洋の政略果たして如何せん」（1882年12月7日『時事新報』）の7発言分類（　文　蔑　際a　軍　皇　★　盟　）があるだけである（128ページ）。この五日間連載の福沢の社説が、『時事小言』と同様に、福沢の生涯において重要な位置をしめる論説であったことについては、後で簡単に言及する。
　ところが、月脚達彦は、安川とはほとんど対照的な把握をするのである（第1章「朝鮮「独立」の東アジア的文脈）。朝鮮に無関心だったという福沢が、朝鮮の「開化派」知識人との交流を契機にして朝鮮に関する発言をはじめる最初の機会となったのがこの『時事小言』だという。そして、その内容の中心は、今日的な観点からいえば「侵略論」となる朝鮮の文明化による「改造」を基底として、日本が主体となって東アジアの連帯をはかり、とくに「支配朝鮮」とともに欧米勢力の侵攻・圧力に「対抗」しようという「アジア盟主論」であった、と月脚は主張する。ところが、82年7月の壬午軍乱以後中国が朝鮮にたいする宗主権を強化したため、

この構想が「挫折」し、次に中国からの朝鮮の「独立」をはかろうとするが、これも挫折し、84年12月の甲申政変の失敗までに都合3回の挫折を福沢は体験するのだという。

　なぜ、このような福沢の朝鮮政略論評価が生まれるのか。月脚の特異な方法意識とは別に、月脚が、『時事小言』中の「亜細亜東方の保護は我責任なり」とか、論説「朝鮮の交際を論ず」（1882年3月）のなかの「亜細亜州中、協力同力、以て西洋人の侵凌を防がんとして、……」などのタテマエに過ぎない表現や字句のなかに、字義どおりに福沢の主張を読み込むことにより、アジア連帯を前提とする日本＝アジアの盟主論を引きだしていることは容易に理解できよう。しかし、背後から軍事的な威嚇を行って隣国に介入して、東アジアの連帯もないであろう。こうした把握と評価は、アジア連帯の「日本盟主論」と朝鮮に対する対外強硬の「朝鮮改造論」という政治思想史研究における福沢の東洋政略論の両義的な把握を、統一的に把握しようとする努力のあらわれかもしれないが、先行研究の誤りを拡大再生産しているにすぎない。

　朝鮮に「無関心」だったとされる福沢は、幕末・初期啓蒙期の段階から朝鮮をはじめとする近隣のアジア諸国（民）を侮蔑する論説を書きつらね、アジアとの連帯の姿勢や構想を提示しないという後ろ向きの関心を示していた。そういう福沢の『時事小言』における日本＝アジアの盟主宣言の思想的な意味について、安川、前掲②『アジア認識』（98〜100ページ）でも、福沢の論理展開に即して詳細に分析されている。福沢の盟主宣言の本質は、「本編立論の主義は専ら武備を盛にして国権を皇張するの一点に在り。」として強兵富国路線を選択した福沢が、朝鮮の宗主国として君臨している中国はおよそ「改進文明の元素は此国に入る」ことのできない侮蔑すべき国家であるから、文明国日本こそがアジアの「文明の中心と為り他の魁」となって「西洋諸国」に対峙し、「亜細亜東方の保護」にあたらなければならないと主張している件に集約される。甲申政変の失敗から1ヶ月あまり後にも、明治天皇の「御親征」の必要を呼びかける社説「御親征の準備如何」（1885年1月8日）を書いた福沢は、このなかで、日本が「東洋の盟主」となるためには、「天皇陛下の御稜威に因りて我軍の大功を期するこそ万全の策」とまで主張したのである。

　アジア盟主論の具体的な内容は、次のような侵略主義的な強硬論によ

り補填されている。アジア諸国が「先進」諸国による（半）植民地化の危機の深化という「事情切迫に及ぶ」ときは、日本も対外強硬策をとることが必要で、「無遠慮に其地面を押領」する植民地支配によって「我手を以て新築する」ことも可能だと、福沢は主張したのである。そして、こうした植民地支配とそのための侵略主義的な軍事行動は、（帝国主義的な）国際関係のもとでは許容されるのだ、というのが福沢の判断であった。

　以上のような福沢の朝鮮政略論のなかに、およそ文字どおりのアジアとの連帯の姿勢と構想の存在を積極的に見出すことはできない。月脚の研究は新たな福沢神話の創作にすぎなない。

Ⅳ. 福沢諭吉のアジア認識の究明と
　　追及の遅れと歪みはなぜ生じたのか？

（1）福沢諭吉神話の現在（2）
　　——論説「脱亜論」をめぐる福沢神話の補強と再生産——

　月脚は、新たな福沢神話を創作しただけではなく、それを正当化するためにも、従来型の福沢神話の補強と再生産にも周到である。そのための格好の素材とされるのが福沢の論説「脱亜論」である。月脚だけではない。例えば、日本近代政治外交（思想）史家の酒井哲哉は、「福沢諭吉（1834—1901）とアジアといえば、今日ほとんどの人は反射的に脱亜論を想起するであろう。」と指摘したうえで、福沢の「脱亜論」（1885 年 3 月 16 日『時事新報』）の特異な解釈により、この論説を福沢のアジア侵略論の嚆矢と評価する定説的な理解に反論し、積極的に福沢擁護論を展開した。酒井によれば、この論説は完膚なきまでに中国軍に敗北した「勝気な福沢らしい負け惜しみの表現」なのである［酒井「福沢諭吉とアジア」（和田春樹ほか編『岩波講座　東アジア近現代史』第 1 巻、岩波書店、2010 年)］。「朝鮮近代史研究者」を自認する月脚、前掲『福沢諭吉と朝鮮問題』は、酒井と解釈を共有するこの潮流を代表する直近の「成果」となろう。
　「脱亜論」の特異な解釈を月脚の議論に即して検討する前に、「高嶋教科書訴訟」の主要な争点ともなった福沢の論説「脱亜論」の内容と、福

沢のアジア攻略論における位置を簡単に確認しておこう。安川、前掲②に収載された資料編を見ただけでも、「脱亜論」が、数多ある中国や朝鮮に対する福沢の対外強硬策のなかの一つに過ぎないことが理解できよう（安川、前掲②、125～133ページ）。この「脱亜論」は、安川の発言・言説分類では、文 蔑 植 3点から構成されている。この論説と同様に、文明史観から見ると、蔑視せざるを得ない国家は、植民地支配を受けてもやむをえないという勝手な論理をとる「脱亜論」と類似する福沢のアジア認識は、すでに論説「朝鮮の交際を論ず」（1882年3月）でも提出されていた。つまり、福沢「脱亜論」は、『時事小言』以来の対外強硬の数々の政策提言のなかでは、決して代表的な論説ではないのである。その意味では、福沢の〈脱亜入欧〉路線選択の宣言という、学界の定説的な理解も、誤った評価と位置づけである。したがって、この論説以来晩年まで、朝鮮と台湾を突破口としてアジア侵略の対外路線を推進し、アジア蔑視を先導し続けた福沢の数多ある重要論説のなかから強いて「脱亜論」だけを取り出して、この学界の定説的な理解にまで意義申し立てをすることに、なんら積極的な意義はない。

　ところが、酒井や月脚は、この誤った定説的な理解にも異議をとなえ、「脱亜論」に関する特異な解釈＝福沢神話を再生産するのである。月脚『福沢諭吉と朝鮮問題』の課題意識と方法に強引さと歪みが生じるのは必然であった。月脚は福沢の「アジア盟主論」を基底とする「朝鮮改造論」という朝鮮攻略論を、一方では、「今日の観点からすると侵略論である」、日清戦争期の「改造論」も「帝国主義者の論だ」と正しく認識し、福沢の対外侵略思想を確認している。ところが他方で、月脚は「一部で誤解されている」福沢の「脱亜論」は、朝鮮の分割や植民地化に眼目を置いた論説ではないと、明白に誤った評価をくだす。そして、この論説は1884年12月4日に「朝鮮開化派」の金玉均らが漢城（ソウル）で惹き起こしたクーデター＝甲申政変の失敗に起因する、福沢の「朝鮮改造論」の「敗北宣言」であり、その意味で「一時的・状況的発言」であった、と位置づけるのである。これが「通説的な理解」だとも言う。第2章では、福沢の生涯にわたる重要論説を渉猟し、読み込むこともなく、月脚は「脱亜論」の前にも後にも、福沢が対外強硬の侵略論を展開した事実はない、とさえ明白な虚偽を主張する。吉野誠もこれを追認し

ている（吉野、前掲「書評」、82ページ）。月脚が福沢の「朝鮮改造論」の最終的な帰着点（「文明主義」と「義俠心」の破綻の容認）を読みとる晩年の福沢の論説「対韓の方針」（1898年4月28日）も、安川の発言・言説分類では、文 蔑 植 の3点から構成されており、「脱亜論」と同じアジア認識が表明されているのである。この月脚の位置づけはもとより、それを「単純に福沢を侵略論者とする理解への反論の一つになっている」（真壁、前掲「書評」248ページ）と評価し、安川と杉田らを名指ししないまま論難を加える真壁の把握も誤まりである。

「脱亜論」の特異な解釈の一環として、ここで月脚と真壁が「一部で」と把握しているのは、研究史をふまえて厳密にいえば、字義どおりの「一部」ではなく、安川らとは異なる学界の定説的な評価を支持する先行研究者をも含む多数派となろう。ただし、真壁仁によれば、これは月脚のオリジナルな「脱亜論」評価ではなく、1970年代後半に坂野潤治が提起した評価（坂野『明治・思想の実像』創文社、1977年、第1章）で、それが政治学界の「定説」となっているのだという（真壁、前掲「書評」、246ページ）。しかし、当初の坂野の「脱亜論」評価と位置づけは、「敗北宣言」などという真壁や月脚、酒井哲哉らの把握とは異質である。正確を期すために確認しよう。坂野は、中国軍の鎮圧による甲申政変の失敗により、『時事小言』以来の、「脱亜論」以後よりもはるかに侵略的であった「朝鮮改造論」を放棄させられたのだから、この「事変直後の福沢の議論は激越をきわめた。……（中略）……福沢の……対清開戦論も特に驚くには足らない。」「一貫して強硬論であった……朝鮮改造論の放棄は、福沢における明らかな対外論の転換であった。」（坂野、前掲書、51～54ページ）というのが、坂野の評価と位置づけである。これは「敗北宣言」とは無縁であろう。ところが、これが政治学の世界での通説だと主張するばかりか、学界全体の通説といわんばかりの月脚の「脱亜論」評価は、総じていえば、侵略主義と早熟的な帝国主義の性格をもつ福沢の朝鮮政略論に対する今日的な「基準」＝視点からの批判とその意義を否定する月脚の方法意識の問題を勘案すると、自家撞着の弁明史観に過ぎよう。

たしかに、月脚は第2章で、「脱亜論」を、日本＝アジア盟主論を基調とする「朝鮮改造論」の数次の「挫折」過程における発言ととらえて、その「敗北宣言」ではないと主張し、見当違いの「通説」との違いを強調

する。強いていえば、月脚にとっての「敗北宣言」は、前述の福沢晩年の論説「対韓の方針」となろう。しかし、福沢の朝鮮政略論が、アジアを文明に誘導するという名目でアジア侵略と植民地支配への渇望と展望をあらわにした福沢の「東洋の政略」論の重要な一環として議論されているのに、それと無関係に福沢の朝鮮政略論あるいは「脱亜論」を位置づけ、評価しているという意味において、月脚の朝鮮改造論分析は、基本的に先学の坂野の方法的枠組みを越えるものではない。1882年12月7日から五日間にわたって連載された重要論説「東洋の政略果たして如何せん」(1882年12月7日〜)を「壮大な東洋政略論」と把握する安川寿之輔によれば、この連載社説は、『時事小言』とならんで、福沢の人生にとって重要な位置をしめる論説なのである。明治「政府のお師匠様」そのままに日清戦争への道を先導・煽動し、戦争報道に熱狂した福沢が、『福翁自伝』の最後で「日清戦争何でもない。唯是れ日本外交の序開き」にすぎないと自戒の意味をこめて捉えなおしたのは、この東洋政略論の「壮大な未来展望」があったからだ、と安川は分析している(安川、前掲④、234〜238、参照)。「我東洋の政略は支邦人の為に害しられたり」といって中国に責任を押しつけ、「我東洋の政略は結局兵力に依頼せざる可らず」と、『時事小言』での既定の強兵富国路線を再確認した、この重要論説が提起した福沢の日本＝アジア盟主論は、福沢の「壮大なアジア政略論」の別名であった。

　これ以上、月脚の成果について立ち入って論じることはない。最後に一つだけ補足しておこう。酒井哲哉が「優れた研究はこの点を強調してきた」という月脚や酒井の「脱亜論」把握は、情緒的な福沢(思想)評価・擁護の視角をとっているが、これはけっして目新しいものではない。かつて壮大な「丸山諭吉」神話を創作した丸山眞男その人が、中国語訳された福沢研究の自著(『福沢諭吉と日本の近代化』)の序文において、〈脱亜入欧〉は福沢の造語・愛用語だとして流布している「俗説」を批判する意図で行った、「脱亜」という言葉は「福沢のキーワードでなかった」という弁明(『丸山真男集』第15巻、216ページ、安川、前掲⑥【増補改訂版】福沢諭吉と丸山真男』、416〜418ページ、参照)と通底する。この序文は『みすず』(第379号、1992年10月)に転載された。この晩年の丸山の強弁は、福沢の意図を越えて、「脱亜論」が福沢のアジア侵略思想の出発点となっ

たという定説が成立し、〈脱亜入欧〉がその侵略主義の代名詞となったことへの丸山の欺瞞的で不毛な異議申し立てであった。当初の福沢評価に変更を加えた坂野が提起した「脱亜論」の評価と位置づけを酒井と月脚らが誤解して継承したのも、この定説を含めた安川寿之輔らの提起した福沢諭吉像を否定するためであろう。

（2）近代日朝関係史研究の陥穽

　安川、前掲②『福沢諭吉のアジア認識』が刊行されても、丸山の福沢研究に追従する後続の福沢研究とそれをバックアップするメディアの報道により、福沢諭吉神話は崩壊しなかった。解体の気配を見せなかったばかりか、現在にいたるまで繰り返し、福沢を顕彰・美化する新たな神話補強論が発表され、それをメディアがもて囃し、学会はそれを正当に批判しないことにより、神話の存続に加担してきた情況の一端については、簡単に確認した。安川寿之輔と高文研の梅田正己の確信的な懸念（安川、前掲②、208ページ）は的中したのである。それだけ、丸山が創作した「丸山諭吉」神話は壮大なものであった。安川、前掲④『福沢諭吉の戦争論と天皇制論』は、この「懸念」が現実化した事態に対する安川の迂回的ではあるが、積極的な対応をしめす成果である。

　しかし、福沢に関する国民的な常識となっている「丸山諭吉」神話の壮大さだけでは、必ずしも福沢神話が揺らがないという現実の十全な説明にはならないだろう。井田進也と平山洋の究極の福沢美化論が登場したのが、安川、前掲③『福沢諭吉と丸山真男』が出版された前後の時期だということも、それを一定示唆していよう。したがって、もう一つの主要な要因を、研究者の主体的要因・責任とかかわる個別学界内の構造的な問題のなかにもとめる必要があろう。

　もう一つの要因には、植民地（教育史）研究や朝鮮と中国などの近代史研究における本格的な福沢研究の欠落ともいえるような研究状況がある。その間隙をぬっては、すでに俎上にのせた月脚『福沢諭吉と朝鮮問題』は発表された。筆者の知りえた範囲での成果をみると、福沢を主題とした論稿は数えるほどしかない。筆者が知りえたのは、いずれも20世紀後半以降の成果であるが、吉野誠「福沢諭吉の朝鮮論」（『朝鮮史研究会論文集』第26号、1989年）くらいである。趙景達「近代日本における朝鮮蔑

視観の形成と朝鮮人の対応」［三宅明正・山田賢編『歴史の中の差別―「三国人問題」とはなにか―』（日本経済評論社、2001 年）］は、福沢の朝鮮認識にも論及しているが、趙の福沢評価は、前述した論説「脱亜論」に関する福沢神話と親和的なスタンスをとる吉野誠の福沢朝鮮政略論評価を踏襲している（71 〜 73 ページ）。また、ひろたまさきは、「対外政策と脱亜意識」（『講座日本歴史　近代　一』東京大学出版会、1985 年）を発表したことがあるが、ひろたは植民地（教育史）研究者ではなく、安川がその成果をきびしく批判する同じ福沢研究者である。ひろたの『福沢諭吉研究』（東京大学出版会、1976 年）は、定説的な福沢「脱亜論」評価をとっている。

　結論からいえば、日本の植民地（教育）研究と朝鮮や中国の近代史研究の課題と方法そのものが、丸山が創作した福沢神話から自由でなかったのである。さらにいえば、植民地支配責任を問う植民地（教育史）研究自体が、必ずしも福沢諭吉に相応の積極的な学問的な関心をもたなかった、という問題を指摘できよう。福沢への問題関心の欠落は、研究主体の、日本の近代史認識と課題意識に直接かかわる本質的な問題である。

　ここでは、趙景達編『近代日朝関係史研究』（有志社、2012 年）における福沢諭吉の朝鮮政略論評価と位置づけを検討することにより、問題状況の一端を確認することにしよう。趙執筆の〈まえがき〉によると、本書は「一国史研究」の限界の克服をめざす 8 名の日本近代史研究者と朝鮮近代史研究者との共同（近代日朝関係史研究会）による成果で、「近代の日朝関係史を韓国併合までを射程に通史的に叙述した論集」である。本論全 13 章からなるこの本格的な近代日朝関係の通史のなかで、福沢諭吉の「壮大な東洋政略論」とその重要な一環となる朝鮮政略論がどのように位置づけられ、評価されているのかを確認することにしたい。

　本書のなかで福沢の朝鮮政略論に論及しているのは、中嶋久人「甲申政変と日本」（第 7 章）と同「日清戦争と朝鮮」（第 9 章）、鈴木文「近代日本の朝鮮観」（第 13 章）である。これらの論稿以外に、福沢に関連する問題に考察を加えたものとして、福沢の権謀術数の政策提言の乱舞に思想的な影響を与えた木戸孝允の対朝鮮強硬論に論及した須田努「明治維新と征韓論の形成」（第 3 章、77 〜 78 ページ）、朝鮮の最初の日本留学生として慶応義塾に学び、福沢とも親しい関係にあった兪吉濬の「中立論」を検討した長谷川直子「朝鮮中立化構想と日本」（第 8 章、228 〜 231

ページ) が収載されている。

　本書に福沢を主題とした論稿はないが、それは日朝関係の通史であるから、とくに問題はない。しかし、朝鮮の壬午軍乱と甲申政変という重大事件を契機とする自由民権運動の質的な転換や社会における排外主義の台頭の史的展開が詳述されているのと対比すると、全体として自由民権論を駄民権云々といって誹謗・中傷・非難し、甲申政変を直接・間接に支援した、朝鮮政略論をふくめた福沢の対外強硬論の扱いは、福沢の身の丈にあったものではない。安川が告発・追及する、日清戦争期の朝鮮王宮占領や旅順虐殺事件、閔妃殺害事件、雲林虐殺事件にかかわる「ジャーナリスト福沢の隠蔽報道」への言及もない。本質的な問題として、総じて、その評価は基本的に福沢神話の大きな影響下にあるのである。

　中嶋「日清戦争と朝鮮」は、【コラム①『時事新報』における「文明戦争」論】を設定し、1884年12月4日に、福沢が直接援助した金玉均ら急進開化派主導のクーデターとなった甲申政変直後と同様に、社主・福沢が、1894年7月に日清戦争が開戦されると「文明」の名のもとに開戦を正当化する論陣をはるとともに、自身巨額の献金を行うなど、熱烈に戦争を支持した事実が記述されている。しかし、福沢が中国との戦争への道を先導・煽動した事実は指摘されていない。同「甲申政変と日本」では、「我目ざす当の敵は支那なるが故に、先ず一隊の兵を派して朝鮮京城の支那兵を鏖にし、朝鮮政府をして我正当の要求を承諾せしむると同時に、我兵は……支那に侵入し直ちに北京を陥れ……」という福沢の激越な社説「戦争となれば必勝の算あり」（1884年12月27日）ほか、『時事新報』が掲載した三つの社説を引用し、福沢が開戦の勝利により治外法権の撤廃はもとより、欧米諸国が日本を「文明国」・東洋の盟主として認知するだろうと説いたことが指摘されている（196～197ページ）。

　ところが、中嶋「甲申政変と日本」は、日清戦争への福沢の熱狂とは無関係に、つづけて【コラム② 脱亜論の背景】を論じ、定説的な「脱亜論」評価とも異なり、この論説は、甲申政変の失敗に「失望」した福沢が、戦争も辞さない「積極的な介入を断念」して甲申政変直後の中国と朝鮮への強硬論（開戦論）を後退させており、したがって行論のなかの「アジア蔑視は、この失望観が背景にある」と、何の論証もなく結論づけるのである（198～199ページ）。このような評価が、前述の酒井や月脚

の把握と評価や、それを追認する吉野誠のそれと大同小異である。しかし、筆者は、「脱亜論」の行間から福沢の失意や挫折感を読みとることはできない。福沢は『時事小言』いらい朝鮮をめぐって中国との戦争への道を先導・煽動したのであって、「脱亜論」は、甲申政変の失敗を契機とする新たな対外強硬論の模索の一つの経過点となる論説にすぎない。この評価は、中嶋だけものではなく、鈴木「近代日本の朝鮮観」でも、ほぼ同様の評価が再論されている。鈴木は吉野誠、前掲「福沢諭吉の朝鮮論」を参照して、甲申政変の失敗が、朝鮮を「文明化」するという福沢の朝鮮政略論に一貫した目標を挫折させ、そのことが福沢をして「脱亜論」や発禁処分となった「朝鮮人民のために其国の滅亡を賀す」などの論説を執筆・掲載させたと把握するのである。しかし、「文明化」は、晩年まで福沢のアジア認識を特徴づける属性の一つであり、鈴木論稿からは、「脱亜論」以後の福沢の朝鮮政略論は、文明論による植民地支配や対外強硬策が放棄されたと把握しているとの印象をうける。

　丸山もコミットした「脱亜論」をめぐる福沢神話に同調することで、どのような近代日朝関係史が紡ぎだされるのであろうか。明らかなことは、こうした通史的叙述が現代日本とアジアとの歴史認識をめぐる深刻な溝を埋めることには結びつかないということであろう。本書が「近代の日朝関係史を韓国併合までを射程に通史的に叙述した」成果であるだけに、本書のような歴史叙述は、「明治150年」を喧伝する体制的な「明るい明治」「明治礼賛」の動向に、どこまで対峙することができるであろうか。

おわりに

　本稿では、日本の植民地教育史研究が福沢諭吉をどのように対象化してきたのか、それ自体を直接検討・検証する方法をとらずに、Ⅱ―（1）・（2）で、このような重要な課題を迂回的に把握した。近代日朝関係史や近代朝鮮史の領域と、対象とする時期と空間を共有する植民地教育史研究は、たしかに福沢諭吉神話に積極的に同調してきたわけではないであろう。しかし、福沢を「我民族の敵」とまで告発・批判するアジア諸国民の声に主体的に共感し、それらに積極的に応答する成果を蓄積してき

たのかといえば、答えは否であろう。その主たる要因は一義的に規定することは困難であるが、その意味では、植民地教育史研究の世界も、福沢神話と無縁であったわけではない。

　思想史研究を含めた歴史研究にとって、福沢神話は、植民地認識を不可分とする日本の近・現代史認識を歪める役割をはたすとともに、日本の近現代史の実像の解明を阻害する要因となってきた。植民地教育史研究も事情は変わらない。「戦後民主主義」の旗頭となった丸山自身、アジア諸国民に対する日本の戦争責任と植民地（支配）責任に背を向けたまま、「学問的営為」として、その理念を啓蒙するに相応しい福沢神話を創作した事実を想起しよう。今年を「明治150年」と高唱し、官製の日本の近現代史認識を創作・捏造しようとする動向に対抗するためにも、美化・歪曲された福沢諭吉像を批判・克服し、植民地帝国日本の形成に大きな地歩をのこした福沢諭吉の実像とその果たした負の役割に肉薄するような教育史研究の営為が求められている。福沢を主題とする研究だけでなく、直接主題としない個別の植民地教育史研究の場合も、福沢の実像とその果たした役割に関する新たな認識が、自身の方法論を鍛えあげる同時に、既成の歴史把握と評価の修正・変更を迫ることに資することになろう。そのためにも、植民地（教育史）研究は、安川寿之輔の解明・提起した〈福沢諭吉のアジア認識〉とどう向き合い、応答するのかが、依然として問われているといえよう。

「満洲国の職業技術教育と植民地支配責任」を考える

丸山剛史＊

はじめに

シンポジウムのパネリストの一人として登壇を求められたが、筆者は（戦後）日本技術教育史を主たるテーマとしてきた者であり、「満洲国」教育史に関しては初学者であり、充実した内容の報告はできそうにないが、できる限り努力して依頼者の期待に応えたい。また報告するからには新たな知見が提供できるようにしたいと考え、今回の報告のために調査し、新たにわかってきたことも記すこととした。基礎的な事項に関して誤りがないように注意したが、もし事実誤認などがあれば遠慮なくご指摘いただきたい。

会報『植民地教育史研究』第55号（2017年2月）に記されていたように、筆者に求められたことは、次の通りであった。

> 「満洲の職業技術教育は、満洲国における産業と都市と国土の開発に直結した側面を有しており、これは他の教育部門とくらべても、特段の固有の意味を持っている。職業技術教育は、満洲植民地支配にとって重要な位置を占め、大きな責任を有する役割をになったものであろう。／職業技術教育の政策と実態の具体例を引きながら、この問題を考える『視点』、考えられる『結論』を提示していただきたい。植民地におけるインフラの整備、という戦後の論点の解明も期待したい。」

＊宇都宮大学

以下では、主に「満洲国」における教育政策とその実態を述べ、「視点」や「結論」、「植民地におけるインフラの整備、という戦後の論点」に関しては最後に言及するに止めたい。

1. 満洲国の職業技術教育：同国の産業開発計画と技術要員養成

周知のように、満洲国は、関東軍が1932年に設立した傀儡国家であり、建国の目的は満洲を日本の総力戦準備に必要な軍需資源の供給地とするとともに戦争準備を充実して対ソ戦に備えることにあった。そして、そのために経済統制により軍事優先の経済開発を推進し、1937年4月から産業開発五ヵ年計画を実施していた[1]。

しかし、この産業開発のために必要な要員の確保や養成については、原正敏の満洲国技術員・技術工養成史研究が登場するまでは明らかにされてこなかった。原の研究により、産業開発五ヵ年計画を遂行するために実施された取り組みの全体像が明らかになってきた[2]。その諸施策等の一連の流れを年表風に記せば、以下の通りである。

 1933年2月頃までに、反満抗日勢力掃討
 1935年8月、石原莞爾が経済調査会東京駐在員・宮崎正義に依頼して日満財政経済調査会設置（→満州産業開発計画等を立案、37年4月から計画実施）
 1937年10月25日、協和会東京事務所が駐日満洲帝国大使館において、「日満技術工養成所設立案」の説明会を開催
 1938年4月、財団法人日満技術工養成所（後の日満鉱工技術員協会）設立
 同年5月、秋田県に日満技術工養成所に設置
 同年12月、社団法人満洲鉱工技術員協会設立（満洲）
 同年、立命館高等工科学校（39年に立命館日満高等工科学校と改称）設置
 1939年4月、福岡県に九州日満鉱業技術員養成所設置
 同年、仙台・名古屋・熊本の高等工業学校に満洲帝国交通部委託土木技術員養成所設置
 1940年6月、山形県に酒田日満技術工養成所設置

1941年、満洲鉱工青少年技術生訓練所設置

産業開発計画を遂行するための要件として技術者養成とその方法が検討されたが、その特徴は、必要とされる技術者は日本国内で養成し、養成した人材を満洲国に送るという方法を採用した点にあった。
1937年10月25日、協和会東京事務所が駐日満洲帝国大使館において、「日満技術工養成所設立案」の説明会を開催したという。このときの案には満洲国において必要な熟練工養成に関して、次の4つの方針が掲げられていた[3]。

一．満洲国に必要な熟練工は、満洲人職工を多数使用する多量生産工場に於て指導職工として適する如き高級万能工である。
二．その養成は内地に於てなすべきである。
三．満洲国に適当なる如き精神的指導教練を必要とする。
四．熟練工の種類は満洲国五ヶ年計画の確立と相俟って選定すべく、内地の要求と多少異なる。

「高級万能工」と記されているが、ここで対象としているのは、高等小学校卒業程度の学力を有し、満17才以下の青少年であるので、実際には中等教育段階の中級技術者をさすものと考えられる。なお、この間の調査において、国立国会図書館憲政資料室所蔵の石原莞爾関係文書のなかに「秘（マル秘）　満洲技術員養成所設立要綱」が含まれていることがわかった。同文書は石原の関東軍参謀時代のうち、1931年から32年にかけての資料が多いとされ、技術要員養成の検討は1930年代初めから関東軍あるいは協和会内で検討されていたのかもしれない。

そして財団法人日満技術工養成所（1940年8月に日満鉱工技術員協会へと改組）を設置し、養成所の設置に乗り出した。当初は、東京に設置することが考えられていたようであるが、実際には秋田、福岡、山形に設置されていった。設置場所に関しては、石原莞爾が「『質実・素朴な気風』の青少年も都会にくると、真面目にやるという気概を失う恐れがあり、養成所は農村に置くべきだと考えていた」という[4]。

その後、さらなる要員確保のため、1938年12月に満洲国内に社団

法人満洲鉱工技術員協会が設置された。同月12月16日に設立総会が開催され、岸信介を理事長とし、発足した。ところが、岸の帰国に伴い、関口八重吉が理事長に選任され、岸は鮎川義介らとともに顧問に就任することとなった（岸の回想記『岸信介の回想』ではまったく言及されていない。理事を務めていた古海忠之の戦犯自筆供述書でも協会のことはふれられていない。ただし、新井利男・藤原彰編『侵略の証言——中国における日本人戦犯自筆供述書——』岩波書店、所収のもの）。

また、高級技術者養成も検討され、1938年に立命館高等工科学校が設置され、翌年（39年）には立命館日満高等工科学校と改称した（修業期間3年）。同校は満洲国からの委託生を受け入れるとともに運営に際して補助金を得ていた（ちなみに1941年に石原莞爾は立命館大学教授兼国防科学研究所長に就任）。

高級技術者養成に関しては立命館のほか、日本国内の3つの官立高等工業学校に満洲帝国交通部委託による土木技術員養成所が設けられ、高級技術者が養成された（期間は1年）。

このほか、1941年には、茨城県内に満洲鉱工青少年技術生訓練所が設置され、満洲国が日本内地で採用した青少年に2か月間の基本訓練を施すようになった。

2．産業開発計画のための技術要員養成の中心人物・関口八重吉の思想

上記の技術者養成を中心的に担った団体が財団法人日満技術工員養成所と満洲鉱工技術員協会の二団体であった。そして、この二団体の理事長を務めたのが工学者・関口八重吉（東京工業大学名誉教授、工学博士）であった。原も関口（及び隈部一雄）に注目していたが、彼の思想にまでは言及していない。言及する価値がないと判断したか否かは定かでないが、職業技術教育分野における満洲国支配の中心人物の一人であることには間違いなく、一度は検討してみる必要があると考えた。

筆者は2016年度に発行された西尾科研の報告書原稿作成のために調査を開始して以来[5]、関口に注意を払ってきた。関口の経歴や業績に関しては関口先生還暦祝賀準備委員会編集・発行『関口先生の還暦を祝して』（1935年）があるが、時期的に満洲関与以前に刊行されたものであり参考にならない。日本機械学会関係者編集の前田清志編『日本の機械工学

を創った人々』(オーム社、1994年)において関口も取り上げられているが、「機械工作法・工作機械の基礎を築いた」(吉田喜一)人物として紹介され、満洲国への関与の詳細は明らかにされていない[6]。そのため、関口の満洲国関与に関して独自に調査する必要があった。そしてこの間の調査により、東京工業大学附属図書館所蔵の工学・工業団体機関誌(例、帝国発明協会編『発明』誌)、満洲鉱工技術員協会編『鉱工満洲』(一橋大学経済研究所資料室所蔵)等に満洲国の技術要員養成に関する論考があることがわかってきた。彼の経歴及び業績、特に満洲国に渡った時期及び回数に関しても、国立公文書館所蔵文書(叙勲のために提出された文書に収録された履歴書)により、より詳細に確認することができた。そこで、これらの資料を手がかりに、関口の教育論にも言及してみたい。関口の経歴は、下記の表の通りである。

表 関口八重吉の略歴

年	事項
1875（明治8）	8月29日、東京府生まれ
1893（明治26）	4月、東京府尋常中学校卒業
1896（明治29）	7月、東京工業学校機械科卒業 卒業後、鐘ヶ淵紡績株式会社に技手として就職
1898（明治31）	5月、東京工業学校（後に東京高等工業学校と改称）助教授
1902（明治35）	機械製作に関する研究のため、3年間、英国及び米国に留学
1905（明治38）	12月、東京高等工業学校教授 東京大正博覧会審査官、実業学科教員講習会講師を務める
1921（大正10）	12月、工学博士の学位を授与される この間、教員検定臨時委員を務める
1922（大正11）	6月、欧米各国へ出張（1924年帰朝？） 帰朝後、特許局技師を兼任
1927（昭和2）	11月、東京帝国大学講師（～1931年） この間、大礼記念国産振興東京博覧会第六部審査部長等を務める
1929（昭和4）	4月、東京工業大学教授に就任、附属工学専門部教授を兼任 この間、商工省臨時産業合理局生産管理委員会委員、帝国発明協会主催発明博覧会第四部審査部長等を務める
1934（昭和9）	5月、満洲国へ出張（5月7日～6月1日） この間、実業学校実習教員講習会講師、特許局発明展覧会審査委員、青年学校視学委員、工業品規格統一調査会委員、商工省生産管理委員会委員、文部省視学委員、教育審議会委員等を務める
1938（昭和13）	4月、財団法人日満技術工養成所設立に参加 8月、満洲国へ出張（8月20日～9月11日）
1939（昭和14）	3月20日、依願免本官 4月5日、財団法人満洲鉱工技術員協会理事長に就任 7月、名誉教授の名称を授けられる
1949（昭和24）	12月、死去

関口は、吉田が「機械工作法・工作機械の基礎を築いた」人物と評しているように、国産工作機械、機械工作法の発展に貢献した工学者であったようである。叙勲の「功績調書」にも次のような文章がある。

> 「明治三十年代の日本は未だ工作機械の最も基本的な旋盤でさえ国内に於てはできないような時であったが同人はその製作に努力し遂に日本に於ける旋盤の第一製品を出すに至ったのである。爾来今日に至るまで工作機械の製作改善に一意専心力を□（効？）した。（中略）蒸気ボイラーについてはその先覚者であってその設計になるものや、改善されたものが数多い。特にボイラーに用いられる石炭の燃焼率の改善完全燃焼化に努力し、これを実現化し低廉なる動力源と熱源とを供給したのであった。その他一般工業の生産合理化に努力し大工業のみならず中、小工業にもその指導を惜しまなかった。その一例をあげれば新潟県三条市のスプーンフォークの類の戦前世界に雄飛したのは全く同人の指導によったものでこのために幾度か同地に出張彼地の創業を促した。」

このように、関口は、国産工作機械の創出等に貢献しただけでなく、生産合理化にも指導的な役割を果たしていた（ちなみに、功績調書及び履歴書には満洲鉱工技術員協会理事長や満洲国の技術要員養成に中心的な役割を果たしていたことはまったくふれていない）。

関口が満洲国の技術要員養成に関与するようになった経緯は定かでない。ただ、1934年には5月から約1ヵ月渡満している。また同じ頃、東京府の工業学校・府立高等工業学校新設に関与しており、技術者養成の刷新に関心を寄せていたようである。関口は、戦前、熟練工養成に関して効果的な単能工養成の機関・方法の確立に取り組み、その後の職業訓練に小さくない影響を与えた清家正を、新設の東京府立電機学校及び東京府立高等工業学校長に推薦していた人物の一人であった[7]（ちなみに、清家も1939年8月11日より1週間、製図論及び機械工養成問題にかかわって満洲国に招聘され、渡満していた）。

関口の満洲国技術要員養成への直接的な関与は、1937年10月の「日満技術工養成所設立案」の説明会開催時である。説明会に先立つ、10

月 19 日付「日満技術工養成所設立案」には隈部一雄（東京帝国大学工学部助教授、後に東京工業大学教授、技術院副総裁兼任、戦後はトヨタ自動車副社長）、山口貫一（鉄道技師）らとともに名前を連ねていた。

1938 年 4 月には財団法人日満技術工養成所設立に関与し、本格的に満洲技術要員養成に取り組んだ。

1938 年 8 月 9 日付け関東軍参謀長磯谷廉介から陸軍次官東条英機宛に出された「満洲国技術員養成ニ関スル指導者派遣方」では、「当方トシテハ現東京工業大学教授工学博士関口八重吉氏ヲ適任ト思料シ」と記されており[8]、この頃、すでに関東軍から満洲国技術要員養成の適任者と見られていたことがわかる。そしてこの直後にも、約 1 ヵ月間、満洲国へ派遣されていた。記録上は、二度目の渡満である。

1939 年 3 月には東京工業大学を依願退職（「依願免本官」なので停年退職ではなく辞職ではないか）し、同年 4 月には帰国する岸信介に代わり、満洲鉱工技術員協会理事長に就任した。

満洲鉱工技術員協会編『鉱工満洲』誌では、1942（康徳 9、昭和 17）年 12 月まで、ほぼ毎号、巻頭言等の原稿を執筆した。これらの記事の中に、関口の技術者養成の考え方を見出すことができる。

「鉱工業に於ける生産拡充と資源開発とは必ず相伴ふものである。現時時局の為日本に於ては挙国生産拡充に努力しつつある。然るに其資源に至つては充分なるものがないが幸ひにも満洲国と不可分の関係を持つてゐるのであるから、斯業を論ずる時には必ず日満一体として之を考察しなければならない。日本は鉱工業に於て幾多の経験を有し、且多数の既成技術家を持つてゐて、技術進歩の程度も著しいものがある。満洲は人口少く元来農業国であつて、最近に鉱工業が発達したのであるから、日本の技術と満洲の資源とを結び、有無相通せしめることは実に合理的のことである。日満両国は独り経済上に於て一体となるの必要が有る許りでなく、国防上に於ても同様である。従つて満洲鉱工業発達に要する技術家は之を日本に求めることは極めて自然なことである。又両国民の特性上から見ても、満洲人は技術に於ては未だ未熟であるが、反復作業に対しては少しも之に

飽きないと言ふ長所があり、之に英敏な性質を持つてゐる日本技術者の特性を加味したならば、寔に宜しいと考へるのである。」[9]（下線、引用者）

「満洲に於ては、工場で働く技術工の、七、八割は満系であるが、大東亜戦争下に於て技術工を日本より導入する事は益々困難を加へて来るといふ情勢である。従つて将来に於ては大多数の技術工は満系によらなければならない情勢に立致ると思ふのである。満系は単能工として極めて適当で、性質温良辛抱強く、簡単なる繰返作業には最も能率を上げる性質を持つてゐる。従つて満洲の工場生産方式は主として第二の方法を採用するのが適当と考へる。」[10]（下線、引用者）

このように、関口は、経済上、軍事上の目的から日満一体論を説き、技術要員、特に指導的役割を果たす（高級・中級）技術者には日本人を充て、技術要員として満洲人を用いる場合も単能工として用い、それに適合的な生産方式を採るべきことを主張していた。これは前記の、日満技術工養成所設置に始まる技術要員養成の取り組みと合致しており、前記の取り組みは関口が構想したものであったかもしれない。

3.「植民地のインフラ整備」「戦後の論点」について

「植民地のインフラ整備、という戦後の論点」について考えよ、との依頼に関して、従来から植民地支配を正当化する議論や歴史認識があることは見聞きしてきたが、学習が十分とは言えない。以下では、報告を準備するにあたり、学んだことを手がかりに与えられたテーマに接近してみたい。

西尾科研に参加した際、満洲国の技術教育問題に関して学ぶため、先行研究に関してデータベースを検索していたところ、峰毅『中国に継承された「満洲国」の産業』（御茶の水書房、2009年）の存在に気づいた。同書は満洲国奉天市生まれで、日本に学び、北京勤務の経験をもつ著者が「満洲化学工業の人民共和国への継承」を論証しようとしたものであり、東京大学経済学部に提出した博士学位論文を単行本にしたものである。

同書によると、満洲国の産業開発五ヵ年計画実行に際して、「日本の

最新鋭の技術のみならず、欧米からの最新鋭技術も導入して工業建設がなされ」、「戦前世界の最新鋭技術により重化学工業基地が建設された」とされる[11]。

しかし、こうした最新鋭の「工場設備は軍事支配したソ連軍が戦利品として撤去し、ソ連に持ち帰った」とされる。戦後、賠償問題のために日本の満洲における資産を評価する目的で満洲に派遣された、アメリカのポーレー（Pauley）調査団が「短期間に建設された満洲国経済・産業に対する驚異を率直に書き記した」とされるほど、最新の技術が駆使されていたようである[12]。

また、上記のように満洲国時代の工場設備はソ連軍が撤去してしまったため、中国は敗戦後、復興・再建しなければならなかった（復興・再建に際して、オイルシェール石油・石油精製復旧に日本人留用技術者が協力したという事実があるという）。中国が復興・再建させたということは重要であろう。

峰は「継承」の定義を明らかにしており、峰の定義では、「継承」とは「満洲国で建設された設備、あるいは建設中であった設備が、ソ連軍に撤去された後に日本人留用技術者の協力により復旧され、人民共和国において継続的に運転された状況」とされている4[13]。

ここでは、「設備」の形態が問題にされており、主体は問題にされていない。そのため、「継承」を上述のように定義するならば、「継承」されたと考えることもできよう。

しかし、教育は主体形成を問題にする。

王智新・君塚仁彦・大森直樹・藤澤健一編『批判　植民地教育史認識』（社会評論社、2000 年）所収の王論文（「植民地教育における『近代性』について」）では、「『悪い』ことも悪いなりに、中国人にとって『ためになる』、『参考になる』教訓・方法・制度などを提供してくれた、とする主張がある」ことが紹介され、「職業教育」に関しても「植民地支配者の『職業教育の重視』、『職業教育のシステムと方法』は『今日、われわれが職業教育を遂行する上で参考になる点がある』」との主張があることが紹介されており[14]、注意を要する。

いずれにしても、前記の関口の言説を読めば明らかなように、他国の主権を顧みず、経済・軍事上の目的を優先し、経済・軍事上の目的から

教育目標・方法を立論する、人権を無視した非教育的な言動は認められるものではない。問われなければならないのは教育目的論であろう。

註
1 岡部牧夫『満州国』講談社文庫（2007年、100ページ）など。
2 原の満洲国技術員・技術工養成史研究に関しては、拙稿「宇都宮大学所蔵『満洲国』技術員・技術工養成関係資料目録 ——解説と凡例——」（『植民地教育史研究年報』第11号、2009年）を参照されたい。解説に記した原の論文目録には、原の著作目録（「原正敏先生の退官を記念し、ますますの御活躍を期待する会」編『原正敏　著作目録』（1989年）及び「原正敏著作目録（追加）」）には収録されていない論文も含まれている。
3 4つの方針は原論文からの引用である。原は、故山内一次氏所蔵資料により書かれているが、筆者は未見。
4 隈部智雄・原正敏「戦時下、技術員・技術者養成の諸局面（Ⅱ）」『千葉大学教育学部研究紀要』第38巻第2号、84ページ。
5 拙稿「『満洲国』国民高等学校及び同校実業教科書編纂に関する覚書」西尾達雄（研究代表者）『平成25～27年度科学研究費補助金（基盤研究（B）（一般））研究成果報告書　日本植民地・占領地教科書にみる植民地経営の「近代化」と産業政策に関する総合的研究』、2016年、303-313ページ。
6 「機械工作法・工作機械の基礎を築いた関口八重吉」、執筆者は吉田喜一。
7 柳千秋『工への変革　——清家イズムの研究——』（私家版）、1996年、17ページ。
8 原正敏「『満洲国』の技術員・技術工養成をめぐる若干の考察」『技術教育学研究』第10号、1996年、4ページ。
9 関口八重吉「巻頭言」『鉱工満洲』第1巻第1号、1940（康徳7）年、1ページ。
10 関口「巻頭言　能率増進と生産方式研究の必要」『鉱工満洲』第3巻第5号、1942（康徳9）年、2ページ。
11 峰毅『中国に継承された「満洲国」の産業』御茶の水書房、2009年、9-10ページ。
12 峰によれば、1980年代に入り、満洲の侵略と開発を切り離し、日本の満洲国産業開発を評価する研究が登場したとされる（峰・前掲書、14-15ページ）。
13 峰・前掲書、34ページ。
14 王智新・君塚仁彦・大森直樹・藤澤健一編『批判　植民地教育史認識』社会評論社、2000年、43ページ。

中学生の認識に内在する
「国家の論理」（植民地主義）を相対化する授業

三橋広夫＊

＊本稿は、2017年3月18日に宇都宮大学で行われた日本植民地教育史研究会第20回研究大会での報告に加筆・訂正を加えたものである。

1．自由な思惟空間と歴史教育

　中学生は歴史の授業についてどう考えているだろうか。これは中学生が求める歴史の授業のあり方を示すとともに、教師の側からすると、どういう授業を構想するかの下地になる。
　大別すると、「歴史の勉強って頭が痛くなっちゃう。どうしてって、次から次にわからない言葉が出てきて、覚えなきゃいけないし、だから大嫌い。もっと昔に生まれればよかった、覚えることが少なくてすむから」という考えと、「歴史の授業は楽しい。どうしてかというと、次から次にわからないことが出てきて、それがどんな関係にあるのかなんて考えるとわくわくします」という考えになる。前者は暗記はこりごりだ、なんで年号を覚えなきゃいけないのかという叫びにも似た声であろう。後者は、なぜ「わくわくする」と言うのだろうか。歴史の勉強が楽しいのは、さまざまな歴史的事象が「どんな関係にあるか」考えるからだという。つまり、私たちは歴史を自由に考えたいのだと主張しているように思う[1]。
　暗記式の歴史授業が子どもたちに強いるのは、「歴史は変わらない」し、「歴史は自分とは関係ない」という認識である。だから、意識の高い子ど

＊日本福祉大学

もたちは「なぜ歴史を勉強しなきゃいけないんですか」と教師に聞いたりする。また、歴史認識と現実認識が密接な関係にあるとすれば、脆弱な歴史認識は脆弱な現実認識を育み、脆弱な現実認識は脆弱な歴史認識の土台となる。つまり、暗記式歴史授業は子どもたちを歴史から遠ざけるだけでなく、現実への子どもたちのかかわり、あるいは現実に対する批判意識を麻痺させていく機能を持つことになる。したがって、豊かな歴史認識を育もうとすれば、「歴史の真実」を教えれば子どもたちが正しい歴史認識を持つという、牧歌的な教育観を脱する必要がある。歴史修正主義的な言説が大手を振るう現実の中で子どもたちが、それこそ自ら紡ぎ出した歴史認識を基に生き抜いていかなければならない時代であればこそ、そうである。

　同時に、子どもたちに豊かな歴史認識を育むためには、教室が自由に思惟できる空間でなければならない。スタンダード化[2]が進む学校現場でこそ自由な思惟空間の構築が求められる。権威主義的な空気が支配する教室空間は閉塞した認識で満たされるからだ。

　さらに、自由な思惟に基づく豊かな歴史認識＝他者認識は、教室に強固な共同関係をもたらすだろう。子どもたちは「正義」を求めるエネルギーを持った存在だからだ。ここに、「教室カースト」[3]を解体させる契機が隠されているのではないだろうか。この点については、生活知と学校知[4]の距離がより近い小学校の教師たちは身近に感じているように思う[5]。

　また、千葉県歴史教育者協議会に参加する多くの教師たちは、これまでの教師主体＝子ども客体の歴史の授業ではなく、教師と子どもたちがともに主体として授業をつくり上げる実践を積み重ねている[6]。

　そして、今回の報告の基になった実践には、1993年につくられた日韓教育実践研究会の役割が欠かせない。2017年で24回を迎えた日本と韓国の教師たちの実践交流は、私に、他者とのかかわりを通して歴史および歴史教育を考えさせる契機の一つとなった。主に韓国・晋州（チンジュ）の、後に慶尚南道（キョンサンナムド）の教師たちとの継続した交流は、子どもを前面に立てた議論を通じて可能になったといえる[7]。

　さて、自由民権運動の学習を素材に子どもたちの意見を紹介しよう。

　自由権運動には国権論が内在していたことをどう考えるか討論授業をした。テーマは「自由民権を主張しながら征韓論をとなえる板垣退助を

どう思うか」である。中学生が歴史—特に今回の報告のように植民地問題—を考えるときには、こうした問題設定が必須である。具体的に、そして子どもたちが自由に意見を言える設問[8]でなければ考えられないからである。ここに教師の役割がある。

　子どもたちは学んだことを総動員して考え、自分の意見を発表するが、大まかに言って意見は二つに分かれた。一つは「自由民権運動で自由が認められるのはいいと思うし、武力でいろいろな国を押さえつけるのもいいと思った。そういうことをしないと、日本はこのままなんの発展もないままに他の国に置いていかれるからだ。だから、ここで日本を変えたいと思うのなら、武力をかけてでも脅したほうがいいと思った」。もう一つは、「自由民権運動には賛成ですが、征韓論には反対です。不平等な条約を結ぶと、日本と朝鮮の関係が悪くなるし、戦争にもなりかねない。だったら朝鮮といい関係になって、協力してアメリカやイギリスに対抗していけばよかったと思います」である。

　こうした二つの認識は、集団としての子どもの認識[9]であるとともに、一人ひとりの子どもたちに内在する二つの論理でもある。したがって、この二つの論理を授業の中で顕在化させ、自ら選択するとともに、友だちと討論することによって、子どもたちはより深い認識を獲得できるのである。私は、前者のような歴史の認識を「国家の論理」[10]と名づけた。国家の立場から歴史を見ていこうとする論理である。そして、授業でめざすべきは、こうした「国家の論理」を他の論理に、例えば個人の論理に導いていくようなものではなく、子どもたちが自身に「国家の論理」が内在していることに気づき、それでいいのかを自らに問うことである。つまり、個の葛藤（対話）を通した「国家の論理」の相対化なのである。

　本稿では、子どもたちに内在する二つの論理のせめぎ合いを組織していくことが歴史の授業であり、そうした過程を経なければ上のような「国家の論理」の相対化はおぼつかないことを子どもたちの意見から論じようと思う。

2. 具体的な授業の場面で

　20年前の実践で恐縮だが、植民地をめぐる子どもたちの考えを引き出している実践があまり見られないので、あえて触れてみたい[11]。拙著『韓

国・台湾に向き合って学ぶ近現代史の授業』（日本書籍、1999）から、数人の代表的な意見を授業の過程に沿って取り上げ、その認識の変化（変化しない場合も含む）を論じてみたい。子どもたちの名前はすべて仮名である。

まず、拙著の構成は以下のとおりである。特に第1章から子どもたちの意見を紹介する。

 第1章　韓国に向き合う授業
  1.　全琫準（チョンボンジュン）らの行動には意味があったか
  2.　韓国併合と三・一独立運動
  3.　植民地朝鮮の「経済発展」を考える
  4.　孫基禎（ソンギジョン）選手の「8月15日」
  5.　ベトナム戦争と日本・韓国
 第2章　台湾に向き合う授業
  1.　日本は清と戦うべきか
  2.　台湾人・李立夫（りりっぷ）に学ぶ
  3.　解放後の台湾と日本
  4.　戦後補償問題と台湾

(1) 聡（さとし）の意見の変化
〈第1章の1〉で、韓国の中学校国史教科書[12]に載っている「沙鉢通文（サバルトンムン）」と、逮捕された全琫準の写真を見て、「全琫準らの行動には意味があったか」を考えさせた。

聡は「東学農民軍が全州（チョンジュ）を占領した時点で、日本に『朝鮮政府は農民軍なんかに負けてしまうのか』と、チャンスをあたえてしまい、日本にとってはプラス、東学農民軍や朝鮮政府にとってはマイナスだった。農民軍が朝鮮政府と戦って勝った時点で、勝った方の農民軍は『自分たちがやっていることは正しい』『これから朝鮮の改革を進めよう』などと考えたと思う。しかし、その朝鮮の中で起きた内乱を外で見ていた国々にとっては『朝鮮を支配するチャンス』を得た。それも実際に行動した日本はたいへんな『得』をした。そして東学農民軍は日本軍と戦い負けてしまう。そして、他のアジアの国々はきっと『内乱は国を滅ぼすものだ

から絶対起こさないようにしよう』と改めて思ったのではないか」と書いた。

この聡の意見は、まだ分析的で、突き放した意見といえる。農民たちは「これから朝鮮の改革を進めよう」と思ったとしても、「他のアジアの国々はきっと『内乱は国を滅ぼすものだから絶対起こさないようにしよう』と改めて思ったのではないか」としている。この場合の「他のアジアの国々」はおそらく日本を想定していると思われる。そして、この日本には自身が投影されていたのかもしれない。

さらに、〈2〉では、「土地調査事業」をめぐって「申告書」の記載例**［図1］**を紹介しつつ、東洋拓殖会社と朝鮮農民とのやりとり[13]を読ませた。そして、設定した問いは「朝鮮農民は土地申告書を出すか」である。

ここでは「出す、出さないの問題じゃなくて、朝鮮の人びとは申告書を書けないんじゃないか。申告書は、日本語（漢字）で書かれており、朝鮮人は読めもしないし、書けもしないと思う。これは、朝鮮農民から土地を取りあげる日本政府のわなだと思う」と、当時の朝鮮総督府のやり方を強く批判している。「朝鮮農民から土地を取りあげる日本政府のわな」だと強い口調で抗議しているように読み取れる。

だが、この設問自体が朝鮮農民の立場を強く意識させたものであることもあって、本当の意味で子どもたちの意見とは言えない側面は否定できない。

そこで、次の問いが生きてくる。「日本は韓国を併合するべきか」である。

聡は待ってましたとばかりに「国際的に勢力を広げるなら、近くの国、すなわち韓国を併合するしかない。ただ、この時の日本のやり方はあまりにもひど い」と一定の留保はしながらも、当時の日本は韓国を併合して植

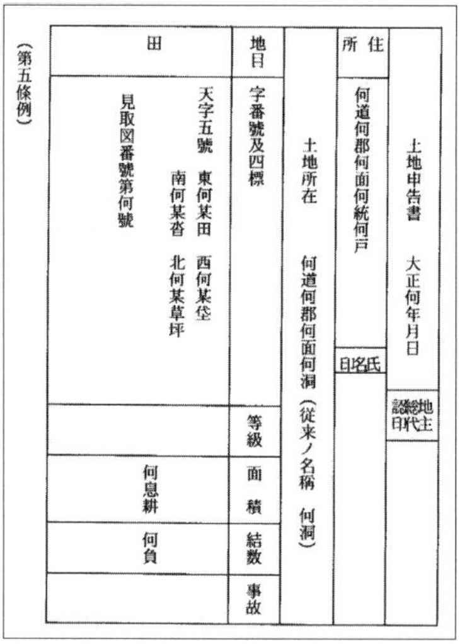
土地申告書　大正何年月日
地主 総代 記名捺印
住所　何道何郡何面何統何戸
氏名
土地所在　何道何郡何面何洞（従来ノ名称　何洞）
地目　田
字番號及四標　天字五號　東何某田　西何某垈　南何某沓　北何某草坪　見取図番號第何號
等級
面積　何息耕
結数　何負
事故
（第五條例）

図1　土地申告書

民地にすべきだと主張した。
　友だちの反論に対しても「欧米各国と対等につき合うようにするには、韓国を植民地として勢力を広げるべきだ。しかし、植民地韓国に対するあつかいはひどいものを感じる。日本語をむりやり押しつけたり、土地がほしいからといって、最初から出せないような土地申告書を出せと言う。こうしたやり方ではなく、勢力を広げられないのだろうか」と反駁した。やり方はひどいが、植民地にするということ自体は日本の発展のためにおし進めるべきだとする論理である。
　さらに、植民地支配に対する朝鮮人の運動を考えさせ、その本質をどうとらえるかを考えさせた。ソウル・タプコル公園にある柳寛順（ユグァンスン）のレリーフ [図2] [14] と、それを題材にしたシナリオ、歌「柳寛順」[図3] [15] である。
　ここで設定した問いは「日本は三・一独立運動を抑えるべきか」であった。子どもたちは韓国併合の学習での自分たちの意見を十分に咀嚼しながら考えることができる。聡は「インドで起きた独立運動みたいに、無視しているとたいへんなことになってしまう。まだ運動が大きくならないうちに、武力で抑えるべきだ。ほうっておいて、独立されてしまったら、取り返しのつかないことになってしまう」と、ガンジーを引き合いに出して、抑えるべきと主張した。それも「武力で抑えるべき」と、主張を強めている。
　その後、〈3〉では、朝鮮に進出した日本窒素と日本人を題材に植民地朝鮮のいわゆる「経済発展」を取り上げた。水俣から進出した日本窒素の大がかりな開発と、そしてそこに従事していた日本人労働者の生活実態に関する証言（小形キク、津下丹蔵）[16] を資料として示して、植民地下の日本人と朝鮮人の関係について考えさせた。
　〈4〉では、ベルリン・オリンピックのマラソン優勝者孫基禎（ソンギジョン）が1940年代に朝鮮人青年に戦場に行くよう呼びかけた——総督府の強い意向がそうさせてことも意識させつつ——ことを学ばせ、孫基禎が「8月15日」の解放の日をどう迎えたかを考えさせた。
　そして、〈5〉ではベトナム戦争を取り上げた。「ベトちゃん・ドクちゃん」を通して見たアメリカ軍の枯葉剤散布の学習、沖縄や日本本土とベトナム戦争の学習、最後に韓国軍のベトナム派遣について考えさせた。テーマは「康周寛（カンジュグァン）さんはベトナム戦争に参加すべきか」である。彼は、ベト

78　Ⅱ．シンポジウム　植民地教育の戦争責任・戦後責任

図2　レリーフ

図3　歌「柳寛順」

ナム戦争に参加して枯葉剤でいわば一生を棒に振った韓国人男性である[17]。「この戦争は韓国の『出稼ぎ』の戦争である。また、アメリカに対しても『恩返し』でもある。1950年に起こった朝鮮戦争で韓国は、アメリカにかなり助けてもらった。このとき、アメリカに助けてもらったからこそ、今の韓国がある。また、経済の回復のためにもやらなければならない戦争だった。だからこそ、他の国とはちがい、桁違いの兵士を参加させた。そして、アメリカ軍が枯葉剤を使い、韓国軍兵士にも被害をあたえた。彼らがえたものは何もないというより、むしろマイナスだったが、韓国の発展には大いに貢献したと言える」と聡は書く。

こう見てくると、聡の認識の中心には「発展」が位置づいていることがわかる。この「発展」こそが彼の「国家の論理」を支えている。そして、「発展」のためには植民地主義[18]も合わせ持っていくのであろう。

(2) 佳奈(かな)の意見の変遷

聡とは異なる意見を主張し続けた佳奈の意見を紹介しよう。

佳奈は、〈1〉で「日清戦争の時に、日本は国の前途が危ないといって朝鮮に進出した。その時は、欧米のアジア侵略に対抗するためだったけれども、もしその時にアジア諸民族と連帯する道をとっていたら、もっと良い方法が見つかったかもしれない。日本の侵略によって韓国の人びとは傷つけられ、誇りを奪われてしまった。日本もたくさん犠牲者を出してしまった」と発言した。日本が日清戦争で朝鮮をわが物にしようとしたが、「その時にアジア諸民族と連帯する道をとっていたら」どうなっていたかと、歴史のオルタナティブを考えている。韓国人も日本人も傷つけた当時の日本の政策は間違っているとしているが、まだ情緒的な批判に留まっている。

〈2〉では「先祖代々の土地だとしても、日本に協力するということは、この時代の朝鮮民族にとって民族としての誇りを失うことになる。この時の朝鮮の人びとは、日本の侵略に対して不満をもち、抵抗運動がおこっていた。兵士や農民が一体化して抵抗が続けられている中、日本に協力して自分の土地をえていたら、まわりの目もきつくなるし、それに日本は敵だから、『協力しよう』という気は起こらない」と、深く考え始めている。申告書を出せば、朝鮮民族の誇りを失うことになる。日本に協力

すれば、(抵抗をしている) まわりの朝鮮人の目もきつくなるから、「出さない」と決める。

　それが、三・一独立運動に対しては「たとえ今回の独立運動を抑えたとしても、その後もこうした運動が続いたのだから、完全には抑えられないと思う。そうすると、またいつか朝鮮人の思いがふくらんでもっと大きな運動が起きるだろう。それに、日本は武力で抑え、さらに被害も大きくなる。だったら、朝鮮を独立させた方がよい。ユ・グァンスンのように、身体をはって独立を要求している人や全土に広がっている運動をおさえてまで、植民地にしている必要はない」とはっきりと独立運動の側に立って植民地主義に反対している。

　さらに、〈5〉では「『共産侵略を受けているベトナムを支援する』というのは、反共の韓国の考え方からだった。康周寛さんは、ベトナム戦争に参加したため、枯葉剤を浴びてしまい、その上長い苦痛におそわれてしまった。韓国も一時的には経済の成長をしたかもしれないが、戦争に参加すればどうなるかはわからない。韓国がベトナムに派兵し、兵士たちやベトナムの人びとにいやな思いをさせたり、苦しめたりしたと思う。韓国もアメリカも、はじめからベトナムの共産主義をおさえようとしなければ、枯葉剤などで人を苦しめることもなかった」と、「経済の成長」が反共主義に基づいていたことを喝破した。聡の「発展」の論理を佳奈は一貫して批判していた。例えば、「日本はベトナム戦争でアメリカに協力すべきか」を考えつつ「アメリカが勝手に『共産主義』を嫌ってベトナムに考えを押しつけ、攻撃している。『ベトナム』が共産主義になろうとしていることにアメリカがとがめる権利はない」と主張した。ベトナム侵略が冷戦下でのアメリカの国家戦略であり、韓国がそうした戦略につき従っていったことが、康周寛をダイオキシンの犠牲にした元凶であると見抜いたのである[19]。

(3) さらに

　豊(ゆたか)は、「日本は韓国を併合するべきか」と問われて「どちらとも言えない。なぜなら、韓国を併合したら、税金をとれ、国家は裕福になる。だが韓国の人びとが反乱をおこすことは、もうわかっている。そうすると、今度は軍隊を派遣する。そうすると、軍に金をかけなければならなくな

る。そうすると、韓国を併合しても意味がない。でも、日本の目的は、朝鮮を足がかりにし、そこから大陸へ進出していくことだったので、金をかけても大陸へ進出してどうするのか、第2、第3の韓国をつくるのだろうか」と発言した。「どちらとも言えない」としつつ、韓国併合から後のアジア太平洋戦争にまで視野を広げて批判している。

また、瑞紀は、三・一独立運動を「最初は抑えるべきだと思ったが、よく考えてみると抑えるべきではないと思うようになった。日本が運動参加者を殺さなければ、もっと状況が悪くなると思った。しかし、参加者の気持ちを聞いたらどうなるだろうか。この運動を抑えなければ、土地調査事業が中断して、申告書を出さずにすむかもしれないし、日本語も強要されなかったかもしれない」という。意見を変えたのである。彼は「朝鮮人は日本から独立したくて運動していたのに、日本人は大量の軍隊を出してデモ参加者を射殺したり、焼き殺したりして、かわいそう。朝鮮人の不満が高まることぐらい、日本は併合するときにわかっていたと思う。7,645人も死者を出すのはやりすぎだ。無差別に朝鮮人を殺すのはひどい。独立ガンバレ！」という友だちの反論に触発されたのである。

このように、子どもたちの意見がさまざまに交わされる中でその認識を深めていることがわかる。

3. 日韓中学生の意見交換

「韓国併合」に関して、クラスの中だけで意見を交換するのではなく、かつて植民地だった韓国の中学生と意見を交換してみようと子どもたちに提起したところ、快く賛成した。以下、日韓の中学生の意見交換の一端を紹介する。

「日本は韓国を併合することにより、金、銀、鉛、タングステンなどの産業に必要な地下資源を得ることができた。さらにたくさんの土地も手に入れることができた。これにより、日本の産業は発展し、大きな利益を得ることができる。イギリスなどの日本より発展した国にも追いつけるかもしれない。また、日本の産業が発展したことで、大国と認められ戦争などを仕掛けられても大丈夫だろう。韓国の土地を得たので、日本

人に土地を売ったり、日本の土地会社に払い下げたりすることもできる。また、韓国に日本人が住めば、いっそう『日本のものだ』という感じを韓国の人々に与えられる。それに、韓国を併合すればまわりの国々にも手を出しやすくなる。確かに韓国人にはかわいそうだ。しかし地下資源や土地などを略奪しなければ日本は強い国にはなれない。この頃の時代は武力で解決する時代だから仕方がない」（正信）という意見に韓国の中学生の批判が集中した。しかし、その批判には「自国の利益だけを考えた日本という国は、聞くだけでもひどい」（姜旻澈）というようなものもあったが、「日本の侵略のために韓国には多くの苦痛があった。しかし、それがはして日本人の誤りのためだけだと決めつけられるだろうか？当時、親日派がいて、同じ朝鮮人であっても同族を抑圧した。当時の韓国では民族の間の和合もまともになされなかった」（廉京阮）と、親日派への批判を重視している意見もあった。

　正信は、その後の数回の意見交換のなかで、「ぼくは最初に韓国併合を勉強したとき、日本の利益のことだけ考えて『弱い国を支配し、利用しなければ日本の発展はない』と考えた。しかし、『南京大虐殺』を勉強したあたりから考えが変わった。この勉強で日本軍の韓国人に対して行ったことがどういう意味を持っているのか、よくわかるようになった」と自らの意見を変えた。さらに「もう一つ君たちの意見を読んで気がついたことがある。それはほとんどの文に『これからお互い努力して高め合っていこう』と書かれていたことだ。僕は驚いた、というより感動した」と付け加えた。

　ここには、数回ではあっても互いに真摯に歴史に向き合って、そして互いの意見に心を寄せる過程を経るなかで、批判が批判たりえ、その暖かい眼差しが中学生の認識をも変えるきっかけとなったことが見てとれる。

　そのことがまた韓国の中学生の意見を揺さぶる。「日本のことをよく知らないぼくとしては、日本人は自分の国だけを考える冷たい人たちだろうと思っていたけど、ぼくらが送った手紙を見て冷静に自分の国の過ちを認め、誤った点を指摘するその勇気こそ両国が平和な国家として繁栄していく『かて』となる」（曺明圭）という意見である。だが一方で、「日本の韓国侵略と（韓国の）ベトナム戦争参加は状況がちがう」（イ・スンヨン）と朴正煕政権のベトナム参戦政策に固執する意見も根強く残っている。

一方で、韓国の中学生との意見交流を提起したとき、「怖いな」とつぶやいた子どもがいた。「韓国人と意見交流をすると何を言われるかわからないので怖い」というのである。ところが、実際に交流をしてみると意見が自分たちとそれほど違わなかったり、自分たちに改めて考えさせてくれる文章だったためか、「こういうことをやらなくちゃね」と発言するようになった。交流の楽しさを知ったといえる。

　だが、課題もある。一つは、「確かに日本は謝りきれない罪を犯した。それは事実だ。しかし、ぼくたち日本の子どもは『なぜ何もしていないぼくたちが謝らなければならないか』と思う」という認識である。戦後責任の問題、そしていま問われている植民地責任の問題を中学生なりに提起しているともいえる[20]。

　もう一つは、植民地支配の暴力性については批判しても、近代化それ自体は肯定する認識である。中学生の言葉で言えば「日本は韓国を併合しなくても強い国になることができた」である。日韓の中学生が共通して近代化を無条件に肯定しているとすると、それは新たな植民地主義を生み出す可能性があるといえる。

4．中学生の意見をどう分析するか

(1)「国家の論理」と子どもの認識

　「日本が独立を認めたら、朝鮮を植民地にしていることができなくなってしまう。日本がそのまま独立運動を放っておいたら、きっと大韓民国臨時政府というのが臨時ではなくなり、本当に独立してしまうと思う。それを防ぐには独立運動を抑えるしかない。だけど、日本がとった方法はまずいと思う。無差別に人を殺してしまった。当時の日本人の中にも、日本のやり方がきたないとか人間的にやってはいけないと思った人もいると思う。」

　初め、この意見を私は国家の論理の根強さだと考えた。ところが、よく読むとこの子なりに「国家の論理」と格闘していることがわかる。だからこそ、韓国の中学生に批判されたとき「韓国併合で得たものより失ったものが大きかった。例えばアジアの人々の信頼を失った。だが当時の

韓国には親日派の人がいた。韓国人だって団結できていなかったのではないか」と答えるのである。

(2) ナショナリズムが子どもの認識を包摂する

　ある子どもは日清戦争の学習以来ずっと日本のやり方を批判していた。ところが、三・一独立運動の学習で柳寛順のことを勉強し、韓国のナショナリズムを学んだことで、それまで批判していた日本のナショナリズム──帝国意識のほうが正確か──に共感した。「民族の自由など、いろいろなものを奪われた韓国の立場から考えると、独立させてあげたほうがいいと思うけど、日本がこのまま抑えずにいると、きっと独立運動の広まった韓国につぶされてしまう。だから、独立運動が大きくならないうちに、抑えるべきだ」という発言である。植民地主義と隣り合わせのナショナリズムはかように融通無碍に子どもたちの論理となっていくのである。だからこそ、そのことが披瀝され、子どもたちの論議の俎上に乗らなければ、それが新しい論理となっていくことはできない。植民地主義は、「暴露型授業」[21]で克服できるような柔な認識ではない。いったんは矛盾に満ちたナショナリズムを強く意識したこの子どもは、その後の学習を通じて歴史をわが物として考えていく過程を経て再び日本のやり方を批判する側に立っていったのである。

5. まとめ──植民地主義を相対化する授業

　自由に意見を発表し、それを受容する集団づくりと歴史授業の相互の影響が重要である。その際に教師の受容的態度が必要だ。子ども自らが歴史認識を深められるよう授業を構想し、一人ひとりの子どもの意見が尊重される授業こそが子どもの歴史認識を深めることができるという授業観こそが求められる。それがひいては植民地主義の相対化へとつながるからである。
　最後に、「歴史像がナショナリズムの配分になってはならない。そのためにはあらゆる『複数性』を意識することが肝要」[22]だとする指摘は重要である。それを歴史教育の側から言えば、子どもたちの歴史認識の複

数性が保障される授業を追究することであろう。

註
1 拙著『歴史の授業を工夫する―中学生の疑問を解決する歴史民俗博物館の展示―』財団法人歴史民俗博物館振興会、2003、3～4ページ。
2 中妻正彦「息苦しさを越えて―『学校スタンダード』と先生・子どもたち」(『前衛』2016年12月号)、は、学校スタンダードの具体例を通してその問題点を明らかにしている。また、子安潤は「学校スタンダード」が学校の教育課程編成の自主性を剥奪し、ひいては子どもたちの発達を阻害していることを指摘している(「国家と地域による統制と学校のカリキュラムづくり」、『愛知教育大学教育創造開発機構紀要』1号、2011。同「教育委員会による教員指標の『スタンダード化』の問題」(『日本教師教育学会年報』第26号、2017)。
3 鈴木翔『学校(スクール)カースト』(光文社新書、2012)は、「学校カースト」現実の生々しい様相を描写している。中高生の意識のより内層的・社会構造的な分析は、中西新太郎『「問題」としての青少年―現代日本の〈文化－社会〉構造』(大月書店、2012)を参照。
4 一斉教授によって学校知が子どもたちに伝達される。その「教授・学習」過程に注目すると、学校知の学習が、「教授」行為を予想させる狭義の意味での「学習」概念、すなわち知識・技術を意図的に習得することに還元されてしまい、この「知」は、知り手である個々の学習者から独立して客観的に存在することになる、という(中井孝章「学校知の呪縛を超えて―教育方法学からのアプローチ―」、『大阪市立大学生活科学部紀要』45巻、1997)。この問題を社会参画までを視野に入れて子どもたちが学習活動に参加するとはどういうことなのかを追跡している実践が、風巻浩『社会科アクティブ・ラーニングへの挑戦―社会参画をめざす参加型学習』(明石書店、2016)である。現在の閉鎖的で後ろ向きの日本社会をつくったのは、パウロ・フレイレの言う「銀行型教育」にあったとし、自らの具体的な実践を基に新しい授業づくりを提起している。この中で、日韓高校生の意見交流も追求していることは、本報告とも通底するものを感じる。また、学習指導要領との対抗軸を「『教科内容研究』と『生活から学びへ』の往還」に求める主張もある(子安潤「子どもの未来をひらく授業づくり」、竹内常一ほか編『シリーズ教師のしごと第4巻　学びに取り組む教師』高文研、2016)。
5 三橋ひさ子『ジャンケン・凧・トウガラシ―「もの」からはじめる国際理解』(教育出版、2003)を参照。特に、5年生と取り組んだ「米がつなぐ母の国・フィリピン」はこの意識が強い。ただし、三橋ひさ子は一連の実践を「国際理解教育」と規定しているが、私は、こうした実践こそ戦後民主主義教育がつくりあげてきた「社会科教育」の実践であると考える。
6 同会では、「会誌」を1年に1冊ずつ発行しているが、そのタイトルが「子どもが主役になる社会科」となったのは1995年である。また、同会の実践の「あゆみ」については、宮原武夫「千葉県歴史教育者協議会58年の歩み」(同会発行『わたしたちの歩み　2017年改訂版』、DVD、2017所収)を参照。また、加藤公明・和田悠編『新しい歴史教育のパラダイムを拓く―徹底分析！加藤公明「考える日本史」授業』(地歴社、2012)は、同会の実践を主導

した加藤公明の実践についてさまざまな角度から分析している。
7 　早稲田大学の大槻健（故）を中心につくられた日韓教育実践研究会と韓国の全国歴史教師の会（晋州）との実践交流は、初めは中学校・高校の歴史教師のそれであったが、小学校の教師たちも参加することによって、子どもの認識のありようを論議するという性格をいっそう強めた。同研究会の実践については、拙稿「ひとりの実践者として19年の日韓実践交流を考える」（歴史教育者協議会編『歴史教育・社会科教育年報』三省堂、2012）を参照。全国歴史教師の会の性格とその活動については、金漢宗（國分麻里・金玹辰『韓国の歴史教育―皇国臣民教育から歴史教科書問題まで―』（明石書店、2015）が簡潔に紹介している。
8 　自分の生きてきた中での経験（生活知）をも含めた意見だから、そこに個性があり、同時に偏見も内在している。内在された偏見が披瀝され、子どもたち自らの力でその偏見が相対化されていく―こうした授業のための設問である。研究大会報告レジュメに「中学生に『植民地主義の克服』を求めるべきではない」と書いたのも、授業のねらいが「植民地主義の克服」に定められれば、子どもたちの個性が封ぜられ、自ら探究する姿勢が失われていくからである。関連して、研究大会でフロアから差別主義的な意見が出たときどうするかという質問が出され、実践的な問題提起だと感じた。そして、子どもたちの状況にもよるが、この問題を議論の俎上に乗せていく実践を追求すると答えつつ、ヘイトスピーチは「在日」をターゲットにした不遜な攻撃である（尹健次「70年と50年、歴史の節目で―ある『在日』の想い」、『抗路』1号、2015）という意を強くした。
9 　討論授業で子どもたちが驚き、そして共感するのは、友だちが自分と意見が違うからである。それを発見すると「授業が楽しい」と言う。子どもの表現を借りると「あっという間に授業が終わってしまいました」となる。ただし、どんな授業でもこうなるわけではない。学習指導要領の枠組みのなかで編纂された教科書記述に教師がなんの疑問も持たずに、その記述の論理を注入する授業ではこうした子どもの意見が発せられることはない。そもそもそうした授業構想には、子どもの意見を聞こうなどということは想定されないだろう。
10 　この「国家の論理」こそ植民地主義の土壌といえる。子どもたちは日々の生活の中で「国家の論理」を刷り込むことを強いられ、したがって、意識的に取り組まない限り植民地主義も清算されない。
11 　教師も「国家の論理」を内在化している自己の歴史認識を問うことなしに授業を実践することはできないという自覚が求められることは言うまでもない。
12 　石渡延男・三橋広夫共訳『入門韓国の歴史―国定韓国中学校国史教科書』明石書店、1998。この「国定国史」教科書には二つの問題が内包されている。一つは「国定」であり、もう一つは「国史」である。国史の内容の歴史的分析は、金漢宗「韓国における国史教科書の変遷とイデオロギー」（『社会科教育研究』77号、1997）を参照。韓国では、朴正熙による維新体制の構築とともに、それまでの検定制が国定制に変えられた。その後、2011年に検定制に移行するとともに、高校の場合「国史」という教科名も「韓国史」（当初の発表では「歴史」）に変更された。その変更の意味については、拙稿「『高等学校韓国史』を読む」（『地歴・公民科資料』73号、実教出版、

2012）を参照。さらに、朴槿恵(パククネ)政権は、歴史教科書の再国定化を強権的におし進めたが、国民の反発も強く、結局朴槿恵退陣の一要素となった。現代の韓国歴史教育の課題については、君島和彦「韓国における歴史教育の葛藤―教育課程、歴史教育を中心に―」、同編『歴史教育から「社会科」へ―現場からの問い』（東京堂出版、2011）を参照。

　こうした韓国の動きに関連して、植民地主義に対する日韓の取り組みに違いがあることが見てとれる。例えば、日本軍「慰安婦」問題の解決とされる日韓「合意」に対して韓国で疑義が提起されると、日本では「一度合意した条約を簡単に破棄する韓国」という反発が起きる。その「合意」が真の「合意」たりえたのかという議論は素通りである。朴裕河『帝国の慰安婦―植民地支配と記憶の闘い』（朝日新聞出版、2014）の評価についても同様である。この問題については、中野敏男ほか編『「慰安婦」問題と未来への責任―日韓「合意」に抗して』（大月書店、2017）を参照。「当事者性」が注目されているが、これについては、山下英愛「韓国の『慰安婦』証言聞き取り作業の歴史―記憶と再現をめぐる取り組み」（上野千鶴子ほか編『戦争と性暴力の比較史へ向けて』岩波書店、2018）を参照。

13　李圭洙(イギュス)『近代朝鮮における植民地地主制と農民運動』（信山社、1996）より。土地調査事業をはじめ植民地化と近代化の関連については、鄭在貞(チョンジェジョン)「1980年代日帝期経済史研究の成果と課題」、歴史問題研究所編『韓国の'近代'と'近代性'批判』歴史批評社、1996、韓国語）を参照。

14　このレリーフを教材として扱うとき、柳寛順(ユグァンスン)を英雄視してはならない。趙炳鎬(チョビョンホ)と金教善(キムギョソン)は、柳寛順とともに起訴され、それぞれ懲役2年6カ月、懲役2年の刑を受けたと証言している（「柳寛順嬢と並川の市の日」、『新東亜』1965年3月号、韓国語）が、この趙炳鎬の伯父は、米軍政下で警務長官、李承晩(イスンマン)政権下で内務部長官として左翼勢力弾圧に辣腕をふるった人物であった趙炳玉(チョビョンオク)である。さらに、趙炳玉の父趙仁元(チョジンウォン)は柳寛順の父柳重権と親しかった。そして、柳寛順が一般に知られるようになったのは、はからずも朴正熙政権の時代であったことは念頭に置くべきである。そして、タプコル公園のレリーフがつくられたのは、1967年12月のことである（拙稿「三・一独立運動の授業」、『歴史地理教育』1999年3月号）。

15　この歌の作詞は姜小泉という有名な児童文学者である。咸鏡南道(ハムギョンナムド)出身で、1950年に越南し、以来韓国文学家協会児童文学委員長などを歴任し、1963年に他界した。もちろん解放後の作詞である。単純な詞の中に柳寛順への、そして民族への思いを込めている。やさしい詩ながらも強いナショナリズムが根底に敷かれているため、日本の中学生も感情を移入しやすい。

16　岡本達明・松崎次夫編『聞書水俣民衆史　第5巻「植民地は天国だった」』草風館、1990。

17　この『ヴェーズ』1993年7月28日号。

18　この植民地主義については、西川長夫『〈新〉植民地主義論―グローバル化時代の植民地主義を問う』（平凡社、2006）や、本橋哲也『ポストコロニアリズム』（岩波新書、2005）を参照。

19　第2章の〈2〉と〈3〉で台湾人との交流授業をした。その授業後、佳奈は蔡徳本(さいとくほん)『台湾のいもっ子』（集英社、1994）を読んで次のような感想を書いてきた。これは「2・28事件」に始まる国民党独裁下に生きた台湾人の

姿を描いたものである。台湾人にとって国民党独裁はもう一つの植民地政権を意味した。

「台湾は長い間日本の植民地であり、さまざまな支配を受けた。その後、日本の支配が終わり、新しい台湾に望みをかけた台湾人が「外来政権」によって苦しめられ、そして圧迫された。日本の支配に耐え、生きぬいてきた台湾人がなぜ外省人に差別されなければならないのか。国民党は中国から追い出されたように、また台湾から追い出されはしないかと恐れ、台湾人を徹底的にとりしまったにちがいない。実際に2・28事件ではヤミ煙草摘発員たちがヤミ煙草を売っていた老婆をとらえ、殴打した。それを見ていた人びとが抗議したところ、摘発員は群衆に向かって発砲し、台湾人の一人を殺害したのが原因で『いもっ子』（台湾人のこと）の怒りが爆発した。これは役人の横暴な態度、行為などに耐えに耐えていた台湾人の怒りであった。私はこの勉強をして、中国や台湾に対する気持ちや見方が変わってきたように思う。歴史の中でも日本と深い関わりをもつ台湾について興味をもつようになった。そして、いくつもの疑問がわいてきた。どうしてこんなことになってしまったのか。かつて台湾は日本の植民地だったにもかかわらず、私たちは台湾人の気持ち、台湾自身について何も知らない。そして、台湾の『いもっ子』たちが苦しみ続けてきたものを追求してみたい。」

20 戦後責任については田口裕史『戦後世代の戦争責任』（星雲社、1996）がこうした中学生の問いに答えるべく論じている。また、植民地責任については、川島真「戦後初期日本の制度的『脱帝国化』と歴史認識問題─台湾を中心に」（永原陽子編『「植民地責任」論─脱植民地化の比較史』青木書店、2009）を参照。

21 目良誠二郎「加害の歴史の授業の反省から─歴史の転換期と近現代史教育の課題─」（『教育』1997年5月号）を参照。注4と重なるが、「正史」についての問いのない授業は、子どもたちに歴史事項の暗記を迫り、そのことによって子どもたちは歴史は自分の生とは無関係のものだという認識を獲得する。したがって現実に対する問いも持ちえないことになり、体制順応型の人間類型をつくり出す効果を持つことを注視すべきである。パウロ・フレイレは、教師の一方的な教授の授業を「銀行型教育概念」と名づけ、「生徒が自分たちに託される預金を貯えようと一生懸命に勉強すればするほど、世界の変革者として世界に介在することから生まれるかれらの批判意識は、ますます衰えていく。押しつけられる受動的な役割を完全に受け入れれば受け入れるほど、かれらはますます完全にあるがままの世界に順応し、かれらに預け入れられる現実についての断片的な見方を受け入れるようになる」と指摘している（『被抑圧者の教育学』亜紀書房、1979、69ページ）。

22 成田龍一「「東アジア史」の可能性─日本・中国・韓国＝共同編集『未来を開く歴史』（2005年）をめぐって」、小森陽一ほか編著『東アジア歴史認識論争のメタヒストリー─「韓日、連帯21」の試み』青弓社、2008、127～128ページ。

討論

シンポジウム「教育の植民地支配責任を考える」

田中寛：三者三様な意見が聞けて、少し的外れな質問になるかもしれませんが、松浦会員の話は全体的なアジア観のようなものと、アジアの歴史像をこれから築いていくかということにも繋がっていくのかというふうにも拝聴しました。丸山会員の話では技術交流。私自身のことを話して恐縮ですけど、私は技術移転の仕事に長らく関わっておりました。10年ほどですね。技術交流は今も研修生を受け入れ、自国に帰って祖国のためにとか、そういうことで受け入れているわけですけれども、現在と過去とはどう繋がっているのかということを頭に描きながら拝聴しました。三橋会員の話では、今テレビでしばしば報道されている原発避難の子どもたちに対する原発差別、いじめといったようなことと、日常的な差別の意識とこの歴史認識とどういうところで接点を結びつけあうのかとか、そういうこととも合わせながら考えておりました。松浦会員の話に戻りますと、昨年ですね、東北淪陥史研究の話がちょっとだけ出ましたけれども、1980年代、90年代ですか、それに深く関わってらっしゃった歩平さんが亡くなったのですよね。中国・黒竜江省社会科学院の先生だったのですが、歴史所長も務められていたのですけども。そうしたかつての実践的な方向性がですね、検証することが非常に難しくなっているという話を聞きます。日本語ができる研究者が少なくなっているということもあるのですけどね。そういう実情も踏まえながらですね、これからのアジアの歴史像というものをどういうふうにとらえていったらいいのかということをですね、植民地教育史研究の課題と合わせながらですね、どういった展望をもっておられるかということをお聞きしたい。それから、丸山会員には、さきほど言いました過去の技術交流と現在の技術交流の実態を写真に沿って説明いただければと思います。時間がな

いので三橋会員に対する質問は省略させていただきます。

佐藤広美（司会）：お二人への質問ですが、ちょっと心得ておいてください。最後に時間をとらせていただきます。他にどうでしょうか。

一盛真：佐藤さん、三橋会員も使われている言葉で植民地主義という言葉をどういうふうに考えるのかということが大事かなと思っていまして、簡単なようでよく分からない言葉で私は編集後記にこのこと書きました。私は植民地主義と人種主義は切っても切れない関係で、非常に構造的になっていてバラしてはいけない言葉なのだというふうに書いておいたのですが、佐藤広美さんのレジュメの中の植民地主義と人種主義という言葉は小沢さんの言葉ですか。佐藤さんの言葉ですか。

佐藤広美：小沢さんの言葉です。

一盛真：小沢さんの定義は、宗主国からの解放、民族の独立という文脈のなかで1950年代に使われた定義だと思います。この時期、人種主義の理解が今と異なることと、植民地主義の概念に構造的に人種主義がどのように組み込まれているのかという点があいまいだったと思います。佐藤さんは植民地主義とは何かということで、人種とか民族っていう問題をどういうふうに構図の中で位置づけるのかがここに入ってないような気がするのですね。特にこの非人間性を告発するといったときにはこういう問題を通り抜けないとダメじゃないのかと思うのですが、佐藤さんの中にどのように位置づいているのかを知りたい。

佐藤広美：考えておきます。最後にもし答えられれば。他にいかがでしょうか。

北川知子：一盛会員のご質問と似ているのですが、植民地主義と人種主義と結びつけて考えないといけないと思っていて、それはヘイトスピーチの問題に繋がっていくのかと思っています。私、大阪にずっといて、友人、知人に現場教員が多いので、三橋先生の実践はすごく興味深く聞かせていただいたのですが、こういう実践を考えるとき気になるのが現場に在日の子がいるということで、例えば自由な意見を出していくといったときに植民地主義が差別意識とスレスレな感じの意見が出たときに教師は放置できないなと私は思うのです。発達途上というか、考えていく思考の過程の中でそういう意見が出るということは、当前であるし、それを活発に議論できればそれはそれですごく良いことだと思うのです

が、だからといってその考えを肯定はできない。人種主義を肯定はできない。その辺を現場の実際の授業の中でどんなふうにやっておられたのかなということをもう少し聞きたいと思うことと、加えてそこまで教師は考えなければいけないので、実践をいざやるとなると、現場の先生方の知識とか経験とかいろいろなものが問われるので、私たち研究者の仕事が問われる。現場の先生方の周りを固めるというかフォローできるような蓄積をきちんと作っていかなければいけないなということを私思って、今の植民地主義ということを具体的にどのような考えや思想、どのような克服が必要なのかということを少しほかの先生方からも聞かせてもらえたなら、と思います。

佐藤広美：はい、どうもありがとうございました。今の質問なかなか迫力があったのですけれども、三橋先生どうですか。

三橋広夫：認めることはできないです。ヘイトスピーチまがいのね、まがいの。ただ問題は教師がそれを指摘するかどうかというところではないかと僕は思います。つまりある意味ではまがいの発言というのは傷つけますよね。例えば在日の子であれ。それはそうなのです。ただ、そこで「君の考えはダメなんじゃないの」とは言わないですね。もう一度具体的にどう展開するかというのは子どもの状態にもよりますので一概には言えないと思いますけれど、例えば、在日の子どもを呼んで、例えば「次の時間に誰々君が言った意見についてみんなで考えてみたいと思うのだけど、君はそのことについてどう思いますか」、そこで拒否反応が出るとできないですよね。「そういうことであれば私も言いたいことがある」と、そういうことがあればその次の時間にいろいろな手立てを採り、みんなで議論していく、そういうのがよいのではないかと思います。言っている側も大人と中学生は違うので、本当にそう思っているのかは別の問題で、例えばヘイトスピーチではありませんが、3年の授業をやっていて男女平等の憲法の話をしたところ、ある男子がこういったのです。「女というのは男の言うことを聞いてりゃいいんだよな」と。そう言ったのですよ。結構大きな声で。だから本当にそう思っていたと思います。隣の女子がすごく怒って「何を言っているんだ」と。その男子はビックリしていました。つまり、みんなそう思っていると思っていたのですね。中学生はそのような授業をやらないで何となく過ごしていくと、自

分の意見と隣の人の意見は同じだと思い込んでいるのです。しかし、そういう問題がはっきり出れば、やはり分かるわけじゃないですか。それで、「ちょっと待て。そう興奮するな」と。「それぞれに言い分があるのだから、まずは整理してもらって、みんなで考えてみようね」と。しかし、その男の子はその時間で変わるかというとそのようなことはないですよ。そんなに単純な代物ではない。しかし、それが第一歩ですよ。つまり第一歩が僕は大事だと。それが第二歩三歩になっていけば、というふうには思っています。話が人種主義とは観点が違うかもしれない。授業の考え方としては共通するところがあるのかなと思っています。

佐藤広美：どうもありがとうございました。この問題でどうでしょうか、もう少し教育の政治的中立性とかいろいろ関わってくるところになりますが。教室の場面でなくても。

松浦勉：今の問題をめぐっては学校現場では授業の中の問題にとどまらず、生活指導の対象にしなければいけない事態も当然起こりうるのかなと思いますよね。その辺が非常に難しいところで例えば今のジェンダー平等教育はやっているところはやっているけれども、やってないところは全くやってない。だから最近、某大学からアンケート依頼が来ているのですが、やはり教職課程なら教職課程でカリキュラムの中に入れないとまずいわけですよね、性教育に限らず。だけど、残念ながら生活指導あるいは生徒指導の領域の中で、そうしたジェンダー平等の視点が入っているかというと非常に怪しい。ましてやヘイトスピーチの問題に連なる民族差別等の問題はもっとお寒い状況なのかなと私は見ています。だから例えば生徒指導などの教職用のテキストなどを見ると、ジェンダー平等の指導など入ってないのが多数派です。民族差別だとかヘイトスピーチの問題などもほとんど触れられていない。それで生活指導、生徒指導がやれるのだろうか。やれる学生は育つのだろうかと、そちらのほうを私は心配しています。

岡部芳広：三橋先生に、大きな質問ではないです。確認といいますか、質問が2つあります。まず1つは、聞き逃していたら申し訳ないのですが、この授業はいつ頃実施された授業なのか、ということ。それと、何年生だったのかということですね。それともう1つは先ほどの「女は言うこと聞いてりゃいいんだ」という発言は「女は男の言うこと聞い

てりゃいいんだから楽でいいよな」ということなのか、それとも「男の言うこと聞いてりゃいいんだ黙ってろ」ということなのか、どちらの意味なのか教えてください。

三橋広夫：最初の質問はですね、本にしたのは 99 年（1999 年）です。おそらく記憶が定かではないのですが 97 年ごろだったと。2 年生です。2 番目は、2005 年か 06 年ぐらいの話です。意味は後者のほうです。「女は黙ってろ」という。

岡部芳広：酷いですね。

三橋広夫：さきほど端折ってしまったのですが、紹介しといたほうがよいかなと思います。僕は杉原千畝のことを取り上げた授業をしました。ある女の子が言っていました。杉原の行動をどう思うかって言ったときに「あれはダメだ」と言うのですね。なぜかというと「だって先生あのとき、日本は日独伊三国同盟を結ばなきゃならないんだ、そして中国との戦争に勝たなきゃいけない、ここでドイツ怒らせてどうするんだ。」こういうふうに息巻いていたのです。それで、杉原さんの奥さんが書かれた中学生向けの本があったので、「じゃ、これ読んでみなさい」と貸してあげたのです。そしたら彼女は読みました。それだけでなくて 3 人家族だったのでお父さんも読んだし、お母さんも読んだのですね。それで 3 人で話し合いをしたそうです。中 2 の 3 学期ですね。君はどう言ったのだという、さきほど言ったようなことを言ったらしいのですね。お母さんに「この利己主義者」と怒鳴られましたと嬉しそうに言うのです。僕はね、その家族はよい家族だなと思いました。普通、中 2、中 3 で、杉原千畝のことで討議しますか。僕はその子がどういう風な意見かというよりも、生徒指導という問題がありましたけども、やはり家族でこういう問題について話し合って、そして彼女はお母さんに利己主義者って言われてしまいましたと言ったときの顔、すごく生き生きしているのですよね。僕はそれが教育の機能というか、そういうところじゃないのかな、と。そこで僕がしゃしゃり出て、お前の考えはこういう点でもっと考え直さなければいかんのじゃないかと言っても聞かないし、あまり意味はないのかなと思っています。

宮脇弘幸：三橋先生の取り組みは、私もいろいろと考えさせられました。韓国の中学生との交流、これはただの修学旅行で行くのはよくあるので

すが、その中で微妙な問題について意見を交わす、話し合うという実践をなさった、これは本当にすごいなと思う。私の意見なので、最後にコメントいただければよいですが、実践するまでに、公立学校だったら教育委員会であれ修学旅行計画だとか認可がいるのかどうか分かりませんが、旅行計画でOKを取る、それから学校長、学校組織の中で了解を得る、それで学年担任団のコンセンサス、それからクラスで担任の先生がこういうことをやろうと。全部がコンセンサス、同意がないと実践できない、それで話し合われて、お互いの生徒が自分の意見や見方が狭いということに気付いていく。そういう経験されるのは素晴らしいと思っているのですが。

三橋広夫：僕の説明の仕方が悪かったのですが、韓国に修学旅行に行ったわけではなくて、手紙でのやり取りです。当時、インターネットはなくて手紙のやり取りでした。

宮脇弘幸：そうですか。現地に行って話し合いをしたのかなと思ったのですけど。

三橋広夫：いや、違います。

宮脇弘幸：それでは、そういう授業をやっていることを校長は知っている？

三橋広夫：はい、知っています。教育委員会も知っています。ちなみにですね、この授業をやっていた間に福島から急に「子どもが活躍する授業はどんなものか見たい」と言うので千葉市教育委員会に問い合わせがあって、僕の名前を挙げてそこへ行けと、前日に電話がかかってきて、知人だったのですが、「三橋君、よろしく頼むよ」と言われて、10人くらい来てもらって授業を見ていただいて、満足したか分かりませんけど見て帰っていきましたから教育委員会も知っている。

宮脇弘幸：今も学校ではこういうネットを通じた総合学習なり交流なりは続いているのですか。

三橋広夫：ないです。そう簡単なものではない。この実践をやった学校からも転勤しちゃいましたし、そうするとやはりなかなか難しい。

宮脇弘幸：実際には交流はないと分かりました。これは研究者レベル、それから教育者、今、アジアあたりからいっぱい企業研修生なんか来ますがね、いろんな技術を学びに研修に来ますが、しかし来る方も、迎え

入れる企業だとか行政組織のほうも歴史はちょっと抜けているわけですよね。今の技術交流はどういう歴史があったのかだとか。本当は技術、人的交流、プラス歴史をお互い学びあうことが組み込まれたら、歴史も学んでゆくと、本当の相互理解だとかね、アジア理解深まっていくのですが、実際できてないわけですけどね。だから、1つの中学校の実践で発展的にそういう国際交流なんかできればよいわけですけれど。できればよいのになという感想をもちました。

佐藤広美：松浦さんに質問です。福沢がそういうアジア認識を持っていたことはよく分かりました。では、福沢が生きた同じ時期に福沢とは違うアジア認識を持っていた人物がいるのか。要するに福沢のアジア認識を批判する人物が当時いたのかどうか気になります。キリスト者の内村鑑三とかですね、中江兆民とか田中正造とかいろいろ思い当たるのですが。彼らのアジア認識です。それが気になりました。

松浦勉：一番代表的なのは、外務省の、今でいえば役人であった人物が福沢に対して厳しい批判を出していた。つまり日本を強盗国にするつもりか、要するにアジア太平洋戦争で大敗北をするのを予言・予測するような福沢批判が1880年前後の時期に既に出されていて。内村鑑三に関していえば、内村自身は日清戦争を支持するのですね。しかしそれを自己批判して日露戦争の時に非戦論を説くようになって、内村自身が一般の大衆を教化するような宗教論ですね、宗教教育論、つまり自分ではまともな経験のある宗教教育者でもないやつが政治支配の道具として宗教を使うのは何事だということで内村自身は福沢を批判する。福沢批判というのは中江兆民もしてるし、田口卯吉もしてるし、同時代人が福沢をいろいろな形で正当な批判をしています。それについては安川(寿之輔)さん自身3冊目の本で詳しく論じているところです。『福沢諭吉の戦争論と天皇制論』でだいぶ紙面を割いて詳しく書いています。それともう1つ実際に朝鮮とどう向き合っていくのかというときに中立論という考え方が支配層の中でも出てきていて揺れ動いているわけですね。でも最終的に植民地支配の方向に動いていくのだけれども、中立化構想をめぐる問題、それも確定的ではなかった段階で福沢がもうすでに結論的に植民地支配の方向を暴走するような議論を1880年代の初めからやっている。それがずっと変わることなく福沢自身は集中していたということが

明らかに、安川さんの本の中でもすでに明らかにされているところであります。『時事小言』の文章はポイントにあたるようなところを6ページのところで私が引用しておきました。コメントは大したコメントはつけていませんけれども。そういうところで私は『福沢諭吉のアジア認識』を15年ぶりに読み直してみてレジュメの構想を考えました。他の本は比較的最近読んでいるので、内容理解も頭に入っていたのですが、アジア認識は私は基本的にタッチしてなかったのでもう1回読み直してうろ覚えのところもあったし、体系的にインプットしていなかったし、今読み直してみると、このような障害の中でこういうことだったのかとその辺がまた頭に入ったかなと。

佐藤広美：どうもありがとうございました。ずっと気になっていて、朝鮮認識ってね、そういう侵略主義的な朝鮮認識についてどのあたりで日本が批判的な意見を持つことができるようになったかっていうのはちょっと気になっていたのです。

佐藤広美：それでは他にどうでしょうか。

松浦勉：アジアの歴史、特に東アジアの歴史像をどう構想するのかという意見でしたが、いくつかクリアしなければいけないハードルがあるかなとは思うのですね。例えば、民間レベルで教科書の内容について共通の統一的な理解を作っていきましょうという動きがありますが、歴史学の世界では残念ながらそれは皆無ではないけれども、非常に絶望的に困難。日本の近代史をどうとらえるのかさえも共通の理解に、土俵がないというか、結局福沢諭吉をどう捉えるかについてさえやはり主流は丸山福沢論なのであって、それを突き崩さないと幕末以来敗戦時までですね、日本の近代史像をどうするかの、どう共通理解を作っていくのかという、そういう課題さえ私たちの前にはある。しかし、一方では小さな糸であってもですね、東アジア諸国と同じ土俵で近代史像は共通のものを紡ぎだしていくというそういう努力は皆無ではなくて行われているはずだと思います、いろんな学会レベルで。ただ、なかなかそれが本流にならないというか、そういう流れをどう作っていくのかという課題があるのかなと私は考えています。

田中寛：すいません。具体的にお聞きしたかったので、さっき（名前を）お出しした歩平さんのことに触れますが、社会科学院の近代史研究所の

所長さんがお亡くなりになったということですけれども、3か国の歴史教科書ですか、中国側の主要メンバーと日中共同歴史研究の中国側の座長でもありました。非常にこう、いろんな軋轢の中で体を壊してですね、去年亡くなったのですけれども、例えばその3か国共通歴史教科書の参加したメンバーを見ますとやはり日本側のメンバーと、釣り合いが取れないのですよね。それはやはりおかしなことだとは思うのです。そういったところを見ると、我々歴史研究者が乗り越えていかなければならない、福沢を超えていかなければならない、課題がものすごく大きいなという感じがしました。ですからこれからは偽造といいますか、幻覚をどう埋めていくか、縮めていくかが大きな課題だろうと私は思いました。

佐藤広美：ありがとうございました。丸山さん、先ほどの質問です。

丸山剛史：はい。現在の技術実習生のシステムがどういうふうにできあがったかということは、申し訳ないですが分かっていません。

田中寛：当時のことで結構です。

丸山剛史：過去は交流ではないですよね。向こうのものを学ぶということはないので、交流ではありません。しかし、実態は似たようなものかという気もします。どういうことかっていうと、実は私の同級生が静岡で小さな水産加工場に勤務しているのですが、そこはもう実習生なしでは成り立たない、安い労働力として実習生を使っているというのが実態で、熟練した能力を習得させて送り出すというわけでもありませんから、実態は似たようなものかと思います。戦前の場合には少なくとも交流ではない。

田中寛：受け入れの体制っていうのはどういうふうになっていたか、もし分かればですね、こういうふうに写真がありますよね、実習メンバーの。どういった形で受け入れたのか。

佐藤広美：ちょっとこの写真とか説明して下さい。簡単に。

丸山剛史：最初の写真は秋田の日満技術員養成所の写真です。秋田の養成所の場合は、満洲にわたって鉱工業に従事する人たちを集めて、秋田で訓練をして満洲へ送るのです。2枚目は指導的な役割を果たす高級技術者、旧制の専門学校レベルの指導者を養成する学校ですのでまた少し異なり学問的な色合いも入っています。やっぱり実習的なことが結構入っているので、普通の専門学校とは違うと思うのですが、ここは指導

的な役割を果たす人たちを養成していました。これも日本で養成して満洲に送るという方法を採っていました。基本的に満洲の人たちを対象としたものではないのです。秋田の養成所と立命館は日本人を内地で育てて満洲へ連れていくことを想定したものでした。

佐藤広美：原正敏さんの基本的な問題意識というのはどういうことになりますか。彼が取り組んだ、この満洲の技術教育に関して何を明らかにするという問題意識です。

丸山剛史：研究の経緯からいうと、技術教育を語るには満洲のことと軍隊のことを見なくては語れないということなのです。満洲は世界の実験場だったのではないか、そういう仮説を持っていました。私も同じように感じています。

佐藤広美：どうもありがとうございました。まだ時間があります。いかがでしょうか。

松浦勉：さきほどの一盛会員の植民地主義、技術教育に関して、例えば満洲について、現地の人たちは単能工としてしか養成しないというね、これはなんだといえば、近代日本が作り上げたアジア蔑視の人間観ですよね。中国人なんか国を独立させる、独立国家を維持する能力なんかないのだと石原莞爾は言うわけですね。こういう考え方は当たり前のように福沢諭吉は、先ほどの洪秀全とか林則徐に対して言っているわけですよ。あいつら馬鹿なやつだと勝てる相手じゃない相手に挑んで何をやっているのだと、こういうことを平気で幕末以来から言い続けてきているわけですよ。そういう考え方が日本人の中に定着して結局は知識人レベルだって支配層レベルだってやつらは人間以下だってなると熟練工なんかを養成しようとしてもできるはずがない。そういう認識ですよね。それこそが植民地主義ではないのか。誰かが言っていましたけれど、帝国史研究者は植民地主義をあまり問わないとかね、つまり理論とかそういうことばかり言って、支配の現実、実態を見ないみたいなそういう批判をしている人がいたけれど、理論先行ではなくて植民地主義というのはあくまでも支配・被支配、差別・被差別の現実、実態を明らかにするのが植民地主義ではないのかと私はこう考えています。ただし、単純に日本と満洲とか中国の関係ではなくて非常に重層的な構造をどうしてもとらざるを得ない、それでそれをもっと正当化する理論としてかつては文

明化とか使われたけれども、民族そのものの優劣とかですね、先天的な優劣だとか様々な枝葉をつけてその支配を正当化する。
一盛真：歴然とある差別を温存して使うのではなくて、植民地主義というのは支配（宗主国）・被支配（植民地）の抑圧関係の中で、支配しようとしている人たちを敢えて区別し（人種化）、それを正当化していく構造をもっている。
松浦勉：分かっているようで分からないのが植民地主義という用語で、専門書の中でもポピュラーに使われているのだけれど、植民地主義とはこうだと書いている論文や本はあまりお目にかからない。
一盛真：ほとんどありませんね。しかも現在も植民地主義の克服ないしはこれこそ植民地主義だという形でこの言葉は使われるのですね。その議論の動向に私もくみしますが、曖昧でミスリードしやすいから使ってはいけないということではなくて、それをもう少し自覚的に使うべきだと考えます。
松浦勉：来年の年報の言葉には植民地主義を入れないといけない。誰が書く。余計なこと言いましたけど、非常に重要な言葉です。
一盛真：私は意識的に編集後記で、日本植民地教育史研究会は、植民地の問題とどう向き合おうとしているのかということを、その号の特集との兼ね合いで書くようにしています。私たちが明らかにしたいことの本質を何に見るべきなのかということが常に問われていると思います。そこを曖昧にすると、なぜこの研究会があるのかわからなくなってしまいます。
やはり何が本質でどこを掘るべきなのか、そのことを考えたときに今回、テーマで植民地支配という言葉から植民地主義という言葉に変わった。もう一歩、踏み込んで使っている。やはり私たちはその本質をどこに見るかということを自覚的にしないと、ボヤーっとした研究会になってしまうかなと思います。
松浦勉：今回は福沢諭吉のアジア蔑視の発言の数々は意図的に紹介しません。紹介しないのですが、去年、『さよなら福沢諭吉』というブックレットが出たのですが、そこに一覧表が出ています。代表的なものが掲載されているのですが、私が去年書いた書評の中で高校の社会科の先生の発言が紹介されていたので、それだけ紹介したいと思います。これは

安川さんの最後というか最新の福沢研究の本で、初めのところにこう書いているのですね。「私は今まで何を学んできたのかと自己嫌悪に陥ってしまった。とりわけ福沢のあからさまなアジア蔑視発言にはショックの連続。聞くに堪えないほどの下劣な表現には100年の恋も消え失せた。戦前の人々がお上からのお達しはすべて正しいと信じ込み、戦争へと邁進していたのと私たちは変わらないのではないかと深く反省した。」こういう感想を個人的に安川さんに手紙で送ってきているのですが、それぐらい酷い発言だ。単に馬鹿にするだけではなくて、非常に侮蔑ですね。そして自分の議論を正当化する。権謀術数的な発言だと。みていただければ分かるけれども、要するに国内を団結させるためには戦争だと木戸孝允から私は学んだとこういう発言を若い頃からしている。そういう人物がなぜリベラリストになるのか、そもそも本当はクエスチョンを立てなければいけないのだけれど、結果として丸山真男のそういう暴走というか創作を許してきた側の責任というか、そちらのほうが重要なのかも。丸山個人もさることながらそれを許してきた70年、丸山が結局敗戦直後から時代の寵児として論壇に登場して、それが約70年ですか、とても長い歴史がそれ自体が戦後責任を加重させてきた。それで今に至っている、そういう状況下になっています。

白柳弘幸：松浦さんからいろいろ話を伺って1点だけ。そうした世の中の批判、福沢諭吉の批判に対して、本家本元の慶應では確か福沢諭吉研究センターというのがありますけれども、研究センターではそうした世の中の批判に対して、擁護しているのか、無視を決め込んでいるのか、どっちなのでしょうか。

松浦勉：簡単に言うと無視している人と、根拠を上げないで相変わらず丸山眞男擁護のスタンスを取り続けている研究者が一握りです。一握りというのは少数派だということです。本当は誠実に対応しないといけない、学会なのだから。やはり自由な相互批判の上に成り立っていなくちゃいけないはずなのに実際はそうではない。ただ、丸山自身が自分に対する批判があるというのは分かっていて、晩年は自己否定的なそういう発言もしていたようです。「ようです」というのは自分の書いた本が中国語訳として出るときに私の考え方、捉え方には国内で批判も出ていますよということを一筆書き添えてください、そういうことを丸山が言った

ということなのですが、これは丸山自身が自分の問題を自覚していたのだな、ただそれを公にすることができなかった。なぜできなかったのかという問いには都留重人があまりにも偉大な人間として評価されてきたがために自分の誤りを認める勇気がなかったのではないかと、そういうふうに都留重人は語ったと安川寿之輔さんに、そういう手紙が届いたことがあったそうです。これは安川さんが出しているミニコミ誌『さようなら　福澤諭吉』のなかで紹介されています。

佐藤広美：福沢のアジア認識という本（の出版年）は 2000 年なのですね。我々の研究会は 97 年発足で、研究会の中で安川さんの本が話題になったことが記憶にないのです。僕はどこかに書評を書いたのですけれど、小沢さんもこの安川さんの本のことを聞いてないのですよね。安川さんのこの本どう思うということを。私、小沢さん自身も福沢について小沢さんがどういうふうに思っていたかとか、安川さんの言葉をどう思っていたかというのを聞いていません。

松浦勉：この本が出る 1 年前に私たち会ったことがあるのだけれども、『差別と戦争』という本を書いてその中で安川さんがこれのもとになる論文を発表して、もしかしたら小澤さんは読んでいるか読んでないか、私も確認はできてない。しかし、安川寿之輔の福沢本は知っているはずです。

佐藤広美：時間が 5 時を回りました。5 分くらい延ばしたいと思うんですが、特に発言したい方いかがですか。

李省展：多様な意見を、三橋会員の授業実践では多様な意見を吸い上げていくというのは非常に重要だと思いますし、また松浦会員の視点、また佐藤会員の同時代史的な視点とか矢内原とか内村論とかそういう多様な形でですね、同時代史的な意味で非常に重要だと思います。丸山会員のですね、気になったところは 2 ページの 4 つの方針というものがありますよね。その中の「3」のところ、「満洲国に適当なるごとき精神的指導教練も一任とする」と書かれて、これは誰を意味しているのか、どういうことが教えられたのかということ、その辺のところを教えていただきたい。そういうことを明らかにすることで、技術だけじゃなくて、それを担う人間の問題も出てくるのではないかと思うのです。

丸山剛史：今はっきり覚えていないのですけれども、怠けると面があり、

そういうところをきちんとさせなきゃいけないという、そのような趣旨だったと思います。まめでどんどん自分から仕事するのではなくて、怠けがちだからそういう面を矯正しないといけないという趣旨だったと思います。正確にお話できなくて申し訳ありません。

松浦勉：書かれていることから見るとそれ以上のものだと、満洲国に適当なるごとき精神的指導教練というふうに書いている、これは。

佐藤広美：大東亜共栄圏を担うという。

丸山剛史：これは日本人に対してやるわけですから、今お話ししたことは満洲人に対しての話なので。日本人ですのでそうではなくて、向こうを支配しようとする姿勢を持った人たちを育てるということだとは思います。

田中寛：技術移転に関して、気付いたことはですね、八木義徳という作家がいまして、『劉廣福』、これで芥川賞獲っているのです。あそこに描かれた「劉廣福」の人物像というのが技術移転、技術交流そのあたりを背景、日本人がどう受け入れたかということを知る意味でなにか1つのヒントになるのではないかと感じます。

宮脇弘幸：今日のテーマは満洲国におけるということで満洲国成立後の主に技術教育、産業教育ということではあるのですが、中国人に対しての満洲国成立以前の教育は満鉄が産業・職業教育をいろいろやっていたのですが、そういう技能、ノウハウといいますか教育、学校の中での教育、カリキュラムあるいは実際のどういうスキルを身につけさせるかそういうのが蓄積されて満洲国ができてから国の体制として引き継いでいくのか、そのあたりの継続性といいますか、連携といいますか、どうなのでしょう。満鉄がやっていた職業教育、職能学校ですよね。農業は農業、鉱山の技術、満鉄学院を作ったもの、そういう技術教育があるのですが、それが継続されて生かされて満洲国の中で吸収されていったのだろうかと、そのあたりの関係はどうなっているのでしょう？

丸山剛史：おそらくないと思います。

宮脇弘幸：満鉄がやっていたのですよね。農業、科学技術、それから線路、鉄道技術、線路や機関車を作るだとか、大連に大きな工場があってそこで養成したりとか。大連は満洲国ではないですけれど、そういう技術が蓄積されてその中で吸収されていった。

丸山剛史：やはり核になるものとして工業専門学校がありますよね。珍しく私立の実業専門学校ですけれど。そこのスタッフは基本的に東京高等工業学校とか東京工業大学の出身者であり、そこの流れを汲んでいる。それを向こうでアレンジしていて、基本はこっちにあるのだと思います。

宮脇弘幸：若者青年を教育するような技術、職業技術を身につけて、それが満洲国の中でどういった作用があるのかまだ分からないということをおっしゃいましたし、私もまだその連携は分からない。それからもう一つ大事なことは戦後 45 年、戦争後ですね、日本で養成した技術者、技術、それから現地満洲国あるいは満鉄で蓄積した技術は戦後の中国の技術発展、産業発展にどう反映しているのかな、中国でも研究があるのかないのか分からないのですが、戦前戦後の農業、近代化の技術、そういうものの典型ですよね。

丸山剛史：レジュメの後のほうに書いておいたのですが、技術そのものについては化学分野の経済史の研究があって、満洲の化学関係の施設というのは欧米、アメリカの人たちが見ても驚くくらいの最新鋭の技術だったのだそうです。ところがそれは全部ソ連が戦利品として持ち帰ったのだそうです。だから一応そこで途絶える。ただしその後、日本の技術者が協力して復興再建が図られたというのです。主体は中国の人ということだそうです。戦後は中国が主体になって日本人も協力したかもしれないけれども再建した、違うものを組み立てたと理解しています。

宮脇弘幸：私もこの技術分野のほうで戦前と戦後のどういう繋がりがあるのかそのあたり、研究をどんどん進めていかなきゃいけないのかなと思っています。

佐藤広美：ありがとうございました。一盛さんから言われているのですが、植民地主義ということでメモしたのですが、小沢さんのこれをずっと読んでいて一方では海後宗臣を中心とした実証主義的な史学、実証主義史学での歴史記述をいくつか読んでいて、それからこの時代はちょうど海後勝雄あたりの近代教育史、マルクス主義的な歴史構造的な分析もあって、それもいくつか読んでいたりして、そういう 2 つの歴史研究とはかなり違った印象を、というか心に残る記述が小沢さんのにあってですね、そういう意味で植民地主義が非人間性を告発する、そういう記述になっていて改めてその印象が今回非常に強かったということです。

僕はそういう歴史記述、教育史の記述をしたいのかというときにやはり鍵になるのが植民地主義というものの非人間性というか、それを一つ見据えて記述することが大事なのかなということで書きました。今、そのくらいのことしか言えなくて人種主義とかいくつか二、三の質問意図が分からなかったっていうのもあるのですけど、そのようにお答えさせてください。お三方、ご報告どうもありがとうございました。

付記：討論記録の作成は稲葉周さん（宇都宮大学・学生）にお世話になった。また、討論での発言は掲載の都合上、一部簡略化した箇所もある。ご了承願いたい。（丸山剛史）

Ⅲ．研究論文・研究ノート

「満洲」の国語教育実践における『満洲補充読本』の位置

宇賀神一＊

1. はじめに

　『満洲補充読本』をめぐるいくつかの回想を確認することからはじめよう。「満洲」教育史研究の開拓者である野村章は、研究の手始めとして「自分の現地体験のなかから思いつくままに、旧『満洲』在住日本人子弟のために現地でつくられた国語教科書『満洲補充読本』全巻の所在を確認したいと考え」[1]たという。八木橋雄次郎は、「満洲」で教壇に立っていたときに「子どもたちに、『明日は補充読本を持っておいで。』というと、手をたたいて喜んだ」[2]と振り返っている。また、1934（昭和9）年尋常小学校1年生の途中で「内地」から新京（長春）に移住して、その後大連に移り、1944（昭和19）年まで過ごした大屋統貴夫は、当時の教育経験として、「小学校と中学校の各一～二年で、『支那語』（中国語）を学んだことと、小学校で『満州補充読本』というのがあった」[3]ことを挙げている[4]。

　彼らの回想から確認されるように、『満洲補充読本』はそれを使用した人たちにとって印象深い教科書であった。しかし、「満洲」は日本が植民地支配を行った異民族・異文化の土地であり、『満洲補充読本』はその異国において日本人が日本語を国語として学ぶために編纂された教科書である。そうした歴史的事実と、「満洲」時代の思い出として語られる『満洲補充読本』をめぐる鮮明な記憶との関係を、後世のわれわれはどのように理解すればよいだろうか。『満洲補充読本』がいかなる教科書であったのか、それを学ぶことがどのような意味をもっていたのか、今そのこ

＊神戸大学・院／日本学術振興会特別研究員

とを考究しなければならない。

　また、国定国語教科書との関係性からも『満洲補充読本』に関する研究が求められる。なぜなら、同書の編纂に尽力した石森延男（1897-1987年）が、国民学校国民科国語で使用された第5期国定国語教科書と、戦後の第6期国定国語教科書という性格が対照的な教科書の編纂において、一貫して中心的な立場にいたためである。『満洲補充読本』は石森が国定国語教科書編纂の仕事に先立って編纂に深くかかわった教科書であり、その編纂経験は石森の仕事を媒介にして国定国語教科書に影響を与えていったとみられるのである。

　以上のように、検討対象として興味深い『満洲補充読本』であるが、それに着目した研究は意外なほどに少ない。全国大学国語教育学会が編集した『国語科教育学研究の成果と展望』（明治図書、2002年）と『国語科教育学研究の成果と展望Ⅱ』（学芸図書、2013年）において、『満洲補充読本』、さらには「満洲」にも言及されていないことが端的に示すように、国語教育史研究においては、同書および「満洲」における国語教育史は検討の俎上に載せられてこなかった[5]。しかし近年、船越亮佑[6]によって、大正新教育における自由性との関係から、『満洲補充読本』、ひいては「満洲」における国語教育史の研究の必要性が提起されている[7]。

　『満洲補充読本』に関する研究としては、そのほかに、編纂背景と全体像を検討した野村章[8]、教材の内容的特質の一端を明らかにした竹中憲一[9]、それらの研究をさらに発展させた磯田一雄[10]がある[11]。『満洲補充読本』についてもっとも系統的に分析した磯田は、同書の性格と改定による変化に迫り、「平和で牧歌的な教材が多」[12]かった初版が、満洲事変後の改訂によって「なんとなく日本人中心主義になり、進んでは日本の国家意識ないし国威発揚を思わせるような面が少しずつ」[13]顕在化し、日中戦争勃発後の改定により「明らかに軍国主義的な教材が、顕著に増加し」[14]たと分析した。こうした性格的変質の背景に石森の影響を認めた磯田は、『満洲補充読本』の起源は石森ではないということを明確にしたうえで、「日本人用の補充教科書として内容的・形式的に完成させたるのに力があったのは、やはり石森であった」[15]と指摘しており、『満洲補充読本』研究は石森との関連を問いつつ進められる必要があることが示唆されている。

磯田の研究を筆頭に『満洲補充読本』に関するこれまでの研究は、制度的背景、編纂過程、編纂者の意図、教材の内容など、おもにそれを作成した側に焦点を当て、どのような教科書であったのかについての分析が行われてきた。そしてその内容に関して、日本の優位性や日本による支配の正当性を強める側面があったことが指摘されている。その一方で、研究上不可欠な視点を欠いたままに進められてきた。どのように受容され、使用されたのか、すなわち教員という実践者の側からみた使用実態の分析である。

「満洲」の国語教育実践における『満洲補充読本』の使用実態をめぐっては、磯田が「使用がきわめて自由であ」り、「必ずしも全部を扱う必要はなく、試験に出題されることもなく、時間のあるときに気楽に読んで楽しめばよかった」[16]と指摘している。しかし、磯田の指摘は『満洲補充読本』を学んだ児童の後年の回想を手がかりにした、いわば印象論に基づく評価であって、具体的な使用実態は検討されていない。『満洲補充読本』が先学の指摘するような性格の教科書であるとして、さらに一歩踏み込み、実際にそれがどのように受容され、どの程度、いかなる方法で使用されていたのかという使用実態を明らかにすることが求められる。

そこで本稿では、『満洲補充読本』の使用実態を同時代資料に基づきつつ明らかにしていく。入手し得た資料の制約によって1930年代の前半が検討の中心になることを予め断りつつ、以下に可能なかぎり具体的にみていこう。

2.『満洲補充読本』の概略

1)『満洲補充読本』の刊行状況と編纂者・石森延男

『満洲補充読本』を用いた教育実践を繙く準備として、まずはその全体像を確認しておこう。同書は、関東庁と南満洲鉄道株式会社（以下、満鉄と表記する）の合同経営による南満洲教育会教科書編輯部により編纂され、1924（大正13）年に尋常小学校1年生用に相当する「一の巻」が刊行された。その後は逐年に出版され、1931（昭和6）年に高等小学校2年生用「高二の巻」までの全8巻が出揃った。「高二の巻」と同時に第

一次改訂版「一の巻」も刊行されており、以後全巻にわたって何度かの改定が行われた。

同書の編纂におけるキーパーソンが、石森延男である。石森は1926（大正15）年4月、東京高等師範学校の恩師諸橋轍次の勧めにより香川県師範学校から南満洲教育会教科書編輯部へと異動となり、1932（昭和7）年までのあいだ『満洲補充読本』の編纂に携わった。そのため、石森が編纂に直接的に携わったのは初版「四の巻」から第一次改訂版の「三の巻」までであった[17]。

石森が『満洲補充読本』の編纂において重要な役割を果たしたことは、第一次改訂版の刊行にあたり『南満教育』誌上で解説を担当していることから明らかである[18]。また、石森のあとを受けて編纂の仕事に従事した松尾茂が、「昭和十年に、大連にあった南満洲教科書編輯部に入れてもらい教科書編集の仕事にたずさわりましたが、石森先生から文字どおり手をとって導いてもらいました」[19]と述べていること、同様に園山良之助も、「先ず前担当者石森延男氏に其の意見をもとめて、私の立案の方針をきめた」[20]と回想していることから、石森の影響の大きさは疑いようがない。

このように『満洲補充読本』を分析していくうえで石森との関連を問う視点が不可欠である。さらに、本稿で主として検討する1930年代の前半は石森が『満洲補充読本』の編纂に直接的にかかわった時期であるため、以下、石森との関連を視野に入れつつ、とくに尋常小学校で使用された「一の巻」から「六の巻」に着目して、その使用実態を詳らかにしていく。

2）編纂背景と編纂意図

戦前の尋常小学校では国定教科書の使用が義務づけられており、それは「満洲」も例外ではなかった。しかし、国定教科書は「主として日本内地の風物事情を記述して」おり、「在満児童には、理会上困難なものが少くな」く、「満蒙に関する材料はあるにはあるが、極めて概念的で分量も少な」かった。そこで、「なるべく満蒙の風物事情を記することにつとめ、在満児童の生活に親密な新鮮な教材を蒐集し」ながら、「満蒙支那を諒解せしめ且つ郷土観念を培」うこと、それによって「満洲初等国

語教育をして一層充実せしめんことを目的とし」[21] て、『満洲補充読本』などの諸種補充教科書が編纂されていった。

『満洲補充読本』の特徴を理解するうえで重要なことに、多読主義の国語教育理念が挙げられる。多少先取りしていうと、当時の「満洲」における国語教育実践では多読が重視されており、『満洲補充読本』の使用意義もそこにあった。「満洲」で『満洲補充読本』を用いた多読が展開されていたと指摘した磯田は、その思潮が1920年代に沢柳政太郎が成城小学校で行った多読主義の理念を引き継ぐものであるとして、「明らかに満洲における『新教育』の一つの成果」[22] だと指摘した。本項では以下、当時の実践者たちの言説に基づきつつ、『満洲補充読本』と多読の関係を明確にする。

そのための好個の資料の一つが、奉天千代田小学校国語部編「読方教材の時間配当と配列」（以下、「配当と配列」と表記する）であり、そこでは「満洲」の国語教育の実情と課題、展望が61頁にわたって語られている。なお、同校は「沿線初等教育の改善発展に当」たり、「新しい研究を沿線に投げかけ、常に一歩前進しなければならぬ使命を有し」た研究校であった[23]。

「配当と配列」は、国定国語教科書が「読方教授の材料の凡てゞはない」といい、「第一分量が少いし、文章だといゝものばかりではない」ため、「読本にばかり囓りついてゐる事は感心した事でな」く、「読本万能者は一見忠実な如く見えて実は骨惜しみの、無精者」だと痛烈に批判している。そして、国定教科書とはいえ「満洲の児童には不向きと思ふなら除外」する教材があってよいと述べて、それらの教材に充てていた「無駄な努力を可成節約して、次のもの他のもの」[24] を併用するべきだという立場を打ち出す。この「次のもの」の筆頭に挙げられているのが『満洲補充読本』であり、多様な読み物を児童に与えて読ませる多読主義が推奨されている。

もう一つ、重要な資料を紹介しておこう。時代は下り、1937（昭和12）年11月に満鉄初等教育研究会が作成した『各科教授指針 尋常科』のなかの「読方科教授指針」（以下、「教授指針」と表記する）である。712頁の分量をほこる同書では、読方科のほか修身科や綴方科、支那語科など全15科目について解説されている。学務課長であった下田一夫が執筆した

序文によれば、同著は「其の会或は会員の過去三十年に亘る日夕の体験に基づく工夫研究の結果を整理総括し、更に反省攻究を加へたるもの」であり、「克く土地の実情に即し、教育の実際に立脚し、而も現代教育界の思潮が充分に咀嚼摂取せられて」おり、同書によって「満洲初等教育に於ける教育教授の基準を確立し得た」[25] という。刊行の翌月には、それまで満鉄が保有していた満鉄附属地の行政権が「満洲国」に移譲されていることから[26]、同書の編纂は満鉄学務課の最後の仕事として大きな意義が認められる。

この「教授指針」によると、「満洲」の国語教育実践では、「年にして僅か二冊」で「新聞の一日分の量にも満たない」国定国語教科書に「金科玉条と噛り付き」、「読本の全材料を繰り返し巻き返し、以て読方教育終れりと為す従来の読本万能主義」がみられたという。そして、そうした思潮を「邪道なりと排撃し、多種多方面よりの多読が勃然として顕揚された」[27] という。『満洲補充読本』については、「内容形式共に相当整つたもので、国定読本に準じて取扱ふもの」[28] と評価されており、それらを併用した教育実践が提案されている。

以上の証言から、実践者たちは国定国語教科書のみを用いた教育実践には否定的であり、多読主義の立場から『満洲補充読本』が使用されていたことが確認できる。では、『満洲補充読本』は実際にどの程度使用されていたのだろうか。

3. 『満洲補充読本』を用いた国語教育実践の実態

1）どの程度使用されたのか——使用時数

まずは、大連読方分科会が作成した「満洲補充読本巻一教授参考書」（以下、「教授参考書」と表記する）[29] を手がかりにして、1932（昭和7）年の時間配当を確認していく。この論考は『満洲補充読本』の編纂を行った南満洲教育会の機関誌『南満教育』に収録されている。第一次改訂版「一の巻」が1年間使用された段階で作成されたものであり、教材の摘要と内容的特徴、教育実践で用いる際の注意点などが詳述されている。

「教授参考書」から1年生の時間配当をみてみると、**表1**のようであ

る。2学期以降『満洲補充読本』が使用されており、使用時数は年間で40時間であった。同書を使用する割合は2学期が27.8％程度、3学期が25％であり、2・3学期の合計では26.7％程度であった[30]。「注意」に明記されているように、「其他」の時間にも『満洲補充読本』を使用したというから、同書が使用された実質的な時数と割合はもう少し高かったとみてよい。

表1.「教授参考書」にみる時間配当

		1学期	2学期	3学期
配当	国定	75	60	39
	満洲読本	0	25	15
	其他	15	5	6
	総計	90	90	60
注意		其ノ他ノ時数ハ練習作業直観話方補充読本等ノ扱ニ充当ス		

〔註〕大連読方分科会「満洲補充読本巻一教授参考書【一】」(『南満教育』第117号、1932年6月10日、57頁) を参照して筆者作成。

「一の巻」の各教材を使用した時数は**表2**の「教授参考書」欄のようであり、すべての教材が満遍なく使用されていた。そのうち11教材が2時間で扱われていたほか、3-4時間かけて用いられた教材もあった。『満洲補充読本』が場当たり的に使用されたのではなく、体系的に用いられていたことがわかる。

つぎに、満鉄の初等教育研究会第一部国語研究委員会が作成した「満洲補充読本教材研究」(以下、「教材研究」と表記する) をみていく。同論考は満鉄地方部学務課が発行した『研究要報』第2号 (1934年9月25日) に収録されている。「はしがき」で「満洲」の国語教育界の動向が述べられており、続いて『満洲補充読本』の第一次改訂版「一の巻」の各教材を何月に何時間で使用するかという系統案のほか、実際に使用するときの注意や工夫などが記されている。

第一次改訂版「一の巻」の扱い方が詳述されている点で如上の「教授参考書」に通じる資料であるが、大連読方分科会が関東庁の管轄内にあった小学校の教員による組織であったのに対して、「教材研究」を作成した初等教育研究会は、満鉄附属地の小学校教員によって構成された組織であった[31]。

表2.「教授参考書」および「教材研究」にみた「一の巻」収録教材の使用状況

教材名	「教授参考書」	「教材研究」
一　マンシウ	1	1
二　サカミチ	1	1
三　アソビゴト	2	1 (-1)
四　ハタケ	2	2
五　エンソク	1	1
六　ランニング	1	1
七　デムカヘ	2	2
八　ユフガタ	2	1 (-1)
九　ラジオ	2	1 (-1)
十　ガクカウアソビ	3	2 (-1)
十一　クダモノ	2	1 (-1)
十二　コモリウタ	2	1 (-1)
十三　バクチク	2	1 (-1)
十四　ペチカトスズメ	3	3
十五　ロシヤパン	1	1
十六　シヤシン	2	2
十七　マドノコホリ	2	2
十八　「ン」ノツイタマチ	3	2 (-1)
十九　フユトハル	2	1 (-1)
二十　キコリトヲノ	4	4
合計	40	31 (-9)

　また、先の「教授参考書」が刊行されてから「教材研究」が編まれるまでに、国定国語教科書の改定が行われていることにも留意が必要である。1933（昭和8）年4月には、1年生が使用する教科書が第3期国定国語教科書、通称「ハナハト読本」（以下、通称を用いる）から第4期国定国語教科書、通称「サクラ読本」（以下、通称を用いる）に代わっており、その後は学年進行にあわせ「サクラ読本」へと移行した。したがって、「教材研究」が作成された段階で、すでに2年生までが「サクラ読本」を使用していた。

　「サクラ読本」は、編纂の中心人物であった井上赳をして「読本編纂のコペルニクス転回」[32]といわしめた教科書である。同書には軍国主義的教材の増加などが看取される一方で、児童の発達段階と児童生活への配慮、単語学習（ワード・メソッド）ではなく文章学習（センテンス・メソッド）から開始したこと、色刷りの挿絵、文学的教材を中心に据えて長文

教材を積極的に採用したこととそれに伴う分量の増加など、「ハナハト読本」からの質的・量的な大転換が図られた。

以上を意識しつつ、前掲の表2から、「教材研究」における「一の巻」の使用状況を確認していこう。使用時数は合計して31時間であり、国定国語教科書の改訂前（「教授参考書」）と比較して9時間の減少が認められる。その要因は、「三 アソビゴト」など2時間扱いとされていた教材の使用時数が1時間扱いに変更されたためであった。先述のように、「サクラ読本」は分量が増えており、1年生前期用は頁数で45％、文字数で75％程度の増加であった[33]。しかし、読方科の授業時数そのものは変更されておらず、国定教科書に充当する時間数を『満洲補充読本』の使用時数から確保したとみてよい。

ここで指摘しておきたいのは、『満洲補充読本』の使用時数は減少しているものの、やはりすべての教材が使用されていたということである。このことは、分量が飛躍的に増加し内容的にも充実したとされる「サクラ読本」をして、それだけでは「満洲」の国語教育実践を成立させるには至らなかったという実態を浮き彫りにする。

最後に、前出の「配当と配列」によって1934（昭和9）年9月の奉天千代田小学校の場合を確認してみよう。この資料では、読方科の授業で使用する教材の組み合わせとして以下の3種類が考案されている。第1案は、国定国語教科書と『満洲補充読本』を併用するというものであり、そうした使用方法は「最も普通用ひられてゐる案」[34]であったという。第2案は、国定国語教科書と『満洲補充読本』に加えて図書室を使用するというものであり、第3案は、第2案に加えてさらに『コドモ満洲』という児童読み物[35]を用いるというものであった。

三つの案ではどれも国定国語教科書と『満洲補充読本』の併用が前提とされていた[36]。各案における教材の使用時数は表3のようである。「最も普通用ひられてゐ」たという第1案に着目すると、『満洲補充読本』の使用割合は、1年生から4年生までで25％、5,6年生にいたっては32.5％であるから、きわめて積極的に取り入れられていたといえる。

「配当と配列」中の「国語読本及満洲補充読本教材の時間配当表」（18頁〜）によれば、『満洲補充読本』は全収録教材を満遍なく使用するように企図されている。また、「国語読本と補充読本と比べるとき、むしろ後

表3. 各教材の年間使用時数

		国定教科書	満洲補充読本	課外教科書	コドモ満洲
1年	第1案	192	48	-	-
	第2案	192	48	-	-
	第3案	154	38	-	48
2年 3年	第1案	256	64	-	-
	第2案	192	48	160	-
	第3案	154	38	160	48
4年	第1案	256	64	-	-
	第2案	192	48	160	-
	第3案	143	49	160	48
5年 6年	第1案	151	49	-	-
	第2案	120	52	148	-
	第3案	106	52	130	32

〔註〕奉天千代田小学校国語部「読方教材の配当と配列」、とくに「各学年各教材各案の実行予定時間表」(17頁)を参照して筆者作成。同表では1年生については「合科学習が現状である」(18頁)という理由により記述がみられないため、「規定時間内の利用」の「備考」(16頁)を参照し記入した。

者の方が内容豊かである。随つて教材としては補本の方が良き対象である。或いは、補本を中心として、尋一の案を立てることも一方法と考へられる」[37]と評されていることは指摘しておく必要があるだろう。そのほかにも、「尋五第二案では補充読本の時間が少い為自由研究時間より補ふ。第三案では国語読本及補充読本に不足を感ずるので、自由研究時間より補ふ」[38]とされており、『満洲補充読本』が積極的に使用されていた。

本項で明らかにした以上のような使用状況を鑑みれば、『満洲補充読本』は「満洲」の国語教育実践を成立させるうえで決して閑却することができない存在であったことがわかる。では、その使用方法にはどのような特徴が見出せるだろうか。

2）どのように使用されていたのか──使用方法

前出の奉天千代田小学校国語部によれば、「国語読本に就いては或程度興味を犠牲にしても、叩き込まねばならない場合も」ある一方、「補充読本については、さうむつかしく固苦しく考へないで文の持つ味と、面白さに享楽させたい。文の持つ魅力に浸らせたい」[39]と使い分けられていた。このように『満洲補充読本』は児童の興味・関心を重視しつつ「享楽させ」ることが第一義とされていたから、その使用方法にも以下のよ

うな工夫がみられた。

　同書については「自力で読みこなすこと」[40]が中心になっていたようであり、そのことを「一の巻」に所収された「五　エンソク」の使用方法からみてみよう。この教材は「調子よく何回も朗読させたい」[41]と述べられており、大連読方分科会においても、「明るい気持で何回もくりかへし朗読させるがよい」[42]とされている。初等教育研究会の場合も同様に、「面白く調子よく何回も朗読させ」[43]るという。実践者が教材を読み児童はそれを聞くという一方向的な教授や、教材を暗記させるような使用方法ではなく、児童自身で繰り返し読むように指導されていた。

　そのほかの『満洲補充読本』の使用方法上の特徴として、教材の読みにとどまらず、そこから児童の様々な表現活動へとつなげなげ、発展的に用いられていたことを指摘することができる。その具体を、「一の巻」を例にみていこう。

　第1点目は、綴方による文章表現活動である。たとえば「八　ユフガタ」を指導するときには、教材の読みをとおして児童に「満洲」の夕方の情景を想起せしめ、そのうえで実際に「夕方の綴方を書かせる」[44]という。そのほか、「十一　クダモノ」「十六　シヤシン」「十七　マドノコホリ」などの教材を用いて、文章を書かせることが提案されている。後年になって八木橋雄次郎が、「わたしなどは、『満洲補充読本』を作文指導にどんなに活用したか、なつかしく思い出される」[45]と述懐したことを裏づけるような教育実践が確認される。

　第2点目は、教材の読みから発展して絵を描かせる、いわば美術的な表現活動である。たとえば、靄がかかった夜の情景を描写した教材「二　サカミチ」を使用するときには、その教材の挿絵を「パステル等でもう一度写させてみる」[46]ことが提案されており、そのほか「五　エンソク」「六　ランニング」「八　ユフガタ」などの教材を用いる際にも、「この詩を絵に描かせる」[47]、「絵を描写し色をぬらせる」[48]ような教育実践を行っている。

　第3点目は、音楽的な表現活動である。「ピイ　コロロ、ピイ　コロロ。カハイイ　コヱ　シテ　ナイテ　クレ。バウヤノ　ネル　マデ、ナイテ　クレ。（後略）」という内容の「十二　コモリウタ」を教授するときには、曲をつけて実際に歌わせることが提案されており、「十三　バクチク」については

「バクチクの唱歌と連絡」[49] させて使用している。同様に「十五　ロシヤパン」も「満洲唱歌二十頁、『ロシヤパン』と連絡して一層気分を出」[50] すことが可能であると指摘されている。

第4点目は、劇活動である。「教材研究」では、「一の巻」の収録教材のうち「三　アソビゴト」「七　デムカヘ」「九　ラジオ」「十　ガクカウアソビ」「十四　ペチカトスズメ」「二十　キコリトヲノ」の6教材について、児童に劇として実演させることが提案されている。「実演の際は背景、服装等児童の自発活動に任せたい」[51] と述べられているように、児童の主体性を重んじた児童中心の活動として劇が取り入れられていた。

国語教育のなかに音声言語である「話シ方」が正式に定位されたのは国民学校期であり、「国民学校の国語教科書の一大特色は、従来の国語教科書に比し、音声言語の指導を重視したこと」であった[52]。『満洲補充読本』には、そうした国語教育・国語教科書のその後の趨勢に先行する側面があったようであり、石森は『満洲補充読本』の編纂において意図的に音声言語を重視していた[53]。こうした編纂意図は、同書を使用した実践者たちにも受容され実践されていたのであった。

4. 石森教材の特徴とその受容状況

石森には児童文学作品の執筆経験をとおして練磨した卓越した教材執筆の技術があり、それが認められて文部省に招聘された[55]。さらに遡れば、彼は東京高等師範学校在学期から積極的に文章を執筆しており、その文才はすでに評価されていた[56]。『満洲補充読本』の編纂に石森の影響が強かったことは先に述べたとおりである。本稿での最後に、石森の「満洲」認識を検討し、それが教材として具体化されていることを確認したうえで、石森が執筆した教材を実践者がどのようにみていたのかを明らかにしていく。

1）石森の「満洲」認識と教材化

石森は、自らの手になる児童文学雑誌の刊行に合わせ、「満洲の自然には、やはり内地には見られない自然美があり、天然愛がある。これこそ

民族を通りこした、人種を超えた力で産土の恵みを見せてくれます。ここに住むべき郷土は暖く広い」[57] と述べている。自然の雄大さこそ「内地」では感得できない「満洲」独自のすばらしさであり、そうした自然のなかで生きていることを誇ってほしいという石森の希望が看取される。

　石森自身が「満洲」に対して強い郷土愛を抱いていたことは、彼が生涯「満洲」で生活したいと考えており、「もうどこにもいかないで、この土地に骨を埋めようと思い」、「土地と住宅を月賦で求め」[58] ていたというエピソードが雄弁に語っている。また、石森は「内地」に招聘され半年ほど経ったとき、「なにかにつけて思ひだされるのは、満洲のこと」だと述べながら、「まだ東京の生活になじんでゐないのだ。といふよりは、満洲の生き方が、五体から消え去つてはゐないのだ。ゐないどころか一層泌みこんでいく」と「満洲」を偲び、「内地より満洲の気候、風土、人情といふものが遥かによきものを与へてくれた」[59] と思いを馳せている。

　こうした石森の郷土愛は、「満洲」で「暇があれば教材さがしの旅をした」[60] 経験などをとおして育まれた。「北支那行」という彼の旅行記をみると、石森が大連を出て青島から済南を観察し、その後は「北京、天津白河下り」[61] を経て大連に戻ったときのことが記録されており、「支那」の各地に積極的に足を延ばしていたことがわかる。石森が「北支那行」のなかで、山東平野の「どこまでもどこまでもつゞく」情景や「アカシヤの森」をみながら、「このおだやかな眺めは、私を遠い昔の旅を思はせる。結婚したばかりの私が妻をつれて故郷を離れようとした時もやはりこんな穏やかな秋の日であった」[62] と述べ、昔日の故郷・北海道の一場面と「満洲」の情景とを結びつけて語っていることは印象的である。「北支那」の広大な自然をみてまわりながら、そこに故郷の風景を重ねて思慕を深めていったことがわかる。

2）巻頭教材「一 マンシウ」

　石森とともに戦後の国語教科書の編纂に参加した沖山光によれば、石森は「わけても、第一冊目が教科書編修の山場となる。これで勝負は決まる」[63] と述べていたという。それは『満洲補充読本』の編纂においても同様であったようで、第一次改訂版「一の巻」に収録された全20教材のうち、ほぼ半数にあたる9教材を石森が執筆している。

石森はこれらの教材をとおして自らの思想を具体化している。第一次改訂版「一の巻」に巻頭教材としてあらたに収録された石森の執筆教材「一 マンシウ」は、つぎのような教材であった。

　ソラ ノ ウツクシイ マンシウ。
　ヒロビロ ト シタ マンシウ。
　ワタクシ ドモ ハ
　マンシウ ノ
　コドモ デス。

　1年生が『満洲補充読本』を開いて最初に目にするこの教材は、同書全体を方向づける重要な意味をもつ。この教材を実践者がどのように捉えていたのかを「教授参考書」からみてみると、郷土愛を涵養する教材としてきわめて高い評価を受けていたことがわかる。「教授参考書」では、「一 マンシウ」は「天の美を述べ、地のひろさを讃へ、そして天地を結ぶその中の子供たるを高唱した」教材であって、「巻一にこれをくまれた編纂者の用意が無条件で肯定され」[64]ると評されている。「満洲を讃美し、満洲の子供たるを誇る満洲児の喜びを述べ」[65]た教材であって、「何度も何度も読ませ、満洲児である作者の美しい心、広々とした希望――その最後の結論を読み出させるやうに指導」[66]するものだと述べられている。

　また、文章表現の巧みさについても賞賛されており、「『マンシウハソラノウツクシイトコロデス。』では駄目」で、本文のように「ソラノウツクシイマンシウ」であることで「緊迫力」が保たれ、「高揚した作者の気持ちをもる」うえで効果的であると評されている。「コドモデス」という表現についても、「コドモデアリマス」では弱く、「デス」と言い切っていることによって「克明に自己の立場を表明して」おり、「作者の強い意志やら、愛着心やらが溢れ」た教材であると論じられている。こうした点に関しては、「改定された巻一を見るとこんな記述上に於ける技巧が到るところに見受けられ」[67]ると指摘されており、『満洲補充読本』全体の傾向として、その文章表現の巧みさが評価されていた。

　以上のように、「一 マンシウ」は内容的・形式的にすぐれた教材として受容されていた。かつて、唐沢富太郎が「教科書が日本人をつくつた」[68]

と指摘したように、あるいは山住正己が教科書を通じた国家の意図に基づく人間形成の問題に繰り返し警鐘を鳴らしたように[69]、とりわけ第二次世界大戦終戦前において、教科書の内容は多分に児童の人格に影響を及ぼした。それは石森の執筆教材についても例外ではない。実践者が「一 マンシウ」を如上のように肯定的に評価し、それを用いて国語教育実践を行ったことは、異国である「満洲」に対して「ワタクシドモ」の郷土として愛着を抱かせるうえで一定の効果を発揮したと考えられる。

3）実践者の視点からみた石森執筆教材の特徴

最後に、「一 マンシウ」以外の「一の巻」収録の石森による執筆教材――「二 サカミチ」「三 アソビゴト」「五 エンソク」「十一 クダモノ」「十四 ペチカトスズメ」「十五 ロシャパン」「十七 マドノコホリ」「十八『ン』ノツイタマチ」に着目して、実践者がそれらの教材をどのようにみていたのかを検討しておく。

「二 サカミチ」は、「モヤノ サカミチ ノボッテ イク ヨ。サカノ ムカフ ハ オホキナ ビャウキン ヨ。ミヅノ ヤウナ ソラ ダ ヨ。ア、ツキ ガ デテル ヨ」という内容の教材である。「一 マンシウ」と同様、「満洲」の空をモチーフにしたこの教材は、語尾を「ヨ」で揃えることにより、読むに心地いいリズムになっている。

この教材について、実践者の解釈をみてみよう。本文にあるような「もやがゐるのに空が水のやうにはつきり見える」という一見すると不思議な情景は、「満洲のもやの特色で」あって、「満洲ではもやが重くて地上を這ふので、空ははつきりもやの上に見える」[70]という。教材内容が児童にとって日常的に目にする光景であったことが伺える。同教材の挿絵に関しては、「大広場から満鉄病院に行く坂道」だと推定されており、「大連の子供であれば、大抵この絵を見てさう決定するでせう」[71]と述べられており、教材が児童の生活に根ざしたものであると認識されていた。「ヨ」で韻を踏んでいることについては、その語尾によって親しさと懐かしさがうまく表現されているという。

「サクラ サクラ。カゴメ カゴメ」で始まる「三 アソビゴト」についても同様に児童の経験と密接に関連した教材として受容されており、「子供の日常生活に於ける遊戯、それも当満洲の子供に喜ばれてゐる遊戯を列

挙して」[72]いると解釈されている。その形式については、「口調よく変化あるやうに配列されて」、「都々逸調子になつてゐるので、大変口調がよい」ものて、「子供もよろこんで読む」[73]と評されている。

　教材のリズムという観点から、「ヒロイ ノハラ、ホソイ ミチ。オイシイ オムスビ、ツメタイ オミヅ。クタビレタ アシ、アタタカイ オフロ」という内容の「五 エンソク」や、「ツヤツヤ リンゴ、ツブツブ ブダウ」で始まる「十一 クダモノ」も肯定的に評価されている。前者については「遠足の楽しさを対句的に面白く叙してある」[74]教材であり、「楽しい学校行事の一たる遠足の有様がよく描かれている」[75]と指摘されており、後者は「果物の特徴が短かい言葉の中によく現はれて」いて、「調子よく読むうちに果物に対して或親しみが感じられる」[76]とされる。「ロシヤノ ヲヂサン パンウリサン」からはじまる「十五 ロシャパン」については、「この詩全体がンの脚韻によつて或る響を持つてゐる」[77]と評されており、韻を踏んでいる点に教材の工夫が認められている。

　以上のような指摘は、『満洲補充読本』が読むことだけの教材にとどまるものではなく、耳で聞くこと、あるいは口に出して話すことといった領域までを指導し得る教材として受容されていたことを示す。

　そのほかの教材についてみてみると、「厳冬に於ける満洲景物の一つである」窓ガラスにできた氷を眺める児童の様子を描出した「十七 マドノ コホリ」は実践上高く評価されていた。この教材は、「窓の氷を見ながら自由な想像をめぐらしてゐる作者の純真さは、日常の児童生活によく発見出来るものであ」り、「本課は児童の好んで読む課の一つであ」[78]った。また、児童の会話文形式で「満洲」の地名を考えさせる「十八『ン』ノ ツイタマチ」は、「満洲都市に大概んがついてゐると思ひついた時、誰しも珍しく感ずる」[79]教材であるとされており、児童の発見を促すうえで効果的な教材として意味づけられていた。

5. おわりに

　『満洲補充読本』に関しては、従来主としてそれがどのような教科書であったかについて検討されてきた。本稿では、同書が教育実践上、教員に

どのように受容され、使用されたていたのかという実態に迫った。結果として、在満日本人児童に対する国語教育は、国定国語教科書と『満洲補充読本』の併用を前提に体系化されており、『満洲補充読本』は「満洲」の国語教育を成り立たせるうえで不可欠なきわめて重要な教科書として位置づけられてよいことが明らかになった。

『満洲補充読本』の使用状況としては、1933（昭和8）年以降に行われた国定国語教科書の改定によって多少の変化は認められるものの、国定国語教科書と比較して概ね2割から3割程度の時数が確保されていた。その使用方法については、多読主義の立場から自主的に繰り返し読ませることが前提とされていた。しかし、ただ読むことのみにとどまらず、文章を書かせたり、絵を描かせたりする表現活動、または音楽や劇といった表現活動へと発展させながら用いられていた。

教材について、「内容的・形式的に完成させたるのに力があった」[80]人物とされる石森の執筆教材に着目してみると、彼が「満洲」「支那」各地に出向き取材をした経験をとおして抱いた「満洲」への愛着が具体化されていた。その内容は、在満日本人児童の日常生活をモチーフにした親しみやすい内容で、巧みな文章表現によって児童が自主的に読んで没入しやすいものとして実践者に肯定的に受容されていた。

そうした石森の教材執筆・教科書編纂のうまさが遺憾なく発揮された『満洲補充読本』が、「満洲」の国語教育実践において一定の時間、児童の表現活動を重視するような方法によって使用されていた。そのことは、後年まで『満洲補充読本』や「満洲」に郷愁を抱く「日本人を作」[81]る一翼を担ったと考えられる。それを実証的に解明するため、『満洲補充読本』についてさらに時期と地域を拡大した使用実態を解明すること、収録教材の内在的分析を行うこと、それを学んだ児童の当時の「満洲」認識を析出することが今後の課題である。

註
1　野村章「『満洲国』教育史研究に携わってきて（講演要旨）」『季刊 教育法』第86号、1991年12月25日、121頁。
2　八木橋雄次郎「石森延男先生と国語教科書」『石森延男国語教育選集』第5巻、光村図書、1978年、498頁。
3　大屋統貴夫『昭和の戦争から学ぶ 戦中派の思い』文芸社、2003年、39頁。

4 「満洲」という用語は、「あるときはシベリア、モンゴル、中国の東三省、華北、山東半島、朝鮮半島を含む」広域を指し、「またあるときは関東州と満鉄付属地という、より狭い範囲を示す」というように、多義的であることが指摘されている（槻木瑞生「満洲の教科書」『植民地教育史研究年報』第11号、2009年6月22日、39頁）。本稿では、『満洲補充読本』がおもに関東州と満鉄附属地で用いられた教科書であったことを考慮し、「関東州と満鉄付属地という、より狭い範囲を示す」意味合いで「満洲」を用いた。なお、「満洲」と「満州」の使い分けについても議論があり、本稿では「満洲」と表記し歴史的概念として用いた。
5 例外として、渋谷孝が石森の仕事の一つとして『満洲補充読本』に触れているが、同書の系統的な分析は行っていない（「解説」『現代国語教育論集成・石森延男』明治図書、1992年、480-518頁）。
6 船越亮佑「在満日本人子弟用『満洲補充読本』と近代文学作家－「大正新教育」の〈自由性〉をめぐって－」『平成27年度広域科学教科教育学研究経費報告書 国際化時代を視野に入れた文化と教育に関する総合的研究』2016年2月29日、13-21頁。
7 船越はそのほか、郷土教育という視点から、『満洲補充読本』のあとに編纂された国民科大陸事情の教科書について分析している。この論考は『満洲補充読本』を直接の対象にしたものではないためここでは詳しく扱わないが、「満洲」において教科書が果たした役割に切り込んでおり、示唆に富む研究である（「『満洲』国民科大陸事情の教科書における郷土教育」『植民地教育史研究年報』第19号、2017年3月25日、150-172頁）。
8 野村章「旧日本植民地の形成と『満洲』の教育」（『成城学園教育研究所研究年報』第8号、1985年11月、109-115頁）ほかの研究があり、多くは遺稿集『「満洲・満洲国」教育史研究序説』（エムテイ出版、1995年）に収録されている。
9 竹中憲一『「満州」における教育の基礎的研究』第4巻「日本人教育」、柏書房、2000年。
10 磯田一雄『「皇国の姿」を追って』皓星社、1999年。
11 田中寛は「『満洲補充読本』にあらわれた帝国の言語思想と異文化認識」（『東洋研究』第192号、2014年7月25日、35-67頁）において、収録教材の表記とその変化を整理しているが、そこには『満洲補充読本』をめぐるいくつかの誤解が認められる。例えば、国書刊行会により復刻された『満洲補充読本』の出版社を一貫して「図書刊行会」と誤記している。また、史料とした『満洲補充読本』について「柏書房復刻版を主とし、磯田一雄他復刻版を参考にする」（43頁）というが、二つは同一のものである。ほかにも訂正が必要な箇所がいくつかあるが、同論を収録した『戦時下における日本語・日本語教育の諸相』（ひつじ書房、2015年）でも修正されていない場合が多いため、参照・引用にあたっては注意が必要である。
12 磯田一雄『「皇国の姿」を追って』前掲註10)、70頁。
13 同上書、62-63頁。
14 同上書、70頁。
15 同上書、69頁。
16 同上書、73-74頁。

17 「四の巻」については、石森の渡満前年の5月にすでに「原稿決定」(『南満教育』第50号、1925年7月15日、118頁)しており、磯田は石森の仕事を「五の巻」以降だと指定している。しかし、「石森延男執筆教科書教材目録」(『石森延男国語教育選集』第5巻、前掲註2)をみると、「四の巻」に石森は5教材(「春のたより」「桃花源」「からたちの花」「主のいない梨」「黄鶴楼」)執筆したとされている。したがって、石森が渡満後、同巻が刊行されるまでのあいだに、原稿の見直し・入れ替えが行われたと考えられる。

18 第108号(1931年9月10日)に収録された「改定満洲補充読本『一の巻』について(一)」以後、第109号、第112号に「一の巻」についての解説を、第121号から第124号までに「三の巻」の解説を執筆している。

19 松尾茂「『童話作品』」喜田滝治郎編『石森先生の思い出』石森延男先生教育文学碑建設賛助会、1967年、103頁。

20 園山良之助「『満洲補充読本六の巻』の修正に就いて」『南満教育』第140号、1934年7月10日、23頁。

21 石森延男「改定満洲補充読本『一の巻』について(一)」前掲註18)、22頁。

22 磯田一雄『「皇国の姿」を追って』前掲註10)、74頁。

23 嶋田道弥『満洲教育史』文教社、1935年、344頁。同著は資料の引用元が示されていないことなど資料価値に疑問が残る。本稿で引用した奉天千代田小学校に関する記述にかぎっていえば、同校はもとが満洲教育専門学校の附属小学校であり、嶋田が指摘したように研究校としての役割を担ったと考えてよい。

24 奉天千代田小学校国語部「読方教材の時間配当と配列」『研究要報』第2号、1934年9月25日、4-5頁。

25 満鉄初等教育研究会『各科教授指針 尋常科』満鉄・学務課、1937年、序。

26 1937年11月9日に公布された「満洲国に於ける治外法権の撤廃及南満洲鉄道附属地行政権の移譲に関する日本国満洲国間条約」とその附属協定に基づくものであった。

27 満鉄初等教育研究会「読方教授指針」『各科教授指針 尋常科』前掲註25)、62頁。

28 同上書、62-63頁。

29 『南満教育』第117号(1932年6月10日)、第119号(1932年9月10日)、第123号(1933年1月10日)に収録されている。なお、この論考は、久富、内山、小野、弓削、黒沢、政本、赤塚の7名によって作成されており、内閣印刷局発行『職員録 昭和七年七月一日現在』(1932年10月27日)の関東庁の教員欄をみてみると、全員が関東庁管轄内の小学校訓導であった。したがって、大連読方分科会は関東庁管轄内の小学校訓導により構成された研究組織であったとみられる。

30 本稿では少数第二位を四捨五入した。

31 委員長の「南部校長(大宮校)」を筆頭に、成員13名の所属校はすべて満鉄附属地内の小学校であった。

32 井上赳「新読本の出現とその意義」『国語教育道』同志同行社、1938年、3頁。

33 文部省「小学国語読本尋常科用巻一」『小学国語読本尋常科用編纂趣意書(一)』日本書籍、1933年、1頁。

34 奉天千代田小学校国語部「読方教材の時間配当と配列」前掲註24)、11頁。

35 『コドモ満洲』の刊行状況や内容に関しては、「満洲」で日本人が展開した児童文学活動の実態を鮮明に描出した寺前君子の博士学位論文『満洲児童文学研究』（梅花女子大学大学院、2014 年）に詳しい。
36 国定国語教科書は時期的には 2 年生用までがすでに「サクラ読本」へと移行していたはずであるが、同資料で 2 年生は「ハナハト読本」を使用することになっている。
37 奉天千代田小学校国語部「読方教材の時間配当と配列」前掲註 24）、21 頁。
38 同上書、18 頁。
39 同上書、5 頁。
40 同上書、6 頁。
41 同上。
42 大連読方分科会「満洲補充読本巻一教授参考書【一】」『南満教育』第 117 号、1932 年 6 月 10 日、65 頁。
43 初等教育研究会第一部国語研究委員会「満洲補充読本教材研究」『研究要報』第 2 号、1934 年 9 月 25 日、6 頁。
44 同上書、8 頁。
45 八木橋雄次郎「石森延男先生と国語教科書」前掲註 2）、498 頁。
46 初等教育研究会第一部国語研究委員会「満洲補充読本教材研究」前掲註 43）、4 頁。
47 同上書、7 頁。
48 同上書、8 頁。
49 同上書、11 頁。
50 同上書、13 頁。
51 同上書、18 頁。
52 秋田喜三郎『初等教育 国語教科書発達史』文化評論出版、1977 年、667 頁。なお、同著は 1943 年に執筆されたものである。
53 註 18）の諸論考のなかでその意識が明確に看取される。なお、拙稿「東京高等師範学校在学中における石森延男の活動」（『国語教育史研究』第 16 号、2016 年 3 月 31 日、31-39 頁）で明らかにしたように、石森は東京高等師範学校在学中から文芸や絵画の制作活動を行っていたほか、音楽や劇活動などにも教育的効用を認めていた。そうした経験や思想が『満洲補充読本』の編纂に反映されたとみられ、この点については稿を改めて論じてみたい。
55 拙稿「国定教科書編纂過程にみる国語教育史上における石森延男の位置」（『日本教育史研究』第 36 号、2017 年 8 月 31 日、64-87 頁）を参照されたい。
56 拙稿「東京高等師範学校在学中における石森延男の活動」前掲註 53）を参照されたい。
57 石森延男「『満洲野郷土読本』を編みあげるまで」『南満教育』第 79 号、1928 年 1 月 1 日、69 頁。
58 石森延男「満洲をしのぶ」『やよい』大連弥生高等女学校同窓会、1969 年、59 頁。
59 石森延男「なにかにつけて」『北窓』第 2 巻第 1 号、1940 年 1 月 15 日、50 頁。
60 復刻版『満洲補充読本』（国書刊行会、1979 年）のカタログとして出された石森延男「『満洲補充読本』の誕生」のなかの一節である。筆者は現物未確認であり、本稿では渋谷孝「改訂石森延男年譜と新資料－現代国語科教

育史論のために-」(『宮城教育大学紀要』第30巻、1996年3月19日、184-202頁)に収録されたものを参照した(引用部は185頁)。
61 石森延男「北支那行」『南満教育』第84号、1928年6月1日、49頁。
62 石森延男「北支那行」『南満教育』第78号、1927年12月1日、90頁。
63 沖山光「占領下における魂の雄たけび」『石森延男国語教育選集』第2巻、光村図書、1978年、507頁。
64 大連読方分科会「満洲補充読本巻一教授参考書【一】」前掲註42)、58頁。
65 同上書、57頁。
66 同上書、59頁。
67 同上書、58-59頁。
68 唐沢富太郎『教科書の歴史-教科書と日本人の形成-』創文社、1956年、序1頁。
69 山住正己『教科書と教師の責任』(国土社、1971年)や『学校教科書』(朝日新聞社、1982年)などを参照のこと。
70 大連読方分科会「満洲補充読本巻一教授参考書【一】」前掲註42)、60頁。
71 同上。
72 同上書、61頁。
73 同上。
74 初等教育研究会第一部国語研究委員会「満洲補充読本教材研究」前掲註43)、6頁。
75 大連読方分科会「満洲補充読本巻一教授参考書【一】」前掲註42)、65頁。
76 大連読方分科会「満洲補充読本巻一教授参考書【二】」『南満教育』第119号、1932年9月10日、53-54頁。
77 大連読方分科会「満洲補充読本巻一教授参考書【三】」『南満教育』第123号、1933年1月10日、63頁。
78 同上書、65-66頁。
79 同上書、67頁。
80 磯田一雄『「皇国の姿」を追って』前掲註10)、69頁。
81 唐沢富太郎『教科書の歴史-教科書と日本人の形成-』前掲註68)、序1頁。

〔付記〕本研究は日本学術振興会の特別研究員奨励費(課題番号:17J01958)を受けた研究成果の一部である。

IV. 書評・図書紹介

書評

根川幸男、井上章一編著

『越境と連動の日系移民教育史
——複数文化体験の視座』

岡田泰平*

　本書は、国際日本文化研究センターの共同研究の成果である。序章で全体を貫く枠組みを提供し、そのあとの3部は大きいテーマ別に構成されている。本書を通して、著者は帝国臣民という磁場を意識しつつも、おおむね太平洋島嶼や南北アメリカへの日系移民の教育を分析している。とりわけ、本書が関心を示すのがブラジルである。実のところ、3部に組み込まれた論文18点の内、その半分の9点がブラジルの日系移民に関わるものである。

　なお、評者は日系移民の教育を専門にしていない。植民地の歴史に関心のある研究者である。専門外から貢献できることもあろうかと思い、書評をお引き受けした。不当な批判もあろうかと思うが、ご寛恕を請いたい。

　まずは本の構成を紹介しておこう。

　　序章　近現代日本人の海外体験と日系移植民史の時期区分
　　　　　——「連動史」を描くために　根川幸男

　　第Ⅰ部　近代日本人の越境教育と教科書
　　　第1章　「帝国臣民」と「日系市民」の狭間で——『米國加州教育局検定　日本語讀本』の編纂と内容分析　森本豊富
　　　第2章　ブラジル『日本語読本　教授参考書』の児童用歌曲　伊志嶺安博
　　　第3章　「渡航案内」にみる英語学習・異文化学習——移住者の

*東京大学大学院総合文化研究科

ための水先案内書　東　悦子
　第4章　国定教科書にみる移植民表象——北南米と満州の連動に着目して　石川　肇
　第5章　戦前期南カリフォルニア地域の「二世教育」——南加中央日本人会と南カリフォルニア大学東洋科を中心に　松盛美紀子
　第6章　北米日本人移民キリスト教会の越境教育活動と満州　吉田　亮
　第7章　多文化カナダの「架け橋」たち——カナダにおける日本語学習者の変遷　野呂博子

第Ⅱ部　移民・越境者の文化・芸術・身体
　第8章　文化使節と同胞慰問——ブラジルの藤原義江一人二役　細川周平
　第9章　二世歌手の音楽歴——ハワイ松竹楽団のチヨコ・イダを中心に　中原ゆかり
　第10章　沖縄・日本本土・ブラジルを越境・還流する沖縄音楽レコード　高橋美樹
　第11章　衣と身体技法からみるブラジル移民——下着としゃがむことを中心に　西村大志
　第12章　戦前期ブラジルにおける武道と教育　小林ルイス
　第13章　越境するスポーツと移民子弟教育——太平洋戦争直前期ブラジルにおける日系少年野球を事例に　根川幸男

第Ⅲ部　越境する人的資源の活用と政治経済的連動
　第14章　ブラジル外国移民二分制限法前後の日系子弟教育　飯窪秀樹
　第15章　戦間期ブラジルの独裁政権とナショナリズムの高揚　住田育法
　第16章　旧南洋群島民間人収容所における教育と軍政初期の沖縄教育——主にテニアン島チューロ収容所の事例を手がかりに　小林茂子

第17章　移民的徳の誕生——１９５０〜６０年代の海外移民政策と政治的主体としてのブラジル日系人の形成　佐々木剛二

第18章　移民・引揚・国内定住地としての福島と原子力発電所——地元エリート・県人会移民ネットワークを中心に　浅野豊美

第19章　１９３０年代の福島県に在留した日系二世　坂口満宏

資料　移民関係事務担当局課の変遷——戦前期外務省機構図
　　　　　　　　　　　　　　　　　　　　　　　　　柳下宙子

あとがき　——身体と建築　井上章一

　冒頭の根川論文の趣旨は明快である。キーワードの一つは「越境」である。日本は植民地を持った帝国であり、植民地の外側には「外国」がある。「越境」とは、日本本土から植民地へ、そしてまた移民先の外国へという移動を指し示す概念である。「越境」という観点からみると、植民地教育と移民先の外国社会における日系移民の教育の両方を論じるということになる。もう一つのキーワードは「連動」である。この概念の前段に位置するのが一国史を超えるトランス・ナショナルという視点、ミクロな事象がマクロな出来事と関連しているという山室信一の「連鎖」、そして一方向ではなく双方向という意味での「跨境」である。つまり双方向の移動に関心を示しつつ、世界史的な出来事と移民が体験する事象をつなぐ視点として「連動」という概念を導入している。この概念操作は、いわば個別の文脈で考案されてきた概念を統合し、新たな大きな概念を提示し、その大きな概念を利用することにより多様な過去の事象について考察するというものだろう。しかし大きな概念では、事象の細かい点を説明しきれないことは自明であり、各部・各論では「連動」をどのように引き受けるかが問われる。明らかにこの序章の強みは「連動」という概念であるし、「連動」は「越境」を含みこむものなので、以下では「連動」を軸に整理したい。

　残念のことに、それぞれの部でも各論文でも、「連動」という枠組みへの貢献は十分に明確になっていない。第一部は主に教科書を分析対象としている。それぞれの実証は厳密だし、石川論文や吉田論文は、満州と北南米を関連付けることにより複雑な「越境」を視野に入れようとし

ている。ただ、伊志嶺論文は唱歌、松盛論文は大学教育、野呂論文は日本語教育をあつかっており、それぞれが全く独立してしまっているので、部を通して何を論証したいのかが分からなかった。

第二部、第三部では、あまり教育に関係のない論文が「連動」に関連あるものとして組み込まれてしまっている。例えば、日本人移民の衣服と身体表現を扱った西村論文や、福島県からの移民を論じている浅野論文や坂口論文は、本全体の日系移民の教育という趣旨や、第二部の身体と教育、第三部の教育と人的資源という趣旨にどのように関係しているのかが明確ではない。なにもそれぞれの論文に瑕疵があると言うわけではないし、論文の中には興味深いものもあり、関連する個別テーマを追っている研究者にとっては有益なのだとは思う。しかし、本書を初めから読んでいっても、本を通しての一貫性もそれぞれの部の諸論文を統合する知見も見出すことができなかった。

ここで例外的なのが石川論文である。石川によると、日系移民用の教科書は、アメリカ、ハワイ、ブラジル、満州を「日本人が生活している海外」と位置づけた。その「海外」では「より豊かな生活」が語られているとのことだ。つまり、白人の入植植民地だった場でも日本帝国の版図の一部でも、「豊かさ」が映し出されていた。この論文は、世界史的な20世紀前半の近代植民地主義の展開と移民の増加が、日系移民の教育と「連動」していることを描き出している。この石川論文のように、他の論文も序章の根川論文で示される「連動」に、それぞれの考察がどのように貢献しているのかを明示すべきだったのではないだろうか。

また、なぜこの本の半分がブラジルについてであるのかも、説明が欲しかった。やはりブラジル日系移民社会の世界史的位置づけを論じた上で、ブラジルを中心とした日系人移民教育の論集とした方が一冊の本としてまとまりがあったのではないだろうか。「連動」が世界史的な出来事も含みこむのだとすると、様々な視点から立体的にブラジル社会を論じることが求められよう。ブラジル社会についての知識がほとんどない評者にとって、住田論文や飯窪論文は貴重であったが、もっと詳細にブラジル社会を描き、その中に日系移民の教育が位置付けて欲しかった。そうしたほうが、細川論文、高橋論文、小林論文（12章）、根川論文（13章）が示すミクロな事象の意義がより明瞭になったであろう。

さらには、そもそもの意図していたわけではないのだろうが、このような論集は、日系移民という集団に焦点を合わせ、越境する人々の教育を論じることの限界も露わにしている。伊豫谷登士翁（2007）が示すように移動が場を作り出すのであれば、その場についての歴史学からの分析が求められる。そうだとすると、その場にいた様々な人々の教育が論じられるべきである。この点を意識しているのは、朝鮮人の教育に触れている小林論文（16章）のみのようである。

　この延長として、教育史でも、何をもってして日本人・日系移民という集団が成立するのかを考察する必要がある。例えば塩出浩之（2014）は、植民地と外国をそれぞれに固有な政治的空間とし、移住先における政治運動の主体として日本人を捉えている。また遠藤正敬（2017）は、戸籍を通して国家に把握される人々、またはそこから抜け落ちる人々としての日本人を論じている。

　本書では、日本人を親にもつこと、日本語、武道といったエスニックなマーカーが日系移民の教育を規定するもののようである。そうだとすると、日系移民とは端的にはエスノ・ナショナリズムに基づく集団、つまりエスニック集団である。この観点から興味深いのは、佐々木論文である。ブラジルの日系移民は「徳ある人々」としてブラジル社会に受け入れられているという。では、その徳は何を意味するかというと、高貴さ、勤勉さ、技術的進歩への愛着などだと言う。これらの徳はたしかに「アイデンティティの境界を越えて、その外側へ広がりうるもの」であろうが、それが日系移民に付されているのだから、徳も結局はエスノ・ナショナリズムを表している。この点から、このエスノ・ナショナリズムへのつながりが弱まり、現地社会に溶け込んでいく世代の教育や、そもそもこのエスノ・ナショナリズムには十全には組み込まれないであろう混血者の教育も論じられるべきである。

　評者にとって、結局この論集は、より原理的な問題を指摘しているように思える。つまり、日本人・日系移民の教育は日本本土や沖縄では国民教育であるし、植民地では支配者の価値観を内包した植民地教育を作りだすのだが、外国ではエスニック集団のエンパワメントのための教育になる。そこに一貫しているのは、自民族中心で自らを賞賛すると言う意味でのナショナリズムである。そしてまた、この傾向は日本人・日系

移民に特有なわけではないだろう。朝鮮人にしても中国人にしてもフィリピン人にしても変わりはないのではないだろうか。

　この視点からみると、日系移民の教育を論じるのであれば、他のエスニック集団の教育と比較しなければならない。その上での日系移民の教育の特質を示すなり、日系移民であっても他の集団であっても自民族中心という特徴は変わらないという陳腐さを示すなり、という点が深めつけられるべきではないだろうか。では逆に、このようなナショナリズムの教育の先には何があるのだろうか。それは、移民受入国家のもう一つのナショナリズムの教育かも知れないし、新自由主義の価値観を賞賛するグローバル市民の教育かも知れない。評者にとって本書のような「越境」と教育の研究に期待するのは、ナショナリズムの教育を学び捨てた後に求められる、新たな教育についての展望である。

（ミネルヴァ書房、2016 年）

　伊豫谷登士翁編『移動から場所を問う――現代移民研究の課題』有信堂高文社, 2007.
　遠藤正敬『戸籍と無戸籍――「日本人」の輪郭』人文書院, 2017.
　塩出浩之『越境者の政治史――アジア太平洋における日本人の移民と植民』名古屋大学出版会, 2015.

書評

田中寛著

『戦時期における日本語・日本語教育論の諸相』

宮脇弘幸*

(1)

著者は、本研究の目的を「過去の日本語論、日本語教育論を通して、言語研究、言語教育の負の遺産としての、一種封印されてきた実相を掘り起こす作業である」と序論に記している[1]。その目的通りに、全編を通して主に外地(旧日本植民地・占領地)の日本語・日本語教育及びその周辺の実態を丹念に掘り起こしている。単に言説紹介だけではなく、自ら長期間にわたって収集した資料とフィールドワークに基づき、日本語・日本語教育史の「負の遺産」を掘り起こし、700頁を超える他に類を見ない研究成果の集大成といえる。本書完成までのエネルギーの持続には感服せざるを得ない。

著者の研究領域は多岐にわたっている。主な研究領域は日本語学であるが、それに加えて日本語教育学・タイ語学・社会言語学・比較言語学・植民地言語政策にも領域が広がっている。著者の英語、タイ語、中国語に精通している語学力と多面的関心が研究と創作の間口を広げており、そのスタンスは、対象に客観的な歴史考察とヒューマンな視点を注ぐことと言ってよかろう[2]。

(2)

まず、本書の構成から眺めてみたい。本書は、序論「戦時期における日本語・日本語教育論の諸相―日本語は世界にどう対峙したか」、第1部「中国大陸における日本語の進出」、第2部「「五族協和」「王道楽土」のなかの日本語」、第3部「戦場の日本語、銃後の国語」、第4部「「大

*元 宮城学院女子大学教授

東亜共栄圏」下の日本語普及政策」、第 5 部「戦時期の諸雑誌に見る日本語・日本語教育論」、第 6 部「〈大東亜学〉という東南アジア諸語の研究」、に構成されている。最後に付録として戦時期（1931-1945）の日本語・日本語政策論に関する膨大な文献・資料が載せられており、この分野に関心のある研究者にとって大変有益である。以下に、各部で取り上げられている主要な論点の概要を述べてみたい。

　第 1 部「中国大陸における日本語の進出」では、各種の資料を用いて、大陸各地に潜り込んだ宣撫班によるさまざまな宣撫工作活動（宣撫ビラ蒔き、紙芝居、映画、医療、日本語普及・日本の歌指導など）、東亜の共通語に仕立てようとする国語学者の理論づくりとその言説紹介、そして興亜院による日本語・日本文化宣揚活動などを概説している。

　例えば、著者が引用している「工作概況　丹陽宣撫班記録 極秘 1938.1.9」は、「部隊到着と知るや、委員会役員など日章旗を携えて出迎え、非常に皇軍に好意を示せり」（本書 p.39）と「皇軍進駐歓迎」を描写している。文中の「部隊」は当然日本軍、「委員会」は地域の親日的傀儡組織「自治委員会」のことであろうが、宣撫班は親日組織を懐柔し、協働して皇軍入城のお膳立てをしたと予想される。報道局作成のニュース映画「日本ニュース」にもよく見かける場面であるが、動員された住民は日の丸の小旗を振って日本軍を迎えるのであろう。「非常に好意を示」したかどうかは大いに疑問であるが、宣撫記録としてはそう書かざるを得ないのである。つまり、この種の報告・記録は大本営発表と同じく、場面が「演出」された上、誇張・創作がつきものである。著者はそのことも指摘しながら多くの記録を再現しており、興味深い資料の拾い上げとなっている。

　また、同記録は、日本語熱が盛んになりつつある様子を「老幼一如嬉々として学びつつあり。因みに一般民衆に於ても日語熱旺盛なり」（本書 p.40）と工作の「成果」を記している。この宣撫班の班員には「宣撫官」という職位があり、その採用試験も行われたようである（本書 p.85-88）。そして「武器なき宣撫官」の工作に関する松永健哉・岸田國士等の観察記録（本書 pp.89-104）も再現されていて興味深い。

　第 2 部「「五族協和」「王道楽土」の中の日本語」では、『満洲補充読本』（第一期・第二期版）と「満洲国」国民優級学校（小 5・6 年）用の『日

語国民読本』『国民読本』の概要及び建国大学の理想と実相が考察されている。『満洲補充読本』は、満洲の日本人学校（在外指定学校）で本国と同じ国定教科書を使い、同じ教育を受ける日本人生徒に、国定教科書では教えられることの少ない満洲の自然・歴史・地理・日満関係などの知識を与えると同時に、日本人としての覚醒を促す教材になっている。著者は、この教材の外形的な特徴（内容・字体／文体・その他）に加えて、その背景となっている時代思想・言語観にも注意を払っている。

国民優級学校用の『国民読本』と『日語国民読本』は中国人用の教科書で、「満洲国」新学制下の民政部発行（1939）である。著者は引用教材の文体に関して、『日語国民読本』の引用では「父に言われない前にするのが善だと思ったから、・・・」を取り出し、「普通はル形接続である「前に」だが、ここでは意識的にナイ形をもちいている。日本語教科書としては異例である」（本書 p.195）と述べている。

筆者も、「行為・行動がナイ」のに、時間的な前後関係を規定する「前に」を使う表現には違和感を覚える。植民地・占領地の教材、特に現地で作成された教材には、編集者は日本人と思われるのだが、不自然な語法・文体が含まれることがある。このような語用は「揺れ」の事例として取り上げられるのであろう。

「建国大学における理念と実相」では、建大の創設と建学精神、教育実践などが考察されている。とりわけ「満洲国」の立脚理念が「王道」、「皇道」、「惟神の道」と時代状況によって変遷するが、著者はその言説と虚構を論考している。

第3部「戦場の日本語、銃後の国語」は、『満洲国の私たち』（中央公論社 1942）という「満洲国」青少年が綴った「生活記」から抜粋した作文について論じている。この作文集は、「満洲国」政府の翼賛会的組織である協和会とそれに連携する協和青少年団中央統監部が「生活記」として青少年に作文力を競わせた作品であるという。「満洲国」は多民族国家である故、作文の作者と登場人物には日本人、中国人、朝鮮人、蒙古人が登場し、青少年が日常生活において異民族・異文化に実際に交わり体験することによって相互理解を深め、多民族社会で共存することの意義を感得する内容である。ただし、著者は、『満洲国の私たち』に登場する小国民の少年少女は銃後の結束と国家への忠孝を純粋に美しく演じて見

せた・・・その背後の世界、人々の暮らしにはほとんど無自覚、無関心たりえた」(本書 p.312)と評している。

さらに、作品化される過程の背景に関して、「日本語を母語としない民族の青少年の作品に対して、選者による改良あるいは翻訳がなされたことは「他(多)言語の「共生」を指向しえなかったところに、対訳による各民族母語別版の実現をみるべくもなかった。これもまた「協和」の限界であった」(本書 p.313)と指摘している。

また、日中戦争期に中国大陸に在留していた日本人小学生の作文も「小国民の綴り方」として考察されている。その作文題材に「支那のお友達」「礼儀を知らない支那人」「日本のへいたいさん」「目の当たりに見た戦争」「ありがたい日本の国」「にくい支那のたま」「英霊を見送る」が挙げられていることに対して、著者はこれらの題材から「銃後の少国民の国家観、日本軍国主義下の中国観等を窺い知ることができる」(本書 p.321)と評している。日本の支配下にあった「満洲国」と大陸占領地において、青少年による日本語・国語の作文が「作品化」される場合、為政者側の思惑によって管理(manipulate)され、修正(modify)されなければならなかったようである。

作文集の付録に載っている日本人生徒作の日本式の中国語交じりの作文(「ピジン中国語」)が紹介されていて興味深い(本書 pp.324-326)。その文例中の「ピジン中国語」は、日本語を基盤言語とした語・語句レベルの借用(borrowing)であり、統語レベルとしては不安定であったため、両言語が混成した第三の言語・クレオールまでは発展しなかったようだ。「満洲国」では日中の言語接触期間が 13 年余り(関東州で約 40 年)と短かった点と、日本語も中国語も早くから確立された独自の文字形式・言語体系をもち、母国語依存が強かったからであろう。「ピジン中国語」(「沿線語」「協和語」とも言った)は、日本人及び中国人で日本統治時代の体験者(80 歳以上)からの聞き取り調査によって、あるいは満洲体験記、満洲文学作品、また中国側の文献・文学作品等の資料調査によって事例を集めれば、興味深い「満洲ピジン」の研究が可能になると思われる[3]。

最後の章に「警務・警察支那語」、「憲兵支那語」、「軍用支那語」のポケット版会話集が紹介されている。この種の学習書は、それぞれの用務・軍務に使用されただけでなく、現地人の検挙・訊問などで現地人を不当

に扱うのにも使用されたかもしれないと著者が指摘しているが、官憲会話集の「負」の側面である。

(3)

後半部分の第4部「大東亜共栄圏下の日本語普及政策」の中で、著者は「非常時下では自らの国際的な位置を正当化すべくプロパガンダ的な色彩の強い、いってみれば煽動的、国粋的な警告が随所に仕組まれることになる。国際的孤立化を深める当時の日本としてはより一層の偽装的な美辞麗句を必要としたはずであった」(本書 p.380)と述べているが、プロパガンダの発信手段の一つが日本語であり、その日本語は、確かに「偽装的な美辞麗句」であった。それは国内のみならず植民地・占領地でもほとんどの新聞・ラジオ・ニュース映画・グラフ雑誌・報道写真・教育教材・歌などの日本語がそうであった。それが戦時動員されたことば(日本語)の姿であった。その姿は、ジャワの日本語教材『ニッポンゴノホン』(1942)の「アジアノヒカリ、ダイニッポン・・・」、軍歌「興亜行進曲」(1940)の「今ぞ世紀の　朝ぼらけ・・・」などの旋律となって流れ、「聖戦」を正当化するプロパガンダに用いられた。

資料［1］には、グラフ雑誌『写真週報』に掲載された南方占領地マレー、ジャワ、シンガポール、マニラ、ラバウルの市民生活に日本語が徐々に浸透している報道が、資料［2］には新聞記事に載った日本語進出の実態(本書 pp.415-425)が紹介されていて確かな裏付けとなっている。

同時期、シンガポールの宣撫班に井伏鱒二、中島健三、神保光太郎がいたが、1942年4月29日(天長節)に中島は「日本語普及運動宣言」(運動週間6月1日～7日)を発表し、「マナベ使ヘ日本語！」の標語を掲げて、馬来半島及びスマトラ島に日本語普及徹底を図るとした。また、本書にも引用されている神保光太郎が著した『昭南日本学園』には「町にも、店にも、学校にも事務所にも電話の交換台にも、電車の中にも、今、馬来半島は昭南島を中心として、日本語が若草のやうに繁り、花びらのやうに美しく広がってゐる」と描写された。宣撫班が日本語・日本文化普及活動を大々的に展開していたころである。

第5部「戦時期の諸雑誌に見る日本語・日本語教育論」は、戦前戦中期に日本放送協会が発行した協会誌『調査月報』(1928-1934/3月；1934/4

月から『放送』に改名）に載った日本語論、言語政策論に関する記事を抄録している。その一部の記事題名を拾えば「ラジオと国語統一」（馬淵冷佑：1931）、「満洲だより」（加藤誠之他：1932）、「防空演習に於けるラジオ施設」（大野煥乎：1933）、「日本精神と国語意識」（無記名：1934）、「支那文化工作と放送」（岡部長景：1938）、「支那への文化工作と日本語」（高倉テル：1939）、「東亜の言語政策と放送」（石黒修：1941）、「大東亜戦争と国際宣伝戦（岩本清：1942）、「特集：決戦下の海外放送」（石原裕光：1943）である。

著者は、「当初はとくに啓蒙的な内容は見当たら」なかったが、満洲事変勃発を受けて、一定の報道規制がかかったことも考えられる」と述べたうえで、時局を反映した記事、国語統一問題、対外接触を意識して日本語の表記問題なども出てきたと考察している（本書 pp.436-438）。メディア（日本放送協会）が時局の変化によって徐々に戦争協力体制に組み込まれていったことを実証している資料解説である。

アジア・太平洋戦争期になると戦闘地域が中国大陸から東南アジアに広がった。その地域にも日本語普及政策が重要な国策ではあったが、ひらがな・カタカナ・漢字という３つの書記法が混在する日本語を、西欧植民地下でラテン文字表記に慣れている南方占領地に合わせてラテン文字表記で表現すれば、日本語学習が容易であろうという考えから日本語のローマ字表記が検討され、それを支持する論調が多くあったことを示している。

しかし、南方占領諸地域（シンガポール・インドネシア・フィリピン・ビルマ）の軍政部が発行した日本語教科書は、ことごとくカタカナ表記から始まり、巻二あたりからひらがなの導入、そして漢字・カタカナ／ひらがな混じりとなっている。「日本精神は国語に宿る」という言説の「国語」にはローマ字表記が想定されなかったのであろう。

日中戦争期、カタカナが「国字」として位置づけられていたが、その頃の日本語海外普及の潮流に乗ってカナモジカイの雑誌『カナノヒカリ』が発行されていた。その雑誌に掲載された記事も戦時期の言語政策の一試行として概観されている。その中に、将来の理想として「漢字廃止」の主張（本書 p.488）があったとの指摘は興味深い。

第６部 「〈大東亜語学〉という東南アジア諸語の研究」では、著者は、特にアジア・太平洋戦争期に日本人による「大東亜共栄圏」内の諸言語

研究が盛んになったと指摘し、出版された会話書・学習教科書・辞書及び現地語と日本語の比較研究書などを具体的な書名・文献名を挙げて検討している。著者はタイ語の専門家でもあり、収集された個々のタイ語の文献について詳説している。また、タイ語の他に安南（ベトナム）語、馬来（マレー、マレイ、マライ、マレーシア）語、ビルマ語、タガログ語等の会話書・辞書類も考察されている。著者は「当時の大東亜共栄圏を標榜する日本にとって、現地に日本語を普及させると同時に民心把握、人的物的交流のために、あるいは軍政、軍事方略のために取り組まれたことは明らかである」と捉えている。戦時期においてはことばも武器になることの証し、と言えよう。

(4)

　以上が本書の主な概要であるが、最後に本書の特異点を若干述べてみたい。本書が対象としている日本語・日本語教育論は、日本が植民地拡張主義（中国侵略・東南アジア侵略）を断行し、国際連盟脱退による国際的孤立化を招来し、軍国主義を台頭させ、国粋主義・皇国主義にのめり込んだ1930年代からアジア・太平洋戦争における日本敗戦までであり、本書の課題も直接的間接的にその時代的思潮の影響を受けていた。この時期は、日本語・日本語教育史の中でも特に独善的で神がかった論調が顕著である。著者はこの傾向を「負」の相ととらえており、その視点は共有できる。

　今一歩踏み込んでほしかったのは、実際実行するには困難が伴うのであるが、現地の人、当時の青少年が一方的に日本語で吹き込まれた皇国日本の世界観・統治方針、与えられた情報をどのように受け止めていたのか、そもそも日本語の内容が理解できていたのかについて、体験者の証言を織り込めたら、さらにその歴史の実態性・客観性が高まったであろう。教育は授ける側と受け手の側の相互作用で成り立ち、評価は両者の点検が必要と思うからである。受け手の評価は、「日本語による、やたら抽象的で意味不可解な日本帝国の世界観や情報はほとんど理解できなかった」という反応が予測される。そういう反応に至らしめた受け止め方も、日本語の一つの相であろう[4]。

（ひつじ書房、2015年）

註
1 本書についてはすでに酒井順一郎氏による書評がある。『ことばと文字』第5号、くろしお出版　pp.209-213
2 本書の刊行前に著者はすでに『「負」の遺産を越えて―「七三一部隊」・毒ガス戦・「満洲国」―』(私家版2004) をまとめており、そのなかに本書の研究の出発点として、いくつかの章の考察がなされている。
3 ピジン語については、「協和語」、「兵隊支那語」を取り上げた桜井隆『戦時下のピジン中国語』(三元社、2015) がほぼ同時期に刊行されている。
4 例えば、本書で触れている北京近代科学図書館、建国大学で編纂された上級日本語教科書などに、その性格がよくあらわされている。

書評

林琪禎著

『帝国日本の教育総力戦―植民地の「国民学校」制度と初等義務教育政策の研究―』

合津美穂*

　本書は、本会会員でもある林琪禎氏による植民地の国民学校制度と初等義務教育政策についての研究であり、台湾大学の『日本学研究叢書』第18巻として国立台湾大学出版中心より刊行されたものである。書名にもある「教育総力戦」とは、著者によれば、戦時期において「植民地が内地と軌を一にし、統合された教育制度に乗り出す」(247頁)ことであり、本書は国民学校制度をそれと位置づける。俯瞰的な視点から帝国日本の国民学校制度を地域横断的に研究し、総力戦期の内地・台湾・朝鮮における初等義務教育政策の全容を明らかにしようとした労作である。

　1941年に発布された国民学校令は、日本内地だけでなく、植民地であった台湾と朝鮮にまで適用された初の初等教育令である。これは初等教育機関の名称を全て「国民学校」に統一するとともに、これまで植民地において日本人児童と台湾人・朝鮮人児童を別系統で教育していたものを一元化しようとするものであり、日本教育史のみならず、植民地教育史においても重要な意味を持つ。にもかかわらず、著者も述べるように、実施時期が短かった（日本の敗戦により朝鮮は計画のみ）こと、また他の時期に比べて史料の入手が困難なこともあり、植民地の国民学校期を扱う研究はこれまで手薄となってきた。また、あったとしても一地域における教育政策の変遷を論じるなかで扱われることが多かった。そうした従来のミクロな視点からの研究手法に対し、著者は、戦時期という特殊な時代背景のもと、国民学校制度は日本内地と植民地との「統合」的な性格を持つものであったとし、「教育史の意味における統合、内外地の教育制度における統合、教育内容とカリキュラムにおける統合、あら

*信州大学非常勤講師

ゆる側面での統合が進められたため、一地域に集中する研究の手法では、その全貌は掴めないと考えられる」(8頁)との立場に立つ。そして、国民学校制度を戦時期における「外地の内地化」や「内外地一元化」の教育制度の側面に表れた事象の一例と位置づけ、「帝国内部の支配及びその中で働きかけたさまざまな政策は、必ずしも一地域或いは一時期に止まるものではなく、常に流動的で影響し合うものであり、時にはせめぎあうこともあった」(12頁)と、マクロな視点から捉えようとする。このように、地理的・時間的にも大局的な視点から国民学校制度を研究した点が本書の特徴である。この方法論は、小沢有作が1963年に提起した「帝国日本の教育における植民地教育」という発想に重なるものであり、「植民地宗主国(国内)の教育とその植民地の教育との統一的把握」[1]を試みるものと見ることができる。ただし、参考文献に小沢の論考が見当たらないことから、筆者がこのことにどれほど自覚的であったかはわからない。いずれにせよ、本書は植民地教育史研究において方法論的にも注目される研究であると言えよう。

　本書は「第一部　植民地教育政策の帝国内部化」、「第二部　帝国内の初等教育制度の義務化」、「第三部　国民学校制度の植民地適用化」の三部構成をとる。章立ては次のとおりである。

　　序章　帝国日本における内外地初の共通の初等教育制度
　　　　　——国民学校制度の持つ問題性
　　第一部　植民地教育政策の帝国内部化
　　　第一章　戦前日本の教育政策の構造
　　　第二章　植民地教育政策の外部性から内部化へ
　　　　　　　——「国民学校令」で一元化された植民地教育政策
　　第二部　帝国内の初等教育制度の義務化
　　　第三章　日本内地の義務教育制度
　　　　　　　——近代の義務教育制度を考える
　　　第四章　植民地台湾における義務教育政策
　　　　　　　——統治者の目指した義務教育の実像
　　　第五章　植民地朝鮮における義務教育政策
　　　　　　　——初等教育拡充計画の「完成」に向かって

第三部　国民学校制度の植民地適用化
　　　第六章　「国民学校令」の植民地適用
　　　　　　──各「施行規則」における相応と相克
　　　第七章　植民地適用のせめぎ合い
　　　　　　──制度改正に(ママ)教育界の思惑と当局の対応
　結章　帝国日本の教育総力戦──その実態と矛盾
　今後の課題

　特に記載はないが、本書は2013年に一橋大学大学院言語社会研究科に提出された博士学位請求論文「帝国日本の教育総力戦－初等教育『国民学校』制度の研究」を母体としたものであると思われる。以下、各章の概要について記す。

　序章では、国民学校制度の持つ問題性を指摘するとともに先行研究を検討し、本書の課題を大きく二つにまとめている。一つは、枢密院会議における教育令の審議に着目しつつ、植民地の教育政策が帝国の中央政府という空間でいかに形成されたか、その過程を明らかにすることである。この課題に取り組んだのが、第一部である。もう一つは、国民学校制度と植民地における義務教育制度の問題をあわせて検討し、それらの相関を明らかにすることによって植民地における義務教育の実相を捉えることである。近代教育政策の一環とされた初等義務教育政策が、日本内地では1886年の小学校令によって明文化されたのに対し、植民地においては、台湾では1943年、朝鮮では1946年の実施とされたことから、著者は、植民地の教育政策が有する近代性はあらゆる側面において局限されたものであり、義務教育の実施もその一つであったと見る。そして、国民学校制度と植民地における義務教育制度の問題をあわせて検討するのは、植民地での義務教育の実施が計画されたのが国民学校制度の実施と前後することから、日本内地／植民地における義務教育制度と国民学校制度の関わりに何らかの関係性を見出そうとする問題意識による。この課題については、第二部と第三部で論じている。

　第一部、第一章では、枢密院及び帝国議会と植民地の教育政策の関係について、特に枢密院の役割を中心に検討する。続く第二章では、教育政策の発令が日本本土の中央政府という「内地」から発せられた点を

「内地／内部」的な政策とし、日本統治初期は「外部」にあった植民地教育政策の位置が、中期になって枢密院の審議に据えられて以来、着実に「内部化」し、1941年の国民学校令によって植民地教育政策の「内部化」が形式的に完成したことを論じる。

第二部、第三・四・五章では、内地・台湾・朝鮮の義務教育制度の発展過程を検討し、義務教育に向かった動きとその実現には、植民地の教育政策を日本内地に統合・接近させ、「内部化」させていった側面が含まれることを指摘する。「内部化」が進んだのは、中央政府が教育令を制定する権限を握るという教育立法の勅令主義によるものであるとし、「内部化」という観点から第二章での議論と関連づける。

第三部、第六章では、台湾と朝鮮が1941年の国民学校令をいかに現地に適応させようとしたのかを、「施行規則」の検討を通じて考察する。そして、「本土並み」に見える教育政策が目指していたことは、いわゆる帝国内の「平等」な教育体制ではなく、戦争の需要に対応し「国策」を円滑に進めさせるところにあったこと、「国民学校令」の理念が取り入れられしかも強調されつつも、その実施に関わる条項ではやはり台湾における当時の教育現状に即した調整が見られたこと、更にはこのような調整は植民地朝鮮でも見られたことを明らかにする。

第七章は、国民学校制度と義務教育政策に対する植民地の教育関係者及び知識人らと植民地当局の対応を、主に台湾の事例を取り上げ検討する。そして、台湾の教育会が国民学校制度の実施に戸惑いを隠せなかったこと、台湾の知識人が求めた義務教育は決して国のための義務教育ではなく、台湾子弟のための義務教育であったのが、実際は「権利」が極端に抑えられ、「義務」のみが強調されるものであったことを指摘する。その背後には、植民地における「人的資源」と「人的動員」への強い意図があったと見る。

結章では、本書全体の考察結果を次のようにまとめる。帝国日本は、「勅令主義」により植民地の教育政策を制御した。戦時期に入り総力戦体制が構築されると、内地と植民地に発布した国民学校令により教育政策の統合を迅速に推し進め、帝国日本の「教育総力戦」を本格的に始動することを可能とした。「教育総力戦」の急務は、人的資源の確保に直結する義務教育政策の実施であり、内地においては義務教育の延長、植

民地においてはその実施だった。植民地における義務教育の実施は、戦争に備え「人的資源」の「基礎的な錬成」を成し遂げることを目論むものであった。しかしながら、国民学校令を植民地において適用するにあたり、諸々の不条理も浮上してきた。そのため、従来の総督府の権限である「施行規則」で対応することになり、体裁上は「本土並み」に整えられたように見えても、実際は総力体制下の教育体系の差別構造が「施行規則」によって粉飾されたに過ぎなかったのである。これに対し、著者は「この事実を以って帝国日本が国民学校制度に寄与しようとした思惑を過小評価すべきではない」(253頁)と考える。なぜなら、「制度そのものの統合が大きな意味を持つから」(同)であり、「帝国日本は初等教育制度の堅持によって構築してきた『帝国秩序』そのものを覆す覚悟で『教育総力戦』に臨んだのであるが、その最初の最後での課題はまさしく自ら築き上げた『植民地帝国』に内包されたあまたの矛盾に、直面せざるを得なくなったから」(253-254頁)だとする。

　最後に、「今後の課題」として、国民学校の教科書の総合研究、国民学校制度への植民地の対応の究明、戦前・戦後の国民学校の連続性の追求などをあげる。

　巻末に付した「参考文献」では多くの頁を割き、「Ⅰ：史料・公文書・新聞」「Ⅱ：雑誌・書籍」「Ⅲ：国民学校関係」「Ⅳ：教科書史料」「Ⅴ：論文・単行本」に分けて整理している。今後この時代を研究しようとする研究者にとって、貴重なリストとなるだろう。

　評者が最も関心を持って読んだのは、本書の中心的議論がなされる第六章である。各地域の「施行規則」の分析を通じて、体裁上は整えられたように見えても、実施レベルでは国民学校令の多くを「適用セズ」にさせてしまったことを明らかにし、国民学校制度を「帝国日本が総力戦の『国策』と植民地統治の『現実』とのジレンマをあらわにする、一つの代表的な事例である」(214頁)と位置づけたことは、国民学校制度についての新たな知見を提供するものであり、高く評価できる。これは、地域横断的な視角から国民学校制度の問題に切り込んだことによって明らかにし得たことであり、本書は方法論的な点において一定の成功を収めていると言えるだろう。一方で、本書には次のような課題もある。

第一に、地域横断的な視角をとったとはいえ、議論がやや単純で、先行研究の批判的検討においても物足りない印象を受けた。例えば、第一章は、枢密院及び帝国議会と植民地の教育政策の関係について論じたものであるが、その内容は岡本真希子、久保義三、呉宏明らの先行研究[2]に重なるところが多い。

　また、第二章第１節に「図④『植民地教育令』の制定及び推移の概念図」（57頁）があるが、平板すぎるように思われる。「内地」では枢密院、内閣、帝国議会等が、「外地」では総督府、教育界等が植民地の教育政策に関与していたのであれば、こうした「内地」と「外地」双方の重層性を盛り込み、問題の複雑性を可視化すべきだろう。

　更に、第七章は、国民学校制度と義務教育政策に対する植民地の教育関係者及び知識人らと植民地当局の対応を検討したもので、特に教育の受け手側に焦点を当てた第３節は本研究の議論を深化させ得るものであると思われる。しかし、第３節で取り上げられているのは台湾の事例のみである。朝鮮でも1920年代に初等義務教育の実施を要望する声が朝鮮人の側からあがっていたことが、佐野通夫の研究[3]によって明らかになっている。朝鮮でのこうした事例も含めて論じてほしかった。

　第二に、先行研究の誤読や史実の誤認が散見されることである。後者について第二章での一例を挙げよう。第２節では、台湾が植民地化された当初は、植民地の教育政策の「外部性」の性質が存在したことの証左として、1898年の台湾公学校令を取り上げている。これは勅令として公布されたものの、その制定は枢密院の諮詢とはほとんど無縁のようなものであったとし、「内容には、<u>『教育勅語』</u>などの教育理念は<u>全く見当たらず</u>（下線は評者、以下同じ）」（60頁）、「教育制度の条文に限ってみれば、この時の植民地台湾の教育は、なお内地の『天皇制教育』の枠組みから外れていたものだと看做すことができよう」（61頁）とする。ところが、この台湾公学校令の翌月に発布された公学校規則の第三章「教授ノ要旨及教科ノ程度」第十条の修身に関する規程には、「修身ハ人道実践ノ方法ヲ授ケ日常ノ礼儀作法ニ嫻ハシメ且<u>教育ニ関スル勅語ノ大意</u>及本島民ノ遵守スヘキ重要ナル諸制度ノ大要ヲ授ク」[4]とある。本書の記述と公学校の教育内容を定めたこの文言は、矛盾してはいないだろうか。

　第三に、研究書としての完成度に疑問を付す余地があることである。記

述の重複や整合性のない記述が少なくなく、論の展開を追うのにいささか骨が折れた。例えば、第七章第6節「小括」で「義務教育はやはり急に打ち出された政策に過ぎなかった」（246頁）とまとめている。しかし、これは「台湾における義務教育への動きは、1937年（昭和12年）から議論が起こり、1939年（昭和14年）に本格的な準備が始まり、『義務教育実施要綱』が制定され、1943年（昭和18年）に実施する予定が立てられていったという流れであった」（242頁）や、「朝鮮における義務教育制度の実施は初等教育における一連の拡充の結果であり、唐突に打ち出された施策ではなかった」（240頁）といった、それまでの考察と矛盾する。評者にはどう理解すればよいのかわからなかった。

　また、全体を通じて日本語の文法的な誤りが多く、内容の読み取りに困難を覚える記述が少なくない。台湾大学の『日本学研究叢書』の一冊としての本書の価値を考えると、この点は非常に惜しまれる。

　以上のような課題は抱えるものの、方法論的にも、植民地の国民学校制度研究においても本書の貢献は大きい。今後、この時代の研究が更に深化することを期待したい。

　本書は日本国内でも中国書籍を扱う書店を通じて購入することができる。

（国立台湾大学出版中心、2015年）

註
1　渡部宗助「第4回日本植民地教育史研究国際シンポジウム―植民地教育史研究の方法についてのノート―」『植民地教育史研究年報』第4号、皓星社、2002年、205頁参照。渡部は「1990年代後半、植民地教育研究が『ブーム』とまで評されながら、小沢の提起した方法意識による研究はむしろ影を潜めている感がある。各研究者が特定植民地の特定問題を個別に研究する傾向が強まった結果、トータルな問題意識が希薄になっている」と2002年時点での研究動向を指摘しているが、現在もそれほど変わってはいないと思われる。
2　例えば、岡本真希子「枢密院と植民地問題―朝鮮・台湾支配体制との関係から―」由井正臣編『枢密院の研究』吉川弘文館、2003年。久保義三『天皇制国家の教育政策　その形成過程と枢密院』勁草書房、1979年。呉宏明「植民地教育をめぐって―台湾・朝鮮を中心に―」本山幸彦編著『帝国議会と教育政策』思文閣出版、1981年。
3　佐野通夫『日本植民地教育の展開と朝鮮民衆の対応』社会評論社、2006年、第2章参照。
4　台湾教育会編『台湾教育沿革誌』1939年、231頁。

図書紹介
松原孝俊監修
『満洲及び朝鮮教育史――国際的なアプローチ―』

山本一生＊・Ulrich Flick＊＊・山下達也＊＊＊

　本書は「帝国「日本」による被支配民族教育の比較研究」(2008年度―2010年度科研費基盤（B）、代表者：稲葉継雄）によって松原孝俊主催で開催されたシンポジウムと、アンドリュー・ホールを中心に2016年2月に開催された国際ワークショップ「李氏朝鮮末期・日本植民地期における教育と言語」など、複数のワークショップでの議論を元に金珽実とアンドリュー・ホールによって編まれた論文集である。朝鮮、満洲、さらに満洲における朝鮮人について、教育の側面から日本語・英語・韓国語の各言語で論じる。以下では言語ごとに論文の内容を要約し、本書の意義と課題を提示する。

　まずは日本語論文から見ていく。槻木瑞生「日本列島から見た在満朝鮮人教育史」では、まず近代日本での教育学と学校教育の役割について論じる。①「標準語」②「共通のシンボル」③「近代的知識」という、「型にはまった教育」を普及することで日本列島の多様な住民をまとめて一つの「国民」を作り出すことを明治政府は目指した。一方で江戸期より私塾などで展開された、自分の生活を自分の知恵で考える教育の流れがあった。それがいわゆる「新教育運動」につながり、広島高等師範学校関係者を通じて中国大陸に伝わったという。在満朝鮮人教育もまた多様であり、「国民を作り出す」ことを主眼としなかったが初等から中等まで一貫した学校体系を備えた日高丙子郎の光明学校のような学園があった。この学校の意義について、次章の花井論文が詳述する。

　花井みわ「満洲間島地域における日本の教育事業と地域文化変容―1908年～1945年―」では、間島における朝鮮人教育の歴史的変遷を

＊上田女子短期大学　＊＊東北学院大学　＊＊＊明治大学

分析する。1910年代に間島普通学校を中心に初等教育が発展し、1920年代に入るとその卒業生を収容するために私立中学校が設立された。しかし自然災害をきっかけに各校は経営難に陥る。その一校である永新中学校は朝鮮人社会から反発されながらも経営難のため日高丙子郎の光明学校に譲渡された。その後も経営難は続くが、財団法人光明学園を設立して総合学園となり、日本外務省の在外指定を受けて在学生に特典が付与されると難関校となった。花井はこうした難関校化を「民族の存在と発展のためには、自信を持つにふさわしい能力をつけることが、必要であった。そうした自信をつけるために、朝鮮人は当時の日本という敵のもっている武器を早く自分の手に入れて、日本に対抗するための実力を養成しようとした」(p.46) と結論づける。しかし本論では「民族」についての分析がなされているとは言い難く、いささか唐突という印象を受けた。そもそも、タイトルにある「文化変容」について本論では具体的な言及はない。

　金珽実「日本人と間島－斎藤季治郎を中心に－」では、日露戦争に参謀として従軍し、日露戦後に韓国統監府間島出張所所長として間島普通学校の設立に関わった斎藤季治郎について分析している。まず、斎藤が浙江武備学堂総教習時代に軍人養成学校としての同校の立て直しを提案して実行し、同時に浙江で陸地測量活動を行ったが、日露戦争勃発に伴い斎藤が帰国したために頓挫した。日露戦後、斎藤は韓国統監府臨時間島派出所の所長となり、間島をめぐる領土問題や「模範学校」として間島普通学校の設立を主導した。さらに韓国学部の教育制度を浸透させるため間島の朝鮮人私立学校を統制し、既存の「瑞甸書塾」を廃止に追いやった。間島は1909年の「間島協約」によって中国領として認められたため派出所は領事館に取って代わり、さらに韓国併合に伴い外務省だけでなく朝鮮総督府が間島に関わることとなった。

　朴永奎「韓国の学校行事－旧韓国の運動会を中心に－」では、旧韓末において運動会の導入と普及を通して、旧韓国学部の公立学校と地方の私立学校とが対立しつつも私立学校が学部のヘゲモニーに包摂される様を描く。1890年代末期は旧韓国学部主導による官公立学校の連合運動会が開催され、韓国皇帝への忠誠心という国家意識涵養の場として活用された。しかし1900年代はじめには財政難のために運動会は開催され

なくなった。転機となったのが 1904 年以降の日本による韓国保護国化である。韓国軍解散によって旧軍人が私立学校での軍事訓練の担い手となり、野外活動や軍事色の強い活動へと変化した。学部はこうした私立学校が連合運動会に参加することを拒否したが、方針を転換して連合運動会の参加条件として設立認可手続きを完了することを求め、運動会を認可の督促奨励に利用した。このように、旧韓国学部による「官製」の運動会が日本との関係によって変質し、1907 年以降「連合運動会」の開催をめぐって地方と中央、官立と私立とでヘゲモニー争いが展開された。

田中友佳子「植民地朝鮮における乳幼児愛護運動の展開－乳幼児死亡率の問題化、人的資源の涵養、児童の精神薫化へ－」では、朝鮮総督府が主導し、1930 年代に都市部において本格的に展開された乳幼児愛護運動に焦点を当て、1940 年代まで射程に入れて分析している。1926 年に行われた児童愛護講習会では、朝鮮人の方が内地人よりも乳幼児死亡率が低かったことにさほど注目されなかった。しかし 1929 年に生江孝之が朝鮮人の乳幼児死亡率の低さに疑問を呈したことが愛護運動を産前の優生学的方策へと転換するきっかけとなった。愛護週間は、京城帝大の医師によるラジオ放送を通じて、都市文化を受容する「新女性」に向けて展開された。放送言語は当初日本語のみであったが、1933 年以降に朝鮮語放送が行われ、愛護運動の対象者が在朝内地人だけでなく朝鮮人へと広がっていった。論の後半は、愛護運動を受容した「新女性」が参加した百貨店で行われたイベントや、優良乳幼児審査会を分析する。優良乳幼児審査会は 1930 年代後半に朝鮮各地で行われ、朝鮮の最優良児を決める一大イベントとなった。このように拡大した理由として、近代的都市空間で母親達の競争心や子供の成長への注意喚起が促され、「科学的育児法」の啓蒙が行われたためだと田中は指摘する。しかし日中戦争の勃発で、愛護運動の目標は乳幼児死亡率を下げることから、出生率の増加と精神薫化が強調されるようになった。こうした変化に「新女性」がどう対応したのか言及しておらず、今後の課題となろう。

黄鎬徳「政体と文体、ある韓末志士の言語遍歴、教養形成、言語政治学への実践－漢文字の盟誓、趙素昂の銭玄・声明・綱領と『韓国文苑』を中心に－」は、上海で成立した大韓民国臨時政府の代表的イデオローグである趙素昂を取り上げる。1919 年「大韓独立宣言」「大韓民国臨時

政府臨時憲章」1940年臨時政府「建国綱領」などといった「盟誓書」を主な分析対象とし、亡命政府の国家としての正当性と交戦団体としての国際法的な承認を受けるという合法性を、趙は漢文脈・国脈（ハングル）・欧文脈に絡ませながら訴えた。趙は古典の引用（引古説）を通じて、固有主権の論理を訴えた（p.299）。それは単に古典的な慣習に従ったのではなく、正当性と合法性を論理的に体系化するためであった（p.285）。それは同時に、中華民国国民政府への外交文書での中文と原文との概念の一致を見た。一方で、亡命先の上海と植民地朝鮮での言語環境が古典漢文と国字（ハングル）とに分裂し、亡命家たちの文体はハングル化が急速に進んだ解放後の植民地朝鮮において「過ぎ去ってしまった未来」となってしまった。本論の研究対象ではないが、臨時政府を最初に承認した中華民国国民政府において、趙の国文での外交文書や宣言の受容や影響関係の分析といった研究課題も浮かび上がろう。

（山本一生）

次に、英語論文について見ていく。Hall, Andrew "The Manchukuo Education Bureaucracy: Japanese New Education reforms and a clash of ideologies" は満洲国における教育行政の構造とその推移を分析し、それに関わる中心人物と彼らの背景を新教育運動とそれへの対立から明らかにしている。満洲国建設後、教育行政も関東軍の監督下に置かれ、日本人官僚が担った。現地の日本人官僚では南満州鉄道株式会社が運営した教育専門学校の関係者を中心に満鉄関係の教育者が主力となった。同校は新教育運動の影響を受けていた。一方、内地から派遣された官僚が主に内地延長主義を主張し、現地の日本人官僚と内地から赴任した日本人官僚の間で思想的な衝突が起こった。その結果1934年末から1935年にかけて多くの満鉄関係者が文教部を離れ、新たに教育官僚が配属されたため、1935年までに対立がおさまった。そのため、1936年に教育制度の改革が着手され、1937年に「新学制」が公表され、翌1938年より実行された。Hall氏は新学制を当時内地や満洲国で展開された保守的な国家中心主義と新教育運動の保守派の連合と見なす（p.91）。こうして満洲国では、最終的に時代の流れに屈したものの、新教育運動関係者も積極的に政権へ関与し、一時的ではあったが自分のアイデアを実現で

きる場を作ることができたと結論づけた (p.98)。

Wang Wenwen"Overall Trends of Female Secondary Education in Manchukuo" ではこれまで研究対象としてあまり注目されてこなかった満洲国における女性の中等教育に着目し、統計データをもとに分析を行う。満洲国建設以前の女性中等教育の状況や中国で行われてきた研究を中心に先行研究をまとめ、統計データの分析を通じて満洲国建設後の女性中等教育の推移を把握しようとしている。満洲国建設当初は女性中等教育が拡大する傾向にあったが、1938年に「新学制」が実行されるとその規模が一気に縮小した。「新学制」前の規模を上回るのは1941年になってのことだった。本論文では満洲国政府は女性中等教育に力を入れ、重点が一般教育より職業教育に移ったと解釈するが、議論に若干曖昧な部分もあり、より深めるのが望ましい。さらに先行研究が中国の研究に偏っているように思われる。

Hall, Andrew "First steps towards assimilation: Japanese-run education in Korea, 1905-1910" は大韓帝国が日本の保護国とされた時期を対象に、日本側行政官の記述及び国語教科書と日本語教科書を考察しながら、大韓帝国において日本側が行った教育の背景と経過、そしてその目的を検討する。日本側は教育を重要視し、統制を強めながら教育行政にあたり、直ちに教育制度の改革に着手した。名目上独立国であったため、積極的な同化教育は行うことができなかったが、韓国と日本を対照しながら、新たな韓国の国家像と位置づけを教授しようとした (p.156、p.186)。日本は日本帝国に協力的な学生を育成することを目的として教育を作り替えた。日本人官僚は朝鮮人の教育熱を意識し、社会的上昇を保障する手段としての公立初等教育を提供することが統治の正統性を得る鍵であることを知っていた (p.188)。日本側は公教育の普及にそれほど力を入れなかったが、韓国併合により教育への日本側の統制が完成した。これまで英語圏ではほとんど研究されていないため、英語圏の研究活動への貢献を期待できる。ただし教科書が重要な一次資料になっているものの、参考文献に取り上げられておらず、書誌情報が不足しているという印象がぬぐえない。

Yuh, Leighanne "Contradictions in Korean Colonial Education" はアイデンティティ形成に焦点を当て、朝鮮における植民地教育を思想及び

社会の側面より分析する。教育理論を踏まえながら、朝鮮における植民地教育の背景をまとめ、主に教科書の考察を行う。本論の書き出しでも取り上げられるが、Yuh 氏は教育の内容より皇国の臣民としての同化及び朝鮮人として日本人との区別の明確化と日本人より低い位置づけと言った差別扱いの矛盾を読み取り、そこを植民地教育の重要な特徴と見なす。特に韓国における先行研究で徹底した同化と朝鮮人とするアイデンティティの撲滅が植民地教育の狙いだったと主張されているが、Yuh 氏は同化運動が一番激しい時期でさえ朝鮮人を日本人と同じものにし、差別扱いを取り消す動きがなかったと反論する（p.209）。同化は支配者である日本人にとって都合が良かった一方で、自分のアイデンティティを保護する必要があったことが原因とされる。ただし本論は理論に言及する際に内容との繋がりが見えていない場合があり、論が飛躍することがあるため読みにくいように思われる。

Solomon, Deborah B. "Intersections of Gender, Nationalism and Public Protest in the 1929-1930 Kwangju Student Movement" は1929 年に発生した光州学生運動において、当初から男子学生と女子学生がともに参与し、1930 年 1 月以降女子学生が主な担い手になったという主張を前提に、ナショナリズムとジェンダーの相互関係に焦点を当てながら、当時の女性による抗議活動についての報道および植民者側の記録と分析を考察する。朝鮮側による報道と日本側の報道における認識、そして植民地の行政機関による認識と抗議運動に参与した女性活動家の自己認識の間に大きな差があった。Solomon 氏は抗議運動がそれほど長く継続し、1930 年に入ってから規模をさらに拡大できたのは、女性活動家によるものであったと指摘する。女性活動家が取り締まりの対象ともなったにもかかわらず、彼女たちの役割が日本側より軽視された。そのため支配者の先入観が戦後の研究にも大きな影響を与えた。それに対して本論では女性活動家が主体的に行動した史実を強調している。テーマと資料の分析は興味深いが、女性の役割が強調され、最終的に男性の役割を超えたと繰り返し主張される一方で、その情報の根拠が一切取り上げられていない。著作者の論旨にかかわっているので、具体的な情報が欠かすことができないと思われる。

Pieper, Daniel "The Attraction and Repulsion of Empire – Education and The Linguistic Landscape in Post-Liberation South Korea, 1945-1950" は日本の敗戦にともなって韓国が解放された後の最初の5年間を対象に、言語政策とそれに関連する教育政策を分析し、言語が教育を通じて知識の定義と普及にどのような役割を果たしたか、さらに思想対立の中で言語をどのように位置づけているかを明確にすることを目的とする。研究対象の時期は戦後に韓国と北朝鮮に分かれて発展するという根本的な方向性を決める出来事が発生した。それは現在までその影響が及んでいるものの、ほとんど注目されてこなかったという。Pieper 氏は言語思想の定義や植民地の意識支配の理論などを取り上げながら、言語政策及び関連する教育政策を考察する。そうした政策の転換と方向性を分析することで、かつての植民地支配者の日本及び占領者のアメリカを模倣しつつ対抗する点を主な要素として析出し、政策の方向性が模倣と対抗という葛藤の中で決まったことを読み取る。Pieper 氏はさらに、その葛藤を戦後の韓国の言語政策と教育政策における交雑性の原因と見なす（pp.321-322）。

(Ulrich Flick)

　林相錫の「近代啓蒙期韓国の雑誌に翻訳された帝国主義―幸徳秋水と内村鑑三の場合―」は本書に所収された唯一の韓国語論文である。同論文は、近代啓蒙期の韓国において翻訳された幸徳秋水の『廿世紀之怪物帝国主義』（以下『帝国主義』）と内村鑑三の『地人論』の翻訳方法およびその特徴を明らかにしたものである。また、ふたつの翻訳が当時の韓国に与えた言語的、思想的影響についても検討を行っている点が特徴として挙げられる。林論文の第一の意義は、漢文の伝統的体法の原則によらない日本語の著述がどのように翻訳されたのかについて具体的に明らかにしている点である。このことは、日韓の漢文使用に対する文化的差異、言語慣習の淵源を窺ううえでも重要である。第二の意義は、幸徳と内村の著作が当時の韓国に与えた思想的影響を限定的にであれ、明らかにした点にある。特に、『帝国主義』の翻訳が、韓国近代啓蒙期の言論が持つ潜在性をより豊かなものにしたといえる一方で、翻訳の精度という観点から、社会主義やアナーキズムの萌芽を胚胎した幸徳の非戦論や反軍国主義という思想を翻訳によってどれほど効果的に伝達できたのかについ

ての懐疑を促している点は興味深い。

ただし、幸徳と内村の翻訳が検討されることに意義があることは充分に理解できるものの、同時代における他の思想の翻訳状況やその中での二人の翻訳の位置づけについての説明が十分でないため、論文のタイトルでもある「近代啓蒙期韓国の雑誌に翻訳された帝国主義」という大きな文脈の中で、研究対象が持つ意義を捉え、理解することがやや困難であった。

(山下達也)

以上、本書の概略を示した。しかし、本書は論文集であるために執筆者によるコンセンサスがあったとは言い難く、それ故に以下のような問題点があると思われる。

第一に、まず編集上の問題である。史料の引用間違いや、誤字脱字が多く見られる。これは、編集者によるチェックが行き届いていないことを窺わせる。

第二に、引用を註で示しておらず、先行研究で示されている見解を独自の見解であるかのように読めてしまう部分が見られる。

第三に、用語の不統一、説明不足が取り上げられる。専門用語の韓国語名・日本語名・中国語名が取り上げられているものの、英語表記との不統一が見られる。そうした専門用語を統一した上で、用語集が付されていると読者の利便性を高められたであろう。

とはいえ、本書は九州大学の関係者による多様かつ深みのある議論の集大成と言える。今後はこの分野での研究において多く参照されることが望まれる。

(山本一生)
(花書院、2016 年)

V. 資料紹介

日本統治下朝鮮の学校経験
――池明観氏の場合――

李省展*・佐藤由美**・芳賀普子***

1. はじめに

　池明観氏といえば、T・K生のペンネームで雑誌『世界』(岩波書店)に連載された「韓国からの通信」で著名な方である。多くの日本人の協力と世界的なネットワークのもとで、東京から、世界中に向けて韓国情報を発信していた。朴正熙独裁政権を海外から批判し続け政権の崩壊をもたらした要因の一端を担ったことから、氏や氏を支えた呉在植、安江良介、中嶋正昭、東海林勤、倉塚平の各氏らが韓国政治の民主化に果たした役割は大きかった。

　池明観氏は、被教育の体験と併せて教育者としての多様な経験を有している。それも、植民地期の初等教育の教員から、解放後も韓国そして日本で初等・中等・高等教育に教育者として携わった。その意味で、筆者たちのプロジェクトで取り上げた一連の人々の経験[1]とは異なる要素を有している。また氏が平安北道の定州で生まれ育ったことも氏の人生にとって特徴的な事柄である。中国との国境沿いでの人生経験は、氏が中国で学ぶこととも繋がっていると考えられる。また当時の朝鮮北部は、キリスト教が朝鮮では最も栄えた地域であり、氏が学んだ平壌は当時「東洋のエルサレム」と称され、多数の教会と共に、ミッションスクールとミッション経営の病院が混然一体となっていた[2]。そして氏が生まれた定州は李昇薫がキリスト教主義の五山学校を1907年に創設したところでもある。さらに生まれ故郷の隣の宣川は、著名な歴史家であり宗教家であった咸錫憲の生地でもあるが、当時、宣教師からはホーリー・シティ

---
*恵泉女学園大学　　**埼玉工業大学　　***出版社自営

と称されたキリスト教が非常に盛んな地域であった。このような宗教環境から、氏は教会付設の幼稚園で学び、母親と共にキリスト者となっていったと推察される。

今回のインタビューを通して明らかになったことの一つに、氏が普通学校に入学した 1930 年以降の教育状況の変化がある。それは端的にいえば植民地教育の浸透を物語るものである。3・1 独立運動直後は、ミッションスクールに志願者の増加が見られたが、その後の私学は、植民地教育体制へと急激に取り込まれていった。30 年代は、初等教育の強化政策として、「一面一校」(1928 年～) が進展、深化されていく時期であったし、37 年以降は日中戦争を背景として、全体主義が浸透していき、強力な同化教育がなされた。そういう中で、もはやキリスト者であるからミッションスクールへと進学する時代ではなくなっており、教育の序列化が進展していく中、高等普通学校進学者からは学力が低いと一般私立、ミッションスクールは侮蔑の対象となる時代を迎えたのである。今回、氏の証言として、その一連の経過が生々しく語られた意義は大きい。

皇民化教育に象徴される全体主義が強化されていく中で、朝鮮語小説を耽読していた池明観氏も、皇民化に疑問を抱かなくなり、師範学校卒業後は故郷の初等教育機関の教員となるものの、いつしか徴兵制に積極的に応じていく皇国青年へと転じて行った。しかし植民地支配は一様ではなく、その間隙を縫って、民衆に語り継がれていった流言の存在も今回のインタビューから明らかにされた。それは神社参拝の強要に対して抵抗した崇実学校・専門学校に関する噂であったり、白頭山で金日成という英雄が日本軍相手のゲリラ戦に大活躍している噂でもあった。また憧憬と民族主義の隘路から、当時の東京は、植民地の現状と比して、相対的な自由を享受する憧れの対象であったことも明らかにされている。また解放後は、今度こそ自分たちの理想の教育を追求しようとしたのであったが、南北の政治的対立に翻弄され、氏は学校教育自体の揺れと変遷を経験せざるを得なかった。このような政治権力と教育の関係性は、現代もなお残る大きな課題である。

解放後、新たな教育を展開しようと意気込む中でも、朝鮮語がなかなか出てこず、儀式の中で思わず日本語が出てしまう事態に対して教員も子供たちも互いに笑い飛ばす雰囲気が存在したエピソードが語られてい

る。氏はこれを「同種同罪」と表現しているのだが、そこには実は深刻な問題が潜んではいるものの、民衆の逞しさも感じられるエピソードではなかろうか。

本研究資料をまとめる過程で、池明観氏と幾度となく交信した。その中で、氏は植民統治下の多様な朝鮮人の生きざまを語り継ぐ必要性を強調されていた。本研究資料が、その一助となってくれれば真に幸いである。

2. 池明観氏の学校経験 ―インタビュー記録より―

池明観氏へのインタビューは、2015年8月6日に池明観氏の東京宿泊先である文京区の富坂教会会館にて14時から17時半まで約3時間半にわたって行われた。インタビュー者は李省展・芳賀普子（東京女子大小檜山ルイ氏同席）である。池明観氏の貴重な証言は日本統治下にとどまらず、解放後の学校経験にも及んでいる。以下の記録は、芳賀によるインタビューのテープ起こし原稿を池明観氏に点検していただいたうえで、筆者らが記録として読みやすいように編集・加工して収録するものである。したがって文責は筆者らにある。

幼少期から公立普通学校時代

池明観氏は1924年10月11日（陰暦では9月13日）に平安北道定州で生まれた。定州はキリスト教の影響の強い地域で、池氏も教会附属の幼稚園に通った。卒園後は定州公立普通学校に入学する。地域にはキリスト教系の私立学校もあったが、当時（1930年代初頭）は学校の序列化があって、まずは公立普通学校の入学を目指すのが常道だった。公立普通学校では入学者の選抜が行われていた。クリスチャンだからキリスト教系の私立学校を選ぶという時代ではなくなっており、貧しい者が私立学校へ行くという風潮もあった。ここでは池氏の生まれや家族との暮らしなど普通学校時代までの内容を記録する。

家族について：父の名まえは池応河(チウンハ)といいます。母の名まえは崔元河(チェウナ)で

す。「元河」は結婚してから夫の名前と関連づけて名付けられました。当時、女性は、結婚前は通称、まぁ愛称で呼ばれ名前がなかったんです。結婚して初めて一人前として戸籍上の名前がつくのです。それで、下の名前は父の名前の「応河」の漢字を一字もらって付けたんです。私は一人息子です。私がまだ幼い3歳の時、父が精米所の事故が元で肋膜を痛めて、今なら助かるでしょうが、それが悪化して肋膜炎になり亡くなりました。父の葬式のことは覚えていないけれど、父が病気療養中に、家の周りをまわりながら心配した記憶が残っています。小学校に入った頃、その話を聞いたからかもしれません。父が亡くなったのは母が31歳の時、そして母は33、34歳の頃から教会に行き出しました。

定州教会と幼稚園：小さい頃の教会のことが記憶にあります。教会の幼稚園に行きました。幼稚園は教会の敷地にあって、教会会員の子弟は幼稚園に通っていました。一般の家庭、クリスチャンではない家庭の子どももいたけれど、そう多くはなかった。定州教会の定州幼稚園で、園児は20〜30人くらいいたでしょうか。男の子も女の子も一緒で、色々な遊戯とか、もちろん聖書の言葉とかを教えていました。積み木などもありました。充実した生活でしたよ。幼稚園の遊びでは、運動は嫌いでね。床は板でしたが、踊りもしましたよ。踊りながら回るのですが足を交代させながら踊るのは苦手でからかわれたりしてね。幼稚園の先生は、当時、ソウルにあった幼稚園の先生になる学校、保育専門学校の出身です。大体、小学校を出たくらいの学歴で入学して3年間勉強する。それは、もちろん教会がやっている学校でした。教会の教派は長老派教会[3]。日曜日になると子どもも大人も朝から参加して、午後になると子どもだけの礼拝があった。大きな教会で信徒の数は、100名は超えていたでしょう。

定州と宣川：定州には外国人は居ませんでした。教会の隣は警察署でして、そこには朝鮮人の思想犯などが捕えられていて、私の母方の叔父も左翼でそこに捕えられていました。定州というところは非常に日本の統治機構が厳しいところでした。隣の郡の宣川というところは教会が盛んな所で、クリスチャンが多く、人口の半分がキリスト教徒で、植民地

時代にアメリカ宣教支部があり、学校は信聖学校（高等普通学校）[4]、保聖女学校（女子高等普通学校）[5]、二つの中学校と小学校[6]、ミッションスクールがあった。そして、教会は長老教会で北教会と南教会、いや、東西南北4つ、全部で5つぐらいの大教会がありました。北朝鮮には、神学校[7]があり、有名な牧師を輩出していましたね。アメリカ系の大きな病院、ミドン病院といったかなぁ、があった。定州は京義線が通っていて平壌から汽車が出発すると新義州までの距離の真ん中が定州。定州から古邑へ行って、1〜2kmくらい離れた西北のところに五山学校[8]、もありました。

定州公立普通学校への入学：定州公立普通学校[9]では、私が入学するときにはもうすでに口頭の入学試験がありました。1919年の三・一独立運動以降、徐々に公立入学生が増えたんです。家庭的に貧しいか、学力が低いと私立に行くという傾向になっていたんです。面接は朝鮮語で受けたと思います。試験内容は、家族のこととか色々聞かれました。子どもが健全であるか利口であるかを判断される。志望者の半分しか入れない。入れた時には皆が喜んでね。6歳で学校に入りました。大きな峠を越えて城内に入り、そこから学校まで1キロくらい歩く。基本的には農村の田園風景ですね。日本人街と朝鮮人街があり、山の方に朝鮮人街があって、駅前の日本人街には日本人の小学校があって…。住んでいた所は、朝鮮人街のはずれのリンゴを作る果樹園の中の雇人が住む離れの部屋で[10]、そこで豆腐を作って売りながら生活していました。その後、果樹園の向かい側の丘のあばら屋に移って豆腐を作る母親と二人で暮らしながら普通学校へ通いました。

母親と二人の暮らし：近くには祖父と叔父の家がありましたが、2キロくらい離れていました。小作農で、我々が助けられることも、祖父の家庭から圧力をかけられることもありませんでした。私の母の方がクリスチャンで多少「新式」でした。母がクリスチャンになるきっかけは、その後に移り住んだ家主のお婆さんの勧めによってでした。母親は全然教育を受けていなかったから、教会でハングルを習い、勉強して聖書も読めるようになって、教会婦人部長もやるようになりました。母にとって

キリスト教徒になったことは生き甲斐になっていたでしょうね。だから、私が教会をさぼったりすると大変でしたよ。殴る時もあるくらい叱られました。一週間に一度、午前が聖書勉強で、午後が正式礼拝。こどもの正式礼拝も大人と別にあったから、週一回教会へ行けば3時ごろになって、一日中遊べないでしょう。時にはこっそりさぼったりして遊びましたよ。

普通学校時代の遊び：日本と同じでね、札遊び「めんこ」も入ってきていて、取られてしまうと私は買えなくてね。つらい目にあってね。それから、よく、山に登って草に火をつけて、その上を転がって消しながら降りる遊び。燃え広がって大変だったこともあった。危険な遊びでしたが、まぁ、よく火をつけて遊びましたよ。「チェッキ」という遊びもした。昔の銅貨のお金は真ん中に穴があいているから、穴に半紙（韓紙）を通して、それを蹴って遊ぶ。蹴鞠のような遊びで、蹴るごとに数えて、長いこと蹴った方が勝ち。日本の遊びにはないですね。水遊びはよく川でやりました。ボール遊びも広まっていましたよ。それから独楽遊び。独楽が買えなくてね。じゃんけんして負けたら馬になる「馬遊び」。父親がいないということで、やはり周りのこどもからいじめられたりしたことはありました。男の子と女の子は一緒に遊ぶことはなかったです。学校のクラスは原則別だし。人数をそろえるために一緒になるクラスはあったけど、男女7歳で席を同じくしない時代だったから。

普通学校での勉強：普通学校での得意科目は算数。算数が好きでした。日本語が毎日1時間、週5時間くらい。朝鮮語は週3時間。教科書はみな日本語でした。この時、日本語を覚えたのです。算数の授業も日本語です。音楽も朝鮮語の歌はほとんど教わらない。我々の時は、ほとんど日本語の歌。覚えている歌は「夕焼け小焼け」、あとは軍歌になりますね。体操の時間は徒手体操と鉄棒程度、いつも怒られる方だったから、好きではなかったです。普通学校5、6年生の頃に週1回ほど、午後に農場で実習をしました。大体、学校の農場に行って草取りや種を播いたりしましたが、科目として農業や実業の授業を教室で勉強した記憶はないような気がします。

平壌高等普通学校時代

　1936年3月に公立定州普通学校を卒業すると、池氏は4月に平壌高等普通学校[11]へ入学した。翌37年には日中戦争が勃発、自由な学生生活を送れたのは1年生の1年間だけだった。国語常用や奉安殿への敬礼、神社参拝、君が代斉唱、創氏改名といった戦時下の諸政策に否応なしに向き合わざるを得なくなる時代に入った。教会やキリスト教系の私立学校も存続が難しくなった。池氏は家庭の経済事情[12]もあり、一時期は仕事の糧を求めて北京に行った母親を追って北京で暮らしながらも平壌に戻り、高等普通学校を卒業後、新義州の師範学校講習科に入学。教師となって皇国臣民教育の担い手となることを決断する。

平壌高等普通学校への入学：平壌に行くことになったのは普通学校の担任の鄭稟仁先生の影響[13]が大きかったです。普通、担任は毎年変わるんですが、鄭先生は6年間変わらず受け持ってくれたんです。マルキストで熱心な教育者でした。平壌は定州の田舎から行くと全く都会でしょ。田舎者といって差別されたんです。平壌高等普通学校には220名入学して4クラス。平壌高等普通学校の隣が萬寿普通学校、その校門に向き合って上需普通学校[14]がありました。規模の大きな学校で沢山入って来るので、上需普通学校出身の連中が高等普通学校を完全に牛耳っていました。当時の制服は「小倉服」といわれる詰襟服でした。平壌には公立の女学校が二つ、駅前に日本人女学校の平壌公立高等女学校[15]が、もう一つは平壌西門公立高等女学校[16]で、平壌公立高等女学校に比べてランクが低いと馬鹿にされた所がありましたよ。

教会の鐘の音：平壌の教会の鐘の音はクリスチャンにとってはなつかしい響きでした。早朝礼拝のために日曜日の朝早く5時頃に鐘を鳴らすから、クリスチャンでない人はうるさいと思ったでしょうね。平日はどうだったかなぁ。その頃は平日には早朝礼拝などなかったですから。朝5時に教会の鐘の音で起きて教会に行ったんですね。農民などもそれで起きる。平壌では近くの倉洞教会に行きました。学校の近くには他にも大きな教会、長老教会では曺晩植[17]が通っていた山亭峴教会もありました。

他にも有名な西門外教会がありましたし。ただ、中学校[18]に通うころから教会は受難の時代に入りました。教会が無くなったり、多くが礼拝に行かなくなったりしました。

奉安殿と神社参拝：朝鮮の学校では、日中戦争が始まって私が3年生になった頃から奉安殿ができました。小さな祠でしたが、校門を入ってそこを通らないと校舎に入れないから全員がそこを通って敬礼する。天皇の写真が飾ってあり、集会では「君が代」斉唱はしょっちゅうでした。校舎は赤煉瓦の4階建てで、校舎中央の背後には渡り廊下を介して講堂があり、校舎の中央真正面には朝礼台があった。運動場の左側にはセメントで作ったスタンドがあり、その背後が西洋人長老派宣教師の村、左はずれにアメリカの長老派の宣教支部があって、教会があった。平壌の山手の方に我々の学校があった。校舎の左側は道庁、その前の通りを渡ると牡丹峰でした。そこに神社があって、月に二回、各学校が同じ日に神社まで行進して参拝しました。学校ごとに参拝の順序があって、師範学校が最初で、日本人学校の第一中学校が二番目、我々の第二中学校が三番目という順番で行進していきます。

神社参拝問題：私の教会の牧師は神社参拝をして、解放後は懺悔をしました。神社参拝を巡って、学生たちの間で話は盛んでした。流言飛語のような噂が多かったですし、朝鮮語でそんな内容の話をしていると、内容も内容ですし、国語常用の時代ですから、学校内では聞き耳を立てている日本人教師に引っ張られて殴られましたよ。長老派は神社参拝を拒否しましたから弾圧されて…。メソジストは神社参拝をしてでも学校を残したいと思ったのですが、長老派はちがっていた。崇実学校[19]は参拝をめぐって闘って閉鎖されます。でも、私たちの間の噂話では軽蔑の対象になっていた面もありました[20]。社会主義については、我々の2,3年くらい前までは影響があったようですが、我々の世代はすでに「大和魂」に洗脳された世代なのであまり強くはありませんでした。神社参拝問題と向き合った学校として、平壌には、崇実学校と、女学校はメソジスト系の正義女子高等普通学校[21]と長老派の崇義女学校[22]、そして、先ほど話したように日本人女学校の平壌公立高等女学校が駅前に、もう一

つ平壌西門公立高等女学校がありました。

理系から文系へ：学科では数学が大好きで、成績も1、2位を争うくらいだったんですが、2年生の時から数学の勉強をやめてしまいました。もともとは理論物理学をやりたいと思っていたのに、教会の影響もあり、民族的になったといいましょうか。早熟だったのか、朝鮮語の小説を耽読するようになりました。李光洙の小説は中学1年の頃から読んでいて、その頃から文学に傾くことになったのか、理科系から哲学に心が変わりました。クラスの中で朝鮮人作家を読んでいるのは私一人くらいでした。朝鮮語で大っぴらには読めないので、平壌から定州に帰る帰省の電車の中では刑事が調べに来るので、朝鮮語の本を一度、捨てておいて後から取りに行ったりしました。色々な本を読みましたが、日本人作家では、今はあまり聞かれないけど島木健作を、あの当時、ほとんどの作品を読んでいるんじゃないかな。作家として魅せられたのは島木。左翼から転向して、肺を患って早く死にますね。

記憶に残る先生：平壌高等普通学校には日本人の先生が40人くらい、朝鮮人の先生は4人くらいいました。朝鮮人の先生のなかには、京城帝国大学で朝鮮語学を専攻した先生もいて朝鮮語を教えていました。随意科目になってもその先生は朝鮮語を教えていましたが、1938年に随意科目ですらなくなると日本語「国語」を教えました。京城帝大で哲学を専攻した先生が社会科系の授業を持ったんです。我々の一番の先輩にあたる我々の学校を出た先生が数学を教えました。日本人の先生とはあまり話ができなくて、私的な話をするとすれば朝鮮人の先生ですね。そういう朝鮮人の先生に手紙を書いたりして「次の学年の編成では、私をあなたの生徒にしてくれ」なんていいました。かなえられなかったけれど。数学の先生にはかわいがられましたが、その後、数学をやらなくなったりして、彼の授業では厄介な生徒になったでしょうね。

日本人教師の記憶：生徒たちみなに知られている日本人のいい先生は同志社大を出て、そのころは珍しいクリスチャンの岡本先生でしたが、でも彼は学生（生徒）との交わりはなかった。京城大で国史科を出た一色

という先生がいましたが、学生（生徒）との話合は避けていましたが、彼は左翼の色合いを少しずつ出していました。「東洋人同士で戦争をするなんて」と、呟いたりしました。それだけでもひそかに話題になったりしたものです。「人を殺せない」と最前線に立って非常に心苦しかった話もしたのですが、一回だけ中国人の死体を蹴ったことがある、それは自分の最愛の戦友が死んでたまらなくなったからだ、と漏らしていました。その言葉が記憶に残っていますね。

北京行き：母のやっている下宿屋もあまりうまくいかなくて、生活することが難しくなってきたので、学校の成績も落ちてきました。当時、母は平壌で間借りをして下宿屋をしていました。大体部屋は3つか4つ、一つの部屋に2人くらい入りますが、戦時体制になるとその経営も難しくなりました。そこで母は北京に行くことになります。私も学校に籍をおいたままで、中国に行きました。中国に対しては観念的には親近感がありました。同級生の中には八路軍に脱出していくのもいましたが、私は一人息子だからそれはできなかったけれど、八路軍に入ることに憧れたりしました。八路軍に入って将軍になった人がいるという噂が耳に入ってきたりしてね。ソウルに対しては遥かに遠い所という気持ちでした。日本の東京に対する気持ちと共通している所もありましたね。東京に行こうという気持ちは無く、戦争に入っている時だからから東京に行きにくいという思いはありました。でも、友人の中には行った人もいて、東京は、少しは自由だろうなあという気持ちでした。日本に対してはコンプレックスがあって、憧れながら抵抗しながら、心の中には葛藤がありました。

創氏改名：1940年に北京から帰ってみると、220名くらいいた同級生が退学させられたりして210名になっていて、その中で創氏改名をしないでいるのは、クラスでは私一人、隣のクラスにもう一人で、二人だけなんですよ。もう一人は、金興漢[23]といって、民族主義的な弁護士の息子。この二人だけ。創氏改名するまでは「お前は池か、池か！」なんてそりゃぁ、いじめられましたよ。1943年でしたか、師範学校へ行くために裁判所まで行って創氏改名をしてからは池野哲の名前となりました。

そのころから哲学が好きでしたから。新義州師範学校講習科[24]に1年間通い、定州へ戻ります。師範学校に行って小学校の先生になるんだから、日本の政策に反対していると思われるとまずい、創氏しなきゃならないと、師範学校に入る直前、裁判所に届けたんです。

教師への道：そういう苦痛をなめて師範学校に行った時には、もう日本人化された教師になるつもりで、徹底的に皇民化教育を担おうということになってしまったんですよ。違和感なしに小学校の先生になったし、戦争に出たら皇軍兵士になると、徴兵第1期生で徴兵検査も受けました。第1乙種[25]でした。それで教員になったけれど、勤務校の校長は悪しき日本主義者といえる古川という日本人で、極端にいえば、賄賂を持っていかなければならないという人で、彼とは仲が悪かった。私は追放されてもかまわないという気持ちで彼に抵抗したのでいじめられました。授業では楠木正成、正行なんかを教えたりしているものの、日本人校長とは仲が悪くて、生徒たちからはいい先生と思われていた、と思います。日本人教師とは仲が悪かったのですが、でも、どうしてか同期の日本人の女教師たちとは仲が良かったです。

8月15日を迎えて：1945年4月には定州の国民学校（定州朝日国民学校）の教師になっていました。戦争末期でもあって、できるだけ自分の故郷にもどして教員をさせるということになっていたので、母校に帰って勤めていたのです。そして8月15日、解放になって当惑しますよ。その時は皇国青年になって教えていた訳ですから。教室はソ連軍が入る直前には満州から引揚げてきた日本人の兵士たちによって宿舎に使われていた。ソ連軍が北の咸鏡道に入って来て、引揚げてきた人たちは女性子どもが多かったですが、学校の多くの教室に一杯でした。そんな時に解放になるのですよ。7月20日ごろから夏休み、夏休み終わりになっても教室は占領されているので学校は始まらない。2週間位、2学期の始まりは遅れてしまいましてね。

解放直後の当惑：当惑しましたよ。生徒たちに号令をかけようとしても、日本語しか出ない。しばらく考えないと出なかったりして、生徒たちも

日本化されているから、日本語が出たらワーッと笑ってみんな同種同罪というか。これからはまともな朝鮮人にもどらなければならない、といっても、戦争直後には先生も生徒も同じような苦しみの中で当惑していた共通した気持ちがあって、別に違和感はなかった。生徒たちを教育しにくいという気持ちは無かった。でも、すぐに共産主義が入って来て、教室では新しい教育をしなければならないと強要されて、我々は迷う訳ですよ。解放後初めの頃は、金九、李承晩の肖像、それも写真ではなく我々が描いた似顔絵を掲げて、「偉大なる愛国者」という称賛の言葉で教えていたのに。10月頃には金日成が現れてすべてが変化するのです。指令がきて、壁画の金九、李承晩などを漫画風の悪人に変えて罵ることを教えるようにという命令でした。日本統治時代の教師であった私は、恥ずかしい教師だった。そしてもう一回、自分が教えたことで、恥ずかしい思いをするようでたまらなかったですね。普通の人はそういう事態に追随していくかもしれないが、自分はそうあってはならないという気がして。ちょっと違うんじゃないかと思っていて。校長なんかは「お前の気持ちはよく分かる」と共感してくれましたけど。そんな時代でした。

3. おわりに

　インタビューでは、解放後、変転する朝鮮半島北部における教育体制の推移と、その教育現場を体験した池明観氏がどのような進路選択をしたのかについても語られた。日本統治下から下った時代になるが、少し触れさせて頂く。池氏は国民学校教師を退職して46年10月に創立されたばかりの金日成総合大学[26]に入学する。いかなる教師になるか、成し遂げられなかった教育に対しての思いを追求したい、という気持ちで教育学科に進学した、という。しかし、ここでも「かっちりした体制」と池氏が表現する北朝鮮の急激な社会体制変化の下で追求したかった勉学はかなわず、親友の手引きで47年に越南して新設された忠州師範学校講習科[27]で学ぶ。その師範附属国民学校において、教師として1年間勤務した後、再びソウル大学に進学したのであった。
　池氏の話には、身体運動が苦手で「からかわれた」「怒られる方だっ

た」こと、そして母子家庭ゆえ「いじめられた」と不快な体験が語られた。また、高等普通学校時代には創氏改名しないゆえ、国民学校勤務時代に日本人校長に抵抗しての「いじめられた」という表現が幾度となくあった。不快な体験よりも、教育現場で育まれた強い追求心は勉学意欲となり、次々と教育機関で学び続けていった（年表も参照されたい）。植民地時代にも、上からの指令と生徒たちの間に立って被植民地者である生徒・学生たちの立場を考える教師たちの例を、私たちは知ることができている。池氏もその一人であった。一方で、植民地期師範学校で学んだ池氏の体験談の中、師範学校による教員養成教育の影響力の大きさは短期間であるにもかかわらず、想像以上であった。『年報』13号で取り上げた金時鐘氏の場合では、池氏より4歳年下で、当時16歳という多感な年齢にあった金氏が、光州師範学校で受けた皇民化教育を払拭して新たな自己を形成するための苦闘が語られた。金氏の場合は政治活動へと走ったが、職場も得ていた池氏は同様な悩みを抱えつつ勉学を通しての教育者の道を歩み続けたのである。

　そして、今回の池氏のインタビューでは、現在の北朝鮮の都市、定州、宣州、平壌、新義州を舞台とした学校経験が語られた。いずれもキリスト教の盛んな地域で池氏の母親も池氏もキリスト教とは縁が深かった。日本統治下の朝鮮半島北部では仕事を求めて北京に行った母を訪ねて、中国語塾に通ったり、北京と平壌を行き来していたこともわかった。解放直後の平壌での生活にも少し触れることもできた。これまでの学校体験インタビューでは聞かれなかったケースである。こうした一人一人の学校経験が教育史を形成する貴重なパーツであることを再認識させられた。多くの方にこのような学校経験に関心を持っていただき、また資料として活用されることを願っている。

註
1　『日本植民地教育史研究会年報』に掲載の李仁夏（10号、2008年）、呉炳学（11号、2009年）、金時鐘（13号、2011年）、李殷直（14号、2012年）、金信煥（15号、2013年）、鄭在哲（18号、2016年）の各氏の学校経験を指す。
2　近代キリスト教宣教において、教会・学校・病院は三位一体的構造を有していた。
3　プロテスタントの一派。19世紀末にインド、中国、朝鮮、日本などアジア

各地に宣教師を派遣するようになった。特に北長老派は、朝鮮宣教においてはメソジストと共に宣教の主導的地位に立ったが、信徒数においてメソジストを凌駕して、また支配権力に対して妥協を選ばない対応をした。李省展『アメリカ人宣教師と朝鮮の近代 ミッションスクールの生成と植民地下の葛藤』、社会評論社、2006 年、pp.7 〜 26。

4 北長老派の男子ミッションスクール。朝鮮総督府内務部学務局「朝鮮人教育私立学校統計要覧 （大正四年度）」によれば、生徒数 143 名プラス女子 1 名。設立年は統計表に無。注 6 も参照されたい。「朝鮮人教育私立学校統計要覧 （大正四年度）」は『日本植民地教育政策史料集成（朝鮮篇）』、龍溪書舎，第 52 巻所収。＊以下『史料集成』と略記し収録巻数を示す。

5 北長老派の女学校。「宗教と教育の分離」政策の「改正私立学校規則」（1915 年）公布にともなって一時閉校を選択したことがある。

6 前掲「朝鮮人教育私立学校統計要覧」には各道の宗教学校統計表が郡別に掲載され、平安北道宣川郡には宗教学校として普通学校が 2 校（普信、敬信）。高等普通学校が 5 校（永成、三聖、崇信、韓成、義聖）となっている。

7 長老派では牧師養成のための 1901 年に起源をもつ平壌神学校が存在した。吉善宙、韓錫晋、朱基徹などの著名な牧師を輩出した。

8 定州郡葛山面所在、実業家で教育者の李昇薫が 1907 年に創設したキリスト教学校。初代校長は北長老派宣教師のスティシー・ロバート。普通学校は 1926 年 5 月創立。中学校に当たる高等普通学校は 1909 年設置認可。朝鮮総督府学務局編「朝鮮諸学校一覧（大正七年度）」（『史料集成』53 巻所収）（＊以下「諸学校一覧」と略記し発行年度を示す）。1910 年代ほとんどの宗教系学校の教員数が 1 〜 4 名であった時代に 12 名の教員を有していた。「朝鮮人教育私立学校統計要覧（明治四十五年度）」（『史料集成』52 巻所収）。

9 1907（明治 40）年 6 月創立。所在地は定州郡定州面。「諸学校一覧（昭和六年度）」（『史料集成』第 56 巻所収）によれば、池氏在籍時の第 2 学年の児童数は男子 105 名、女子 43 名。教職員は日本人 5 名、朝鮮人 12 名であった。

10 果樹園の主人が母子二人の暮らしを見かねて部屋を貸してくれたという。詳しくは 池明観『池明観自伝 境界線を超える旅』p. 7。岩波書店、2005 年。

11 平壌府上需里所在、1911（明治 44）年 11 月創立。平壌の景勝地牡丹峰（モランボン）の西、万寿台の丘に上にあった「諸学校一覧（昭和十一年度）」（『史料集成』第 60 巻所収）によれば、修業年数 5 年間、教職員数日本人 26 名、朝鮮人 2 名。生徒は朝鮮人のみで、池氏入学当時 1 学年は 165 名であった。

12 池氏の母親は池氏の進学に伴い平壌で間借りの下宿屋を始めるようになり、後に北京に仕事を求めた。この辺りの事情は、前掲の池明観自伝書に詳しい。

13 鄭先生は、学費調達ができないため官費支給の師範学校に入学させようとする池氏の母を、一生涯小学校教師で終わらせてはいけないと説得して、学費も一部負担してくれたという。修学旅行で平壌博物館を見学して書いた池氏の朝鮮文化に対する感想文に、鄭先生が感激したという。鄭先生が池氏に平壌で教育を受けさせたいと考えた理由の一つでもあろう。前掲池明観自伝書、p.9。

14 「諸学校一覧（昭和十一年度）」（『史料集成』 第 60 巻所収）によれば、

1936年当時、平壌高等普通学校の隣の萬（万）寿公立普通学校は学級数11であったのに対し、大きいとされる上需普通学校は、学級数20であった。平壌府には朝鮮人児童用の普通学校は10校あった。

15 正式名称は平壌公立女子高等普通学校。1914（大正3）年4月創立。所在地は平壌府若松町（昭和16年に平壌府上水口里から日本式町名に地名変更）。「諸学校一覧（昭和十六年度）」（『史料集成』第61巻所収）によれば、学級数は1930年代から増え、昭和16年度には16学級となる。修業年数4年。なお、池氏によれば、同校一帯は解放直後、金日成総合大学となり本部も置かれた。工業専門学校の跡地は金日成総合大学分校となった。

16 1914（大正3）年5月創立。平壌府上水口里所在。「諸学校一覧（昭和十六年度）」（『史料集成』第61巻所収）によれば、1941年度には学級数12、修業年数4年、生徒数655名。一方「平壌公立高等女学校」は朝鮮人45名を含み857名と多い。

17 (1882～?）朝鮮の独立運動家。明治大学卒業。学生時代ガンディーに傾倒。22年に朝鮮物産奨励会会長、27年新幹会中央委員、32年「朝鮮日報」社長、解放直後に、平安南道建国準備委員会と北朝鮮五道政治局歴任、45年朝鮮民主党を結成。46年朝鮮信託統治に反対して軟禁され、以後消息不明。創氏改名を拒否し、神社参拝に反対するなど徹底したキリスト教民族主義者として知られた。(『韓国朝鮮を知る事典』（大塚嘉郎）p.377、平凡社、2014年版、より）

18 1938（昭和13）年の第三次朝鮮教育令で学校名称が日本国内名称と統一化される。普通学校は小学校に、高等普通学校は中学校に、女子高等普通学校は高等女学校に名称変更された。平壌では日本人の通う中学校を第一中学校、朝鮮人の通う高等普通学校を第二中学校とした。従って、池氏の入学時の校名は平壌高等普通学校だったが、3学年時には平壌第二中学校となった。

19 ウイリアム・ベアードが創設した平壌学堂（1898年創設）、崇実学堂（1901年に改称）から発展を遂げたミッションスクール。中等教育機関の崇実学校と高等教育機関の崇実専門学校が存在した。安武直夫平安南道知事が中等学校校長会議（1935年11月14日）直前に平壌神社参拝を伝達、ジョージ・マッキューンなどミッションスクール関係者が拒否したことにより、事件化され、38年3月19日に崇実学校、崇実専門学校、崇義女学校の廃校申請が受理された。李省展、前掲書参照。

20 当時、公立・私立学校について、在校生や保護者によるランク付けが強かったことは興味深い。就学率が低い時代であり、上位にランク付けされた学校の在校生たちのアイデンティティとして崇実の学力が低いと思われていたと考えられる。

21 1920（大正9）年創立。平壌府上水玉里所在。「諸学校一覧（昭和九年度）」（『史料集成』第59巻所収）によれば、学級数7、修業年数4年。

22 　平安南道平壌府新陽面所在、明治31年10月創立 「諸学校一覧（昭和九年度）」（『史料集成』第59巻所収）によれば、私立各種学校扱であり、学級数10、修業年数5年。

23 (1924～2004.1)、解放後司法界で活躍、第2共和国国務総理秘書室長、大韓弁護士協会会長など歴任。日本ロータリークラブがソウルロータリー

クラブと姉妹クラブ締結する際には当時の会長であった。同名の父親は、植民地期下愛国啓蒙団体である大韓協会の安東支部設立者の一人。(韓国司法界人物紹介の「法務法人良軒」サイト、韓国「NAVER 百科」サイト、日本ロータリークラブ HP などより)

24 新義州本町所在。1938 年以降増設された官立師範学校の一つで、1 年制の講習科はすべての師範学校に開設された (教育倫理・研究室研究論叢 95-22『韓国近現代教育史』p.524、韓国精神文化研究院、1995 年)。42 年設立当時日本人教職員 10 名朝鮮人 1 名。1943 年学生数は、朝鮮人 409 名日本人 61 名。戦時下 40 年代には官立師範学校は、京城、大邱、平壌、全州、咸鏡、光州、春川、晋州、清州、新義州、大田、海州、清津、京城女子、公州 の 15 校に増えていた (「諸学校一覧 (昭和十八年度)」(『史料集成』第 62 巻所収) の「官公立師範学校」頁より)。

25 1944 年 4 月に第 1 回徴兵検査が朝鮮で実施される。平壌・「京城」などから開始された。(樋口雄一『戦時下朝鮮の民衆と徴兵』p. 80。総和社、2001 年) 徴兵検査は身体検査であり、何段階かの基準がもうけられていた。体格体位の優秀な方から甲種、第 1 乙種、第 2 乙種 (現役に適するもの)、丙種 (現役には適さないが兵役に適するもの)、兵役に適さない丁種不合格、まだ成長が十分でないか病気で健康の回復が十分でないために翌年再検査の戊種、に分類された。1927 年にそれまでの徴兵令が改正され兵役法が公布されたが、徴兵検査における上記の段階は従来のままであった。(大江志乃夫『昭和の歴史 第 3 巻 天皇の軍隊』p.73、小学館、1982 年)。

26 解放後の金日成総合大学の登場については、『植民地教育史研究年報 05』(2002 年) 掲載の金基奭「植民地解放後分断国家教育体制の形成 1945 〜 1948——国立ソウル大学と金日成総合大学の登場を中心に」を参照されたい。2 大学は分断体制初期にそれぞれ最高学府として開校の時期も同じであったが、金日成総合大学はソ連占領軍の強力なヘゲモニー下で、不満を持つブルジョア階層出身学生たちを退学させながら形式的には正常運営される。金日成総合大学についての池氏からの聞き取りは、これを裏付けるものである。一方、京城帝国大学を改組したソウル大学校では、大学の自治を巡って教授と学生からの強い抵抗が全国規模の同盟休校にも広がり、正常運営が遅れた。

27 解放直後、新たに設立された師範学校の一つ。既存 15 校の公立師範学校では日本人教師が去り教員需要を充当出来なくなったため、急遽教員養成機関を新設する。1946 年に忠州、群山、木浦、順天、釜山、江陵に師範学校を増設した。また師範学校制を改編して 3 か月間の短期講習科を初めとした各種初等教員養成講座を設けた。(宋トクス『光復教育 50 年 I 米軍政期篇』、p.377、大韓教員共済会教員福祉新報社発行、1996 年。)

池明観氏　年譜

1924年10月11日	平安北道　定州で出生（正式には、陰暦9月13日誕生日）
1927年	3歳で精米所勤務の父が事故により死亡。
1928年	4歳で教会附属の幼稚園へ入園。
1930年	6歳で定州公立普通学校へ入学。
1936年	平壌高等普通学校へ。母親が他人の家の部屋を借りて下宿業を営む。
1940年	中学校（旧平壌高等普通学校）4年生の時、母のいる北京を訪ねる。
1941年	平壌第二中学校卒業。北京へ、中国語塾へ通う。
1944年4月	新義州師範学校講習科（1年コース）入学。二学期には狼林山脈奥地の教師のいない国民学校の校長兼教員として赴任。
1945年4月	定州朝日国民学校（母校の定州普通学校が校名変更）赴任。4年生男子組担任中、8月15日を迎える。
1946年9月	金日成総合大学教育学部入学、教育学専攻。
1947年3月	黄海沿岸海州から、船で越南。忠州師範学校で学んだ後、忠州師範付属国民学校教師として働く。
1948年	ソウルへ。秋、ソウル大学校文理学部宗教学科入学。
1950年	6月朝鮮戦争起きる。南下の途中、国民防衛軍に捕まりキャンプに収容され、軍隊へ。
1955年7月	除隊。
1956年	女子高等学校で英語を教えながら、ソウル大学大学院進学。
1960年9月	大学院修了。徳成女子大学校で教える。
1960年代後半	梨花女子大学校、メソジスト神学校、ホーリネス神学校、崇実大学、延世大学校連合進学大学院などで非常勤。
1965年12月	『思想界』主幹の意により「世界自由文化会議日本支部」招請扱いで、日本へ。
新教出版社、信濃町教会、東京女子大関係者と知り合う。	
1967年9月	米国留学　ユニオン神学校へ。
1968年12月	ヨーロッパ、イスラエル、東南アジア、日本で1ヶ月滞在して韓国へ帰国。徳成女子大学校に帰任。
1972年10月末	日本へ。呉在植（当時アジアキリスト教協議会の幹事として在京）の勧めで韓国民主化運動に韓国キリスト教会が役割を担うための支援活動へ入る。
1974年	岩波書店の雑誌『世界』にT・K生「韓国からの通信」の連載始まる。
1974年〜1993年	東京女子大学客員教授就任。93年帰国。
1994年	春川の翰林大学校日本学校研究所設立、所長に（04年まで）。

金大中政権下で、日韓共同歴史研究韓国側代表、韓日文化交流政策諮問委員長、日韓文化交流会議韓国側座長、KBS理事長などを務める。（04年3月、すべての公職を退く。）

現在、米国在住。

満洲鉱工技術員協会編『鉱工満洲』誌目次集（1）

丸山剛史＊

解説

　本資料は、満洲鉱工技術員協会の機関誌『鉱工満洲』（1940年創刊）の目次集である。同誌は「満洲国」技術要員養成を知るための基礎資料である。筆者は本号掲載のシンポジウム報告を準備するために国内に保存されていた全巻全号を確認したが、所蔵機関も多くはないため、今後の検討ならびに後進の方々のために目次集を作成した次第である。

　これまでも「満洲」の産業開発五ヶ年計画はよく知られていたが[1]、計画実施に必要な技術要員の確保及び養成方策はほとんど顧みられなかった。1937年頃から石原莞爾らを中心に産業開発五ヶ年計画に必要な技術要員確保・養成が日満一体のもとで行うよう計画され、実行機関として1938年4月に財団法人日満技術工養成所が日本国内に設立された。しかし要員確保はままならず、1938年12月に「満洲国」政府は技術要員確保・養成の政府代行機関として社団法人満洲鉱工技術員協会を設立した（設立当初の理事長は岸信介）。『鉱工満洲』誌は同協会の機関誌であった。

　この「満洲国」産業開発計画技術要員確保・養成方策を研究の対象に据えたのが故・原正敏会員であった[2]。そして原により「満洲国」産業開発計画技術要員の確保・養成方策の全体像が明らかにされた[3]。原が研究の基礎資料として用いたのが『鉱工満洲』誌であった。

　原は1980年暮れ以降、上記のテーマを本格的に追究し始めたが、その当時は『満洲鉱工年鑑』（康徳9年版、同11年版の2冊、財団法人国際善隣協会所蔵）、2冊の『鉱工満洲』誌、満洲鉱工技術員協会元職員譲渡の『康

＊宇都宮大学

徳十年　満洲国諸会社求人要項集覧』、古書店で購入した『満洲鉱工読本』がすべてであったとされる[4]。その他は在満の技術教育・技能訓練施設に勤務した経験をもつ日本人からの聞き取りに頼っていた。

　その後、1985 年 12 月 27 日付『朝日新聞』掲載の山中正剛氏（当時、成城大学教授）の記事により満鉄調査部の資料の一部が大連市図書館に移管されたことを知り、89 年 9 月 16 日に山中氏と会い教示を受けるとともに、戦後に大連市図書館で満鉄調査部所管の洋書移管を担当した和田智雄氏から大連市図書館に『鉱工満洲』誌が所蔵されていることを教わった。さらに佐藤秀夫氏（当時、日本大学教授）[5]から大連市図書館館長・趙延璧氏（当時）は日本語が堪能であることなどを聞き、1991 年 5 月 22 日から 8 日間、『鉱工満洲』誌調査のため訪中した。

　このとき、原は大連市図書館において第 1 巻から第 4 巻までを確認したが、同館編『東北地方文献連合目録』により第 5 巻、第 6 巻が遼寧省図書館に所蔵されていることを知り、帰国後、目次を取り寄せ、必要箇所を複写したという。このように当時は『鉱工満洲』誌は国内に所蔵されていないと考えられていた。

　しかし、近年、コンピュータネットワーク及びデータベースが発達したこともあり、日本国内にも『鉱工満洲』誌が所蔵されていることがわかり、一橋大学経済研究所資料室及び京都大学経済学部図書室には第 1 巻から第 6 巻まで（欠号あり）が所蔵されていることもわかった。特に京都大学経済学部図書室は第 6 巻第 4 号まで所蔵しており、着目される。原が中国で閲覧したとされる大連市図書館編『東北地方文献連合目録』は日本国内でも閲覧可能であり、筆者も閲覧したが、同目録によると大連市図書館所蔵『鉱工満洲』は第 6 巻第 1 号まで所蔵していることが記されている。したがって、京都大学経済学部図書室には大連市図書館より多くの雑誌が所蔵されていると考えられる。

　ただし、京都大学経済学部図書室も一橋大学経済研究所資料室も欠号なくすべてを揃えているわけではない。そこで、今後の検討の便宜のために目次集を作成することとした。紙幅の都合上、本資料には第 1 巻〜第 3 巻の目次を収録した。第 4 巻以後に関しては次号以降にて紹介する。

註
1 岡部牧夫『満洲国』講談社学術文庫、2007 年、99-185 ページ。
2 故・原正敏会員の「満洲国」技術員・技術工養成史研究に関しては、拙稿「宇都宮大学所蔵『満洲国』技術員・技術工養成関係資料目録 ――解説と凡例――」(『植民地教育史研究年報 11 植民地教科書と国定教科書』皓星社、2009 年、144-157 ページ) を参照されたい。解説には原の関係論文のリストが含まれている。その他、佐々木享・丸山「"満洲国"の技術員・技術工養成に関する諸施設〔Ⅰ〕 ――原正敏の研究の概要――」(『宇都宮大学教育学部教育実践総合センター紀要』第 33 号、2010 年、141-145 ページ)、佐々木・丸山「同前〔Ⅱ〕 ――原正敏の研究を語る――」(同前、147-152 ページ) も参照されたい。
3 原正敏「『満洲国』の技術員・技術工養成養成をめぐる若干の考察」(『技術教育学研究』第 10 号、1996 年) は原の「満洲国」技術員・技術工養成史研究に関する最後の論考であり、全体像が明らかにされている。
4 原正敏・隈部智雄 "満洲国" における技術員・技術工養成 (Ⅱ) ――満洲鉱工技術員協会と『技能者養成令』――」『千葉大学教育学部紀要 第 2 部』第 42 巻、214-215 ページ。以下、原の資料収集に関する記述は上記の論考による。
5 原によれば、佐藤秀夫氏は北京日本学研究センター客員教授を務め、帰路に大連市図書館で資料調査をしたことがあるとのこと。

満洲鉱工技術員協会『鉱工満洲』誌目次集 (1)
第 1 巻〜第 3 巻

【凡例】
・本目次集作成にあたって編者が所蔵機関に出向き、所蔵を確認した。
・編者が確認した所蔵機関名を発行年月日右横の丸括弧内に記した。
・執筆者名右横の括弧内の数字はページ数を表す。
・目次に記載された「口絵」、「扉」、執筆者の所属・勤務先、会社紹介の社名等は紙幅の都合上、一部削除した。

第 1 巻 第 1 号
康徳 7 年 1 月 1 日発行
(一橋大学経済研究所資料室)

社団法人 満洲鉱工技術員協会設立趣意書 (1)
発刊の辞　関口八重吉 (2)
祝辞
「鉱工満洲」の発刊を祝して　岸信介 (4)
「鉱工満洲」創刊を祝す　柏村稔三 (6)
「鉱工満洲」創刊の祝辞　大村卓一 (7)
「鉱工満洲」創刊を祝す　鮎川義介 (9)
「鉱工満洲」発刊に際して　木村兼孝 (10)
「鉱工満洲」の発刊を祝して併せて学生諸君に望む
　　　　　　　　　　　　　　窪内石太郎 (11)
協会設立の意義及任務　原佐一 (13)
創刊号発刊に際して　高橋文夫 (16)
満洲国鉱業の現勢及将来　工藤重之 (18)
満洲製鉄の現状と技術者の使命　小日山直登 (25)
満洲金鉱業概観　赤瀬川安彦 (27)
興亜の第一義　竹内時男 (32)
露人技術工養成と哈爾浜の特異性　鈴木正雄 (33)
職能登録　神谷輝男 (35)
皐新一瞥　八洲生 (37)
協会重要誌 (40)
協会の沿革
　総務部 (40)　養成事業　養成部 (41)

制限学生募集　業務部	(42)	地方電話の統合と日満連絡地下ケーブルの竣工	(9)
職能登録　業務部	(42)	民生部に労務司を新設	(30)
安東鉱工技術員養成所の現在及将来	(43)	主要会社の通俗略称	(30)
哈爾浜鉱工技術工業成所概要	(44)	満洲国の法定鉱物	(32)
協会加入会社動向	(46)	三寒四温	(35)
協会加入会社マーク紹介　其の一	(36)	北満曠野にて　　　　　　十閑	(62)
其の二	(50)	質疑応答欄	(67)
感謝の生活　　　　岡村市亮	(39)	編集後記	(67)
我等の養成所　　　金秉晃	(51)	社団法人満洲鉱工技術員協会概要	巻末
我が寮の生活　　　ドロズヂッキー	(51)		
質疑応答欄	(31)		
「水煙袋」欄	(34)		
興亜会	(52)		
編集後記	(52)		

第1巻 第2号
康徳7年2月1日発行
(一橋大学経済研究所資料室)

第1巻 第3号
康徳7年3月1日発行
(一橋大学経済研究所資料室)

巻頭言　　　　　　高橋文夫	(1)	巻頭言　　　　　　関口八重吉	(1)
祝辞		工業教育　　　　　吉村恂	(2)
「鉱工満洲」の創刊を祝して　坪上貞二	(2)	ものの生産と同時に人の生産を　藤山一雄	(6)
「鉱工満洲」創刊を祝す　丁鑑修	(3)	母上への言葉　　　隈部一雄	(8)
創造精神と工業経営　　作田荘一	(4)	安東特集	
技術者の使命　　　　宮本武之輔	(6)	大東港建設に就て　堀内一雄	(12)
満洲国鉱業の現勢及将来（二）　工藤重之	(10)	大安東と大東港を含む都邑計画の概要	
満洲に於ける電気事業概要　岡雄一郎	(14)	片岡幡	(17)
工作機械用刃物動力計に就て　関口八重吉	(20)	安東鉱工技術員養成所訪問記	(15)
青年技術者の「夢」と満洲国　田村敏雄	(26)	満洲雑記帳　　　　岡部聡明	(30)
渡満雑感　　　　山本忠興	(31)	協会加入会社　マーク紹介（其の四）	(34)
満洲エキスカーションの思出　佐藤正典	(33)	満洲見学旅行の印象　氏原俊男	(32)
技能者養成に就ての座談会	(36)	満洲視察旅行の感想　小田睦男	(33)
満洲見学旅行の感想　玉木喬	(41)	会報	(35)
満洲国工場見学旅行後の感想　草島郁郎	(42)	重要日誌抄	(35)
満洲の文化と青年の覚悟　倉淵宏	(44)	協会加入会社動向	(36)
協会加入会社マーク紹介（其の三）	(45)	時報	(42)
親指　　　　　　　酒井昇	(46)	参考法令（其の二）	(47)
会報	(48)	工作機械取扱上の禁則	(5)
重要日誌	(49)	満洲国々歌	(7)
協会加入会社動向	(50)	萩の箒	(11)
時報	(53)	安東市歌	(24)
興亜会報	(56)	鴨緑江節	(46)
安東鉱工技術員養成所学則	(57)	水煙袋欄	(50)
安東鉱工技術員養成所生募集要綱	(60)	質疑応答欄	(51)
学校卒業者使用制限に関する参考法令	(63)	編集後記	(51)
		社団法人満洲鉱工技術員協会概要	巻末

第1巻 第4号
康徳7年4月1日発行
(一橋大学経済研究所資料室)

巻頭言	関口八重吉	(1)
満洲の電気事業と電業		(2)
満鉄に於ける石炭液化成功の意義	阿部良之助	(4)
満洲の含炭層に就て（一）	野田光雄	(8)
鶴岡炭礦の概況		(13)
石炭の科学的利用	近村吉利	(16)
新興満洲国の為の新しき教育	中野清見	(23)
満洲電業会社々員養成所を観る		(27)
協会加入会社マーク紹介（其の五）（其の六）		(57)
会報		(49)
重要日誌抄		(35)
協会康徳六年度事業報告		(36)
協会加入会社動向		(43)
時報		(49)
参考法令（其の三）		(51)
熱河省の鉱工業		(12)
水煙袋欄		(22)
母と満洲と私（横瀬清）		
満洲鉱山株式会社々歌		(15)
ビール瓶の利用		(33)
質疑応答欄		(58)
編集後記		(58)
社団法人満洲鉱工技術員協会概要		巻末

第1巻 第5号
康徳7年5月1日発行
(一橋大学経済研究所資料室)

巻頭言	関口八重吉	(1)
満洲の含炭層に就て（二）	野田光雄	(2)
石炭の科学的利用（二）	近村吉利	(7)
楊家杖子鉱山の概要		
満洲鉛鉱株式会社		(13)
日満支新経済情勢と技術員の使命		
	柳田桃太郎	(17)
満洲に於ける労働力と労工	飯島満治	(21)
満洲工業開発株式会社の		
独身社宅五色寮の座談会を聴く		(27)
協会加入会社社歌紹介（其の二）		(42)
会報		(31)
重要日誌抄		(34)
協会加入会社動向		(35)
時報		(43)
参考法令（其の四）		(47)
北満紀行の一節	八洲生	(26)
水煙袋欄　福祉施設の是非（西本要吉）		(20)
看板		(12)
編集後記		(51)
社団法人満洲鉱工技術員協会概要		巻末

第1巻 第6号
康徳7年6月1日発行
(一橋大学経済研究所資料室)

巻頭言　鉱工青年会館設立の提唱		
	関口八重吉	(1)
満洲国の産業開発に付て	高嶺明達	(2)
新樹に祈る鉱工戦士の前途	奥島盛恵	(7)
石炭の科学的利用（三）	近村吉利	(10)
教育の眼目	中島友正	(40)
オイルシェル搾油完成功労者大橋頼三氏の伝記（一）		
	編集部編	(16)
清原鉱山概要　　満洲鉱業株式会社		(20)
各社自家養成機関調査表（一）		
会報		(27)
協会加入会社動向		(29)
協会加入会社　マーク紹介（其の六）		(48)
社歌紹介（其の三）		
時報		(37)
参考法令（其の五）		(41)
興亜会東北支部報告		(51)
間島省の鉱工業		(6)
満洲に於る鉱業の沿革		(15)
質疑応答欄		(52)
世に出る大豆の化学工業品	河合良成	(49)
渡満直後の感想		
満洲鉱業株式会社	宮池正義	(9)
鞍山鋼材株式会社	前田貴	(50)
井戸		(43)
「化学産業戦士にお酒は禁物」		(36)
編集後記		(32)
社団法人満洲鉱工技術員協会概要		巻末

第1巻 第7号
康徳7年7月1日発行
(一橋大学経済研究所資料室)

- 巻頭言　資源開発と発明　関口八重吉 (1)
- 大豆の工業的価値 (一)　三木昇二 (2)
- 工業教育の能率化に就て (一)　富塚清 (8)
- オイルシェル搾油完成功労者大橋頼三氏の伝記 (二)　編集部編 (12)
- 鉱工業都市としての本渓湖　株式会社本渓湖煤鉄公司 (16)
- 各社自家養成機関調査票 (二)　養成調査 (25)
- 内原満蒙開拓青少年訓練所在所中の感想　谷本兎四郎 (21)
- 秋田日満技術工養成所生来満座談会傍聴記　NY生 (23)
- 会報 (28)
- 協会加入会社動向 (32)
- 協会加入会社　マーク紹介 (其の八) (24)
- 社歌紹介 (其の四)　株式会社本渓湖煤鉄公司 (22)
- 時報 (40)
- 参考法令 (其の六) (42)
- 水煙袋欄　満洲の日本人　長信策 (31)
- 浪速の葦は伊勢の浜荻 (7)
- 質疑応答欄 (54)
- 青少年技術生　渡満直後の感想 (二)
  - 満洲電業株式会社　山田稔 (44)
  - 株式会社満洲ロール製作所　正木三夫 (45)
- 行政機構改革 (41)
- 対日青少年雇用統制の確立 (41)
- 編集後記 (54)
- 社団法人満洲鉱工技術員協会概要　巻末

第1巻 第8号
康徳7年8月1日発行
(一橋大学経済研究所資料室)

- 巻頭言　日本青少年の満洲進出　関口八重吉 (1)
- 工業教育の能率化に就て (二)　富塚清 (2)
- 大陸建設と技術者養成の急務　高橋文夫 (6)
- 日満鋼材工業株式会社技術工養成所概 (10)
- 大豆の工業的価値 (二)　三木昇二 (15)
- オイルシェル搾油完成功労者大橋頼三氏の伝記 (三)　編集部 (20)
- 各社自家養成機関調査表 (三)　養成課調査 (23)
- 財団法人日満技術員養成所業務統合に就て (31)
- 重要日誌抄 (32)
- 協会加入会社動向 (33)
- 時報 (42)
- 参考法令 (其ノ七) (44)
  - (日本) 青少年雇入制限令施行規則 (三)
  - (満洲) 職能登録令施行規則 (四)
- 技術生同僚に叫ぶ　金田仙壽 (31)
- 興亜会報 (42)
- 質疑応答欄 (50)
- 最も適切な従業員の精神指導方策 (5)
- 渡満ノート　国語を愛せよ (14)
- 満洲の宿泊料 (22)
- 女子労働力維持培養十則 (44)
- 編集後記 (50)
- 社団法人満洲鉱工技術員協会概要　巻末

第1巻 第9号
康徳7年9月1日発行
(一橋大学経済研究所資料室)

- 扉 (1)
- 経済部・民生部布告 (2)
- 日本帝国青少年雇入に就て　経済部 (3)
- 日本帝国青少年雇入制限に就て　佐久間勝森 (5)
- 日本帝国青少年技術生雇入手続に就て　業務課 (14)
- 内原訓練所に於ける青少年技術生訓練所感　笠原通夫 (18)
- 満洲から観た製鉄政策　小日山直登 (23)
- かく技術実習生は語る　業務課 (29)
- 悍馬を御する英雄を思ふ　山下仙之助 (17)
- 満洲を視察して　河崎英三 (32)
- 各社自家養成機関調査表 (四)　養成課 (26?)
- 会報 (31)
- 重要日誌抄 (38)
- 協会加入会社動向 (39)
- 参考法令 (45)
  - (満洲) 職能登録令施行規則 (其の五)
- 質疑応答欄 (54)
- 満洲移駐工場 (28)
- 聖鍬鉱業班活躍 (28)

編集後記 (54)
新京／奉天鉱工技術院を工業大学と改称 (48)
電気化学協会満洲大会開催 (48)
安東の誇り安東鉱工技術員養成所　附3
短歌　秋　　　　　　　　新城光 (35)
社団法人満洲鉱工技術員協会事業概要　巻末
　旅順工科大学附属技術員養成所
　大連工業学校附属技術員養成所
　安東鉱工技術員養成所
　所生合同募集要項　　　　　　　　巻末

第1巻 第10号
康徳7年10月1日発行
(一橋大学経済研究所資料室)

巻頭言　満洲鉱工業の特異性と技術要員
　　　　　　　　　　　　関口八重吉 (2)
我が社の自慢を語る (3)
　出炭報告に邁進　満洲炭礦株式会社 (3)
　崇神の念を培ふ我が社
　　　　　撫順セメント株式会社 (7)
　市勢と共に発展する社業
　　　　　奉天交通株式会社 (8)
　我満洲電業を誇る　満洲電業株式会社 (9)
　躍進の満洲電々　満洲電信電話株式会社 (12)
　満洲必須の我社業　満洲鋳物株式会社 (13)
　新興産業亜麻紡織
　　　　　満日亜麻紡織株式会社 (14)
　我社の誇り七箇条　満洲電線株式会社 (16)
　上下一致協力　満蒙毛織株式会社 (19)
　産業文化開発の先駆
　　　　　同和自動車工業株式会社 (20)
　国策に随応しつつ発展
　　　　　株式会社本渓湖煤鉄公司 (22)
　我が社のモットー人の「和」を誇る
　　　　　株式会社奉天造兵所 (24)
　発展一路　　協和工業株式会社 (26)
　天時・地利・人和　満洲鉛鑛株式会社 (27)
　満洲屈指の大工場
　　　　　株式会社満洲鋳鋼所 (30)
　偽らざる現況を語る
　　　　　株式会社奉天製作所 (31)
　社是は堅実経営、社風は家族主義
　　　　　満洲石綿株式会社 (33)
　通信網の整備を担ひて

　　　　　満洲通信機株式会社 (34)
　阜新産業界の先駆
　　　　　株式会社阜新製作所 (36)
　大御心を体しつつ
　　　　　南満洲鉄道株式会社 (38)
学校卒業生並青少年募集予告 (40)
各社自家養成機関調査表（完）
　　　　　　　　　　　養成課調査 (42)
オイルシェル搾油完成成功労者
大橋頼三氏の伝記（四）　編集部編 (44)
満洲の気候風土に就て　田中武 (46)
入満ルート今昔物語　　山中健二 (49)
重要日誌抄 (40)
会報 (54)
特殊会社に就いて (43)
誤られたストップ令 (42)
協会加入会社動向 (56)
満洲断想　　　　　　　中野清見 (54)
新情勢に即応して五箇年計画完成へ (39)
世はさまざま (11)
大泉満水電愈々進捗す (附3)
マッチの軸木に葦の髄 (37)
歌　秋しづか (31)
原稿募集
質疑応答欄 (53)
満洲俗諺 (15)
編集後記 (62)
社団法人満洲鉱工技術員協会概要　　巻末
社団法人満洲鉱工技術員協会／社団法人日満鉱
　工技術員協会　養成所々生募集要項　巻末

第1巻 第11・12号
康徳7年12月1日発行
(一橋大学経済研究所資料室)

扉（金銀塊） (1)
康徳七年の満洲鉱工業の回顧　佐枝新一 (2)
我が協会本年度事業実績を顧る (7)
満洲に於て近年発見せられた鉱物
　　　　　　　　　　　　福田連 (10)
満洲国に於ける液体燃料事情　溝下征 (10)
寄稿　満洲鉱業労働の省察　小泉幸之輔 (13)
満洲の軽金属工業に関係せる
　先輩並に同僚各位に感謝
　　　満洲軽金属製造株式会社理事工学博士

内野正夫	(19)
工業地帯としての大東港	(6)
一筆啓上　　　　　　　掛川晃洲	(44)
技術の本質　　　　　　中野清見	(35)
協会主催　在満新聞人の観た満洲の鉱工会社	(21)
明年度の中小工場満洲移駐方針	(18)
満洲で発見された二つの新資源	(12)
養成所の方針を語る　現場で役に立つ人を養成	
満洲炭礦株式会社阜新教習所長	
石田武三郎	(41)
無線の充実と伸びる片仮名電報	(40)
東満雑記　　　　　　　SC生	(43)
若き鉱工戦士の感想	(46)
製鉄報告に邁進する昭和製鋼所	(48)
協会加入会社の動き	(51)
会報	(56)
重要日誌抄	(50)
編集後記	(57)
座談会で花嫁を拾った話	(12)
社団法人満洲鉱工技術員協会事業概要	(巻末)
日本帝国青少年募集要項	

第2巻 第1号
康徳8年1月1日発行
（一橋大学経済研究所資料室）

新なる年を迎へて（巻頭言）関口八重吉	(2)
年頭所感　　　　　　　高橋文夫	(4)
技術員協会第四年の新春に当りて　佐枝新一	(5)
重点主義に邁進せん　　大村卓一	(6)
技術報国精神高揚の提唱　赤瀬川安彦	(6)
電気から合成ゴム　　　采野善治郎	(8)
技術の時代的使命　　　中野清見	(16)
博物館と工場の連絡　　藤山一雄	(14)
養成所の方針を語る	
奉天鉄道技術員養成所を語る　伊保内盛	(40)
近代産業戦士養成の同和自動車技術員養成所	
XY生	(44)
我が新京養成所　　　森永省一	(46)
オイルシェル搾油完成功労者大橋頼三氏の伝記（五）	
編集部	(30)
満洲史話　　　　　　　三木猶之介	(37)
我社の使命　　　　　　奥島盛恵	(19)
近代工業組織を誇る我が満洲化学工業	
永田貞二	(20)
満洲の鉱業資源開発と満洲鉱業開発の使命	
XY生	(22)
満洲断想　　　　　　　N・K・N	(27)
鉱工青年いろはかるた	(33)
若き鉱工戦士の感想	
内原精神を胸に　　　水口勇	(48)
楽しく働く　　　　　山谷見治	(48)
明朗平和境の建設　　島海正行	(48)
新しい気持で　　　　川口康彦	(49)
苦難を克服して　　　岡崎一郎	(49)
（投稿）満洲の黄金と文殊菩薩　竹内晨平	(25)
シナリオ満炭の現勢	(50)
加入会社の動き	29
会報	(47)
質疑応答欄	(28)
重要日誌抄	(47)
技術者養成令協議会	(13)
編集後記	(52)
社団法人満洲鉱工技術員協会事業概要	(巻末)
安東鉱工技術員養成所／	
旅順工科大学臨時技術員養成所／	
大連工業学校附設技術員養成所　所生第二次合	
同募集要項	(巻末)
日本帝国青少年募集要項	(巻末)
附録　協会加入会社一覧表	

第2巻 第2号
康徳8年2月1日発行
（一橋大学経済研究所資料室）

東亜共栄経済の確立と満洲鉱工業の将来	
関口八重吉	(2)
技術と労働　　　　　　小泉幸之輔	(26)
新しき技術教育体系への一考察　中野清見	(30)
協会主催　座談会　東亜共栄経済と満洲鉱業の将来	
主要内容	
△満洲経済の建国以来の推移	(4)
△五ヶ年計画の終了に依って各計画部門の生産	
物の需給はどうなるか	(8)
△日支事変、欧州戦争は満洲経済に	
如何なる影響を与へたか	(14)
△満洲と支那との経済関係の現状及び	
今後の見透し	(15)
△満洲鉱工業は如何に進展するか	(17)
満洲断想　　　　　　　N・K・N	(45)

満洲史話	三木猶之介	(46)
人を採用した経験を語る	各会社回答	(42)
青少年技術生に聴く	N・J生	(34)
わが養成所を語る		
△当教習所の訓育指導に就いて	鈴木定寛	(36)
△吾が技術生の日課及生活	原生	(37)
△満洲計器技術工養成所	藤村龍輔	(39)
満洲建国九年間の政蹟		(25)
オイルシェル搾油完成功労者大橋頼三氏の伝記（六）		
	編集部	(48)
加入会社の動き		(51)
質疑応答		(52)
工場を開放して技術公開		(41)
会報		(29)
重要日誌抄		(33)
編集後記		(53)
協会関係技術者養成機関一覧		(54)

第2巻 第3号
康徳8年3月1日発行
（一橋大学経済研究所資料室）

本協会改組に際して	関口八重吉	(2)
満洲鉱工技術員協会の特殊法人化に際して		
	佐枝新一	(4)
満洲建国十年記念特集		
八年前の思い出	武藤富男	(4)
建国当初の鉱業事情を語る	赤瀬川安彦	(6)
満洲鉱工部門への満鉄の貢献		
	満鉄鉄道総局弘報課	(11)
会社創業時の苦心を語る	林一樹	(15)
異環境と資金難に悩む	三木茂	(17)
近代的大工場完成迄の苦心	永田貞二	(20)
思ひ出すままに昔を語る	竹村茂高	(23)
創立当時の苦闘記	長谷川徳太郎	(26)
拡がる電波	佐古茂樹	(31)
満洲鉱工業を指導する人々（一）		
鮎川満業総裁・山崎電業副理事長・		
松村満炭副理事長	本木邦夫	(36)
シナリオ 自動車はかうして走る	H・N生	(40)
オイルシェル搾油完成功労者大橋頼三氏の伝記（完）		
	編集部	(42)
現地報告 奉天―本溪湖―鞍山 走りある記		
	大東生	(50)
加入会社の動き		(58)
満洲化学界に凱歌		(57)
第二次五ヶ年計画に着手		(47)
支那語講習に出席して		(39)
孔子の言葉	山下仙之助	(30)
会報		(49)
重要日誌抄		(49)
質疑応答		(49)
編集後記		(67)
満洲史話（三）	三木猶之輔介	(34)
満洲鉱工技術員協会康徳七年度事業報告		(60)
満洲鉱工技術員協会法		(64)
満洲鉱工技術員協会定款		(65)

第2巻 第4号
康徳8年4月1日発行
（一橋大学経済研究所資料室）

満洲に於ける鉱工資源の再検討	関口八重吉	(2)
養成雑考	金谷一秀	(4)
特集 満洲に於ける鉱工業の再検討（其一）		
飛躍する満洲国鉄鋼策	佐々木健治	(10)
満洲石炭資源の再検討		
――特に経営的課題について――		
	小泉幸之輔	(18)
満洲鉱工業発展の軌跡・展望	川辺兵庫	(14)
満洲電気事業の推移	山口本生	(22)
満洲国の金資源と其の開発状況		
	赤瀬川安彦	(26)
鉱工業技能者養成令の施行に付て		
	佐枝新一	(62)
東辺道文化の一断片	波津田月霜	(40)
満洲鉱工業を指導する人々（第二回）		
高碕満業副総裁・久保撫順炭砿長・		
竹内鉱発理事長	本木邦夫	(51)
満洲史話（第四回）	三木猶之介	(57)
現地報告 奉天―本溪湖―鞍山 走りある記		
	大東朝雄	(44)
時局の様相と鉱業相談所	太布幸七	(54)
会員会社の動き		(59)
満洲電業創立の回顧断片	小野虔二	(36)
図書の動きに見る満洲の文化	津村雅雄	(47)
臨時指導員養成所開設		(50)
質疑応答		(56)
満洲から優秀な羊毛代用品		(58)
新設満洲鉱工業青少年訓練所の概要		(39)

満鉄調査業務刷新　　　　　　　　　(42)
鉱工満洲連絡主任懇談会　　　　　　(38)
重要日誌抄　　　　　　　　　　　　(25)
国産特殊鋼の増産に意見交換　　　　(61)
会報　　　　　　　　　　　　　　　(17)
編集後記　　　　　　　　　　　　　(70)
我社の福祉施設　　　　　　島津泰也　(43)
附録　鉱工業技能者養成令　　　　　(66)
鉱工業技能者養成令施行規則　　　　(66)

第2巻 第5号
康徳8年5月1日発行
(国立国会図書館デジタルコレクション)

＊ページ番号無し（編者注）

特集グラフ
序　　　　　　　　　　　　関口八重吉
持てる国満洲鉄資源と鉄鋼業
製鉄工場の断面
溶鉱炉
石炭資源を探る
炭層の露頭
鉛
アルミニユーム
躍進　満洲の電気事業
東辺道の開発風景
機械
満洲の機械工業
満洲のセメント工業
大陸文化の殿堂
鉱工戦士目指して
満洲名所アルバム
満洲風俗

第2巻 第6号
康徳8年6月1日発行
(一橋大学経済研究所資料室)

満洲国と民族協和　　　　　常吉秀雄　(2)
満洲建国十周年記念祝典・記念事業計画大綱　(7)
資金調整を基調とせる満洲国経済再建の方向
　　　　　　　　　　　　　加納一夫　(10)
特集　満洲に於ける鉱工業の再検討（其二）
　最近の鉄鋼界の動向と満洲鉄鋼資源に就て
　　　　　　　　　　　　　中山智　　(12)

満洲に於ける自動車工業の展望　竹内康　(17)
最近に於ける満洲労働問題の動向
　　　　　　　　　　　　　保坂英雄　(21)
松花第一発電所に就て　　　内田弘四　(24)
満洲鉱工業を指導する人々（第三回）
　古海経済部次長・矢野満業理事・
　岡電業理事　　　　　　　本木邦夫　(26)
満洲史話（第五回）　　　　三木猶之介　(30)
満洲興業銀行の改組　　　　　　　　(32)
内原訓練雑感　　　　　　　中野清見　(33)
映画文化産業　　　　　　　北郷連　　(36)
アムールの夏　　　　　　　磯部秀見　(38)
渡満する人の知識　満洲の健康に就て
　　　　　　　　　　　　　松澤胖　　(42)
溶鉱炉に不滅の火　　　　　　　　　(19)
東亜経済懇談会　　　　　　　　　　(16)
会報　　　　　　　　　　　　　　　(6)
満洲俗諺　　　　　　　　　　　　　(31)
重要日誌抄　　　　　　　　　　　　(43)
編集後記　　　　　　　　　　　　　(52)
質疑応答　　　　　　　　　　　　　(44)
会員会社概要（一）　　　　　　　　(47)
満洲鉱工学専修給費生募集に就て

第2巻 第7号
康徳8年7月1日発行
(一橋大学経済研究所資料室)

満洲鉱工業と能率増進（巻頭言）
　　　　　　　　　　　　　関口八重吉　(1)
満洲産業開発五ヶ年計画の発展
　　　　　　　　　　　　　松村徹蔵　(4)
満洲の機械工業の概観並に其趨勢
　　　　　　　　　　　　　天野富一　(12)
満洲に於ける移植工場の現状と其将来
　　　　　　　　　　　　　長谷川秋郎　(18)
当面の労働問題と其性質　　岡田一郎　(25)
建国十年紀念編集（其一）
　満洲金融界の変遷　　　　呉金川　　(28)
効用性より観たる松花江　　照井隆三郎　(34)
満洲鉱工業を指導する人々（四）
　北野鉱山司長・石田工務司長・
　本間水力電気建設局長　　本木邦夫　(44)
満洲鉱工業の現状と技能者養成の使命
　　　　　　　　　　　　　中野清見　(39)

建国十周年の話	磯部秀見	(50)
満洲風物記（一）	藤山一雄	(47)
会員各会社の動き		(58)
満洲史話（第六回）	三木猪之介	(30)
映・画・技・術	宮川讃	(56)
会報		(49)
会員会社の動き		(17)
職場から		(43)
編集後記		(66)
会員会社概要（第二回）		(60)
（法令）機械金属工業に対する鉱工業技能者養成令第五条に関する命令		(64)

第2巻 第8号
康徳8年8月1日発行
（一橋大学経済研究所資料室）

石炭増産実状を現地に聴く		
△石炭増産対策に就て	今泉耕吉	(2)
△阜新炭田の開発外貌	平石栄一郎	(6)
日満経済懇談会の成果	坂上蔓平	(12)
鏡泊湖水力発電と其の重要性	高野宗久	(19)
建国十年紀念編集（其二）		
満洲文化発展と現状	磯部秀見	(22)
座談会　満洲のよもやまを語る		(28)
満洲鉱工業を指導する人々　　（四）		
永積満洲重工業開発顧問・小川日満商事理事長・高橋満洲生命理事長	本木邦夫	(42)
満洲風物記（二）	藤山一雄	(46)
西安の白雲「現地随筆」	志賀明	(49)
満洲断想	N・K・N	(52)
鉄の戦士「シナリオ」		(54)
会報		(27)
会員会社の動き		(45)
重要日誌抄		(45)
編集後記		(64)
会員会社概要（第三回）		(61)
（法令）機械金属工業に対する鉱工業技能者養成令第五条の命令に関する件		(63)

第2巻 第9号
康徳8年9月1日発行
（一橋大学経済研究所資料室）

日本鉱工青年に要望す	関口八重吉	(2)
満洲に於ける非鉄金属資源と其の開発状況	内野正夫	(7)
満洲に於ける労働力の創出策	山岸謹二	(4)
石炭増殖実状を現地に聞く（二）		
石炭増産計画に対する豊富現状	長久美	(21)
満洲油屋業に就て	三木昇示	(24)
現地の声　現地偶語	悠堂山人	(45)
建国十年紀念編集		(3)
満洲国交通政策の変遷	椿知義	(27)
道教と支那民族性	児玉繁夫	(12)
満業改組を顧りみて	松本徹蔵	(16)
承徳離宮にて（絵と文）	赤羽末吉	(32)
満洲建国勤労奉仕隊工業特技班座談会		(34)
満洲鉱工業を指導する人々（五）		
大磯電業理事・野村清・松本豊三郎	本木邦夫	(46)
重要日誌抄		(51)
編集後記		(56)
我社の名物男を語る（一）昭和製鋼所嶺慶二君	鶴田宗右衛門	(52)
満洲史話（第七回）	三木猪之介	(49)
会員会社概要（第三回）	編集部	(54)

第2巻 第10号
康徳8年10月1日発行
（一橋大学経済研究所資料室）

満洲に於ける化学工業の概況	海老根駿	(7)
興安北省の鉱産資源	吉村恂	(11)
満洲第二次五ヶ年計画の性格	新郷公一	(2)
満洲に於ける物価問題とその対策	浅田正憲	(14)
満洲セメント工業の概観	中野常男	(21)
技能競争雑感	柳生昌家	(19)
撫順と鞍山	山田清三郎	(29)
経済時評	加納一夫	(25)

阜新に行く　現地を見る	餅谷勇市	(50)	
斯うして難関を突破した（1）			
鉄道借款契約の思ひ出	山崎元幹	(23)	
若き鉱工戦士・実習の体験を語る			
奉天実習感想	朝倉恒	(44)	
青城子鉱山に実習して	永山林	(45)	
実習旅行	美濃勇	(46)	
東辺道に実習して	菊原英二	(47)	
山（絵と文）	池邊青李	(38)	
満洲鉱工業を指導する人々（六）			
藤井密山炭砿社長・宮本撫順炭砿次長・			
前田日満商事理事	本木邦夫	(35)	
東辺道開発会社移動		(49)	
同和ニュース		(47)	
重要日誌抄		(20)	
日本帝国青少年雇入に就て		(24)	
鉱工学専修生給費規程		(10)	
編集後記		(64)	
随想			
満洲断想	N・K・N生	(40)	
新京	今井擂津雄	(42)	
特集　鉱工青少年技術生渡満後の感想（一）		(51)	
質疑応答		(48)	

第2巻 第11号
康徳8年11月1日発行
（一橋大学経済研究所資料室）

鉱工業に志す日本青少年に要望す	関口八重吉	(2)
第二次産業開発計画と特殊会社金融	平川義外	(4)
炭価改訂と価格政策の重要性	楠山元	(10)
満洲国財政の十年の概観	飯澤重一	(15)
確立した満洲国の労務新体制	山川健二	(29)
特集　満洲電気事業の今昔を語る（座談会）		(24)
経済時時	XYZ	(37)
世紀の驚異　宮原溶鉱炉と本溪湖煤鉄公司	小野寺亘	(33)
随想二題		
熱河省凌源	島田清	(45)
満洲田舎ある記	哲十九二	(47)
満洲鉱工業を指導する人々（七）		
島岡本溪湖煤鉄公司理事長・猪方益家（満炭）・		
鉤逸郎（鉱発）	本木邦夫	(42)

重要日誌抄		(53)
臨時指導員養成所入所式		(53)
編集後記		(63)
満洲事情紹介座談会		(28)
会員会社概要		(62)
質疑応答		(51)
特集　鉱工青少年技術生渡満後の感想（二）		(54)
康徳九年度日本青少年募集要領　（広告頁）		

第3巻 第1号
康徳9年1月1日発行
（一橋大学経済研究所資料室）

建国十周年記念特集グラフ

建国十年・躍進満洲		(1)
満洲の鉄鋼工業		(5)
石炭増産に挺身する		(11)
機械工業の断面		(16)
金属工業の概貌		(18)
鉛		(19)
アルミニューム		(1)
金		(2)
洋灰工業		(4)
電力		(6)
パルプ工業		(8)
満洲繊維工業		(10)
交通・通信		(11)
決戦体制下に技術を練る鉱工戦士		(13)
満洲代表会社の福祉施設		(15)

本文

建国十年満洲国躍進の跡	磯部秀見	(1)
満洲国鉱工業十年の回顧	本木邦夫	(7)
満洲に於ける生活・風俗	今井擂津雄	(13)
満洲軽金属工業株式会社概要		(16)

第3巻 第2号
康徳9年2月1日発行
（一橋大学経済研究所資料室）

大東亜戦争と満洲鉱工業	関口八重吉	(2)
大東亜戦争勃発と対日寄与増大一路の満洲国経済	小谷正治	(3)
特集大東亜戦争と現地経済人の決意		

大東亜戦争と満洲の重要性	山崎元幹	(14)
兵站基地満洲の責務	赤瀬川安彦	(16)
電気通信事業の使命完遂へ	小澤俊康	(19)
統制される技能者養成期間中の給与		(27)
満洲経済時評	山本三夫	(23)
(現地報告)		
将来性豊かな営城子炭砿	本木邦夫	(28)
満洲鉄道史話(一)	宮永次雄	(30)
ガス自動車用圧縮ガス供給スタンドに就いて		
	今泉忠厚	(36)
随筆 満洲の正月	哲十九二	(45)
環境と読書	宮崎庸夫	(49)
健兵・慰問袋・手紙	中村秀男	(41)
決戦下の人的資源(絵と文)	今井一郎	(34)
ハワイ海戦とオイル・シェール		(13)
特集 鉱工青少年技術生渡満後の感想(四)		(51)
編集後記		(64)

第3巻 第3号
康徳9年3月1日発行
(一橋大学経済研究所資料室)

南方資源と満洲鉱工業(巻頭言)	関口八重吉	(2)
南方共栄圏開発促進と満洲国	小谷正治	(16)
特集 大東亜戦争と現地経済人の決意(三)		
大東亜戦争と満洲金融界の動向		
	大澤菊太郎	(3)
大東亜戦争と経済人の決意	松村茂	(6)
北人南物と辯	藤山一雄	(8)
大東亜戦争と満洲の役割	三浦一	(11)
大東亜戦争と現地科学技術者の覚悟		
	三木昇二	(13)
技能競争の与ふる示唆	野村誉則	(29)
労務新体制と満洲労働界の動向		
	古田末二	(25)
産業戦士の再錬成	高野武雄	(22)
満洲鉄道史話(二)	宮永次雄	(47)
満洲鉱工青年読本(一)	山下三平	(43)
絵と文 鉄都鞍山	古長敏明	(38)
満洲経済時評	加納一夫	(34)
現地報告 大豊満水発電所をみる		
	森三吾	(40)
随筆三題		
緑の沃野満洲	哲十九二	(56)
日本人の目	吉田長次郎	(51)
東辺道開発を見る	今井播津雄	(53)
鶴岡炭砿開発に満鉄の参加		(55)
業務会報		(24)
東北満に製紙会社		(21)
協会総会		(37)
鉱工青少年技術生渡満後の感想(五)		(60)
編集後記		(64)
鉱工ニュース断片		(42)

第3巻 第4号
康徳9年4月1日発行
(一橋大学経済研究所資料室)

大東亜戦争と青少年技術生	関口八重吉	(2)
戦争下に於ける満洲重工業の課題		
	松岡享一郎	(3)
鶴岡炭田一部の満鉄経営移管と		
一業一社主義修正問題	中河志郎	(6)
大豆化学工業の進路(一)	三木昇示	(11)
満洲経済時評	加納一夫	(16)
調査資料 鉱工部門に於ける労働人口の構成(一)		
	峠一夫	(20)
現地報告 秘境・鏡泊湖発電所を見る		
	森三吾	(23)
満洲鉄道史話(三)	宮永次雄	(26)
満洲鉱工青年読本(二)	山下三平	(32)
▲康徳九年第一四半期対満投資三億五千万円		(10)
▲石炭液化の成功は逞しき芸術だ		(38)
絵と文 満洲の労働歌	吉田長次郎	(30)
業務会報		(19)
随筆		
満洲のはて	島田清	(36)
松花江を下る	哲十九二	(39)
青少年技術生渡満後の感想(完)		(43)
編集後記		(48)

第3巻 第5号
康徳9年5月1日発行
(一橋大学経済研究所資料室)

能率増進と生産方式研究の必要	関口八重吉	(2)
第二次五箇年計画と満洲経済	金久保雅	(3)
大東亜戦争と満洲重要産業の将来		
	平川義外	(7)
大豆化学工業の進路(2)	三木昇示	(15)

満洲経済時評　　　　　　　加納一夫　(19)
調査資料　鉱工部門に於ける労働人口の構成（一）
　　　　　　　　　　　　　峠一夫　(22)
現地報告　対日銑鉄供給予定量を突破
　昭和製鋼所の輝く偉業成る　森三吾　(26)
満洲鉄道史話（四）　　　　宮永次雄　(29)
現地報告　哈爾濱の三日　　柏崎才吉　(32)
満洲の四季（春の巻）　　　山田健二　(40)
満洲鉱工青年読本（三）　　山下三平　(42)
満洲ニュース一束
　鉄鋼統制会支部設置　　　　　　　(39)
　満洲汽船会社設立　　　　　　　　(14)
　日満支産業開発計画（青木次長帰任談）(47)
　大陸「空の研究室」　　　　　　　(18)
チチハルの夜行（紀行）　　松本道徳　(46)
編集後記　　　　　　　　　　　　　(48)

第3巻 第6号
康徳9年6月1日発行
（一橋大学経済研究所資料室）

大東亜戦争と鉱工技能者　　関口八重吉　(2)
満洲の鉱産資源　　　　　　佐藤才止　(3)
満洲の資源と技術　北人南物論を排す
　　　　　　　　　　　　　北条秀一　(10)
第二次五ヶ年計画と満洲経済　金久保雅　(12)
大豆化学工業の進路　　　　三木昇示　(16)
満蒙に於ける石油業の現状　山中清三　(30)
調査資料　鉱工部門に於ける労働人口の構成（三）
　　　　　　　　　　　　　峠一夫　(32)
特集・座談会　満洲に於ける技能者養成を語る(20)
満洲の四季　　　　　　　　山田健二　(40)
本渓湖春秋　　　　　　　　尾崎豊　(42)
満洲鉱工青年読本（四）　　山下三平　(36)
ハルピン白系露人の生活　　今井擶津雄　(44)
石炭液化に満洲科学陣重なる凱歌　　　(46)
東辺道開発に於て満鉄大村総裁語る　　(43)
第二次鉱産物増産に完璧　　　　　　　(11)
満洲鉄鋼増産へ　　　　　　　　　　　(15)
満洲鉱工会社の展望　　　　編集部　(47)
編集後記　　　　　　　　　　　　　(50)

第3巻 第7号
康徳9年7月1日発行
（一橋大学経済研究所資料室）

巻頭言　満洲に於ける農業と鉱業との
　　　　関連化の必要　　関口八重吉　(2)
戦争下の技術者養成に就て　金谷一秀　(3)
戦争完遂と満洲鉄鋼業の責務　三田正揚　(7)
第二次五ヶ年計画と満洲経済（完）金久保雅　(9)
第二次五ヶ年計画と満洲の電気事業
　　　　　　　　　　　　　山口木生　(12)
満洲経済時評　　　　　　　加田信　(15)
技術政策に就いて　　　　　小泉幸之助　(18)
大豆化学工業の進路（完）　三木昇示　(21)
満洲鉱工会社の展望　　　　編集部　(24)
満洲鉱工青年読本（五）　　山下三平　(26)
現地報告　水都吉林　　　　柏崎才吉　(28)
東部国境　慰問行　　　　　島田清　(35)
満洲の四季（秋の巻）　　　山田健二　(38)
本渓湖春秋（下）　　　　　尾崎豊　(40)
一面坡合同訓練参加報告　　権丈温夫　(42)
技能者雇入制限及移動防止法並同施行規則　(46)
編集後記　　　　　　　　　　　　　(48)

第3巻 第8号
康徳9年8月1日発行
（一橋大学経済研究所資料室）

巻頭言　第二次産業開発五ヶ年計画と本協会の使命
　　　　　　　　　　　　　関口八重吉　(2)
第二次五ヶ年計画の実施方策　武部六蔵　(3)
第一次計画を基盤に満洲産業建設の新段階
　　　　　　　　　　　　　楠田寛治　(6)
満洲に於ける厚生問題　　　淡輪憲二　(15)
満洲経済時評　　　　　　　山内祐光　(11)
選鉱剤の自給　　　　　　　　　　　(10)
満洲の風俗生活（夏の特集）
　東辺道の山々　　　　　　赤羽末吉　(27)
　夏季的工人問題　　　　　古長敏明　(30)
　布達拉　　　　　　　　　郡菊夫　(34)
　地方風景二題　　　　　　浅枝青甸　(36)
新京緑風誌（1）　　　　　　柏崎才吉　(17)
満洲の四季（終）　　　　　山田健二　(25)
満洲鉱工青年読本（六）　　山下三平　(38)
緑園住宅雑想　　　　　　　今井擶津雄　(42)

生活の職場に思ふ	守谷良平	(45)
経済顧問会議開かる		(5)
満洲鉱工会社の展望	編集部	(47)
鉱工ニュース一束		(49)
編集後記		(50)

第3巻 第9号
康徳9年9月1日発行
(一橋大学経済研究所資料室)

建国十周年と満洲鉱工業の将来	関口八重吉	(2)
産業統制法の制定に観る満洲経済の脱皮過程	伊藤由一	(3)
建国十周年慶祝特集		
建国以来躍進を続ける満洲鉱工業の概況	石田磊	(7)
建国十周年に際し決意を語る	北野重雄	(12)
満系国民に対する特殊金融対策	大澤菊太郎	(14)
石炭報国に邁進	松村茂	(15)
「満洲維新」の感激	赤瀬川安彦	(16)
満人技能者の能率を百％昇けろ	山崎一二	(17)
戦争完遂と技術者の問題	根本富士雄	(19)
満洲文化の母胎	藤山一雄	(20)
産業報導隊現地報告		
第一班　安東・東辺道の産業地帯と		
水満豊満の水力電気を見る	青山正三	(23)
絵と文　東辺道・大東港	池田甚三郎	(23)
第二班　南満錦州産業地帯印象記	竹本芳明	(27)
絵と文　楊家杖子鉛鉱・阜新炭砿露天掘	桑原宏	(28)
第三班　南満重工業地帯の性格	橋本忠彦	(30)
第四班　北満・東北満視察記	長谷川秋郎	(33)
絵と文　鏡白湖水力・鶴岡炭砿	太田洋愛	(35)
満洲統制外炭砿論	金久保雅	(39)
満洲経済時評	栗山原輔	(45)
満洲鉱工青年読本	山下三平	(49)
豊満ダムと秋の山	吉田長次郎	(53)
職場と生活	守谷良平	(54)
新京緑風誌（2）	柏崎才吉	(57)
満洲国の人口		(38)
満洲国新国歌制定		(44)
現場日誌の一節より	高橋義雄	(48)

編集後記		(55)

第3巻 第10号
康徳9年10月1日発行
(一橋大学経済研究所資料室)

大陸経済圏の連繋	杉戸彌	(2)
第二次五ヶ年計画と石炭対策	松村茂	(5)
戦ふ満洲重工業の全貌	山口敏	(9)
満洲建国と鉄道政策の進展　続・満洲鉄道史話	宮永次雄	(15)
満洲経済時評	川口達夫	(18)
特集　勤労奉仕隊　鉱工特技班座談会		(22)
満洲生活講座（一）	浅田正憲	(35)
満洲放送の十年	島田清	(39)
満洲鉱工界人像（一）	吉田雅夫	(43)
光と影	今井播津雄	(45)
政府職員休養所めぐり		(48)
満洲鉱工会社の展望（四）	編集部	(51)
本渓湖煤鉄便り		(8)
日満物動の高度化		(17)
「大橋頼三伝」に就て		(38)
満洲歳事記		
其ノ一		(21)
其ノ二		(47)
編集後記		(54)

第3巻 第11号
康徳9年11月1日発行
(一橋大学経済研究所資料室)

全連を顧みて	鴻二郎	(2)
戦時下に技能者の養成に挺身して	橋本胸貞	(6)
満洲産業視察記	中谷千蔵	(8)
満洲の特産亜麻工業に就て	齋藤秀二郎	(13)
満洲鉄道経営の現段階　続・満洲鉄道史話	宮永次雄	(15)
満洲経済時評	伊藤由平	(18)
満洲の健康生活法	牛久昇治	(21)
満人風土記	山田健二	(26)
満洲生活講座（二）	浅田正憲	(30)
国都巡視記（三）	柏崎才吉	(34)
雑感	中野俊介	(38)
職場と生活（二）	守谷良平	(40)
満洲鉱工会社の展望	編集部	(43)

青少年技術生渡満後の感想　　　(45)
鉱工ニュース断片　　　　　　　(7)
俳句・和歌　　　　　　　　　　(20)
編集後記　　　　　　　　　　　(52)

第3巻 第9号
康徳9年9月1日発行
(一橋大学経済研究所資料室)

巻頭言　康徳九年度満洲鉱工業と本会事業の回顧
　　　　　　　　　　　　関口八重吉　(2)
日本の戦争完遂に寄与せる
　康徳九年度満洲経済の展望　石島悟郎　(4)
大東亜戦争下に於ける満洲国の製鋼業
　　　　　　　　　　　　島岡亮太郎　(9)
満洲経済時評　　　　　　加納一夫　(11)
奉天に於ける金属工業の業態を衝く
　　　　　　　　　　　　畠山寛城　(15)
共栄圏の確立と満洲鉄道　続・満洲鉄道史話
　　　　　　　　　　　　宮永次雄　(18)
豊満ダム建設苦闘史　　　高橋清　(22)
現地報告　安東の工業とその将来
　　　　　　　　　　　　高野恒男　(28)
満洲鉱工業発祥の地　　満鉄撫順炭砿　(31)
満洲生活講座　　　　　　浅田正憲　(36)
康徳九年度本協会業績の回顧　　　(40)
随筆　戦場と生活（三）　守谷良平　(45)
満洲鉱工会社の展望　　　編集部　(48)
青少年技術生渡満後の感想　　　(51)
満洲国の戦時体制　　　　　　　(8)
明年度鉄鋼政策成る　　　　　　(10)
満洲十一月の日誌　　　　　　　(35)
満洲歳事記　　　　　　　　　　(14)
俳句欄　　　　　　　　　　　　(47)
満洲関係図書新刊案内　　　　　(50)
編集後記　　　　　　　　　　　(56)

VI. 旅の記録

台湾教育史遺構調査
（その10）

白柳弘幸＊

1　芎林文林閣と芎林国民小学

　芎林国民小学へは台湾鉄路（以下、台鉄）新竹駅から内湾線、又は台湾高速鉄道（以下、高鉄）新竹駅から六家線経由竹東駅で下車し駅前からタクシーで20分ほどの距離。芎林国民小学から文林閣へは徒歩で数分。台北から竹東へは高速バスも利用できる。竹東は中心部で早朝から昼頃にかけて朝市で賑わう客家の街としても知られている。

　現在の新竹県芎林国民小学の前身は、創立期に九芎林公学校と言われていた。『九芎林公学校沿革誌』（以下、沿革誌）によれば、

　　当校ハ明治三十一年十二月八日九芎林公学校トシテ設立認可ヲ得竹北一堡九芎林庄土名九芎林第十六番地ノ民屋ヲ借リ校舎ニ充ツルコト、シ金貳百五拾円ノ寄附ヲ募集……校舎ノ準備ヲナス

とある。そして、翌1899（明治32）年3月4日開校式を挙行している。台湾公学校令公布が1898（明治31）年10月1日であるから、その5ヶ月後のことで、創立百年を超えるこの地域の伝統校と言える。「沿革誌」中、興味深い記事が載る。1908（明治41）年1月、

　　文林閣ヨリ金百円ヲ以テ其西隣ノ地ヲ購ヒ之ヲ寄附シテ校舎建築ニ充テント乞フ之ヲ導機トシテ新営費ハ負担金ニ二千円トシ他ハ寄附ニ待ツノ計ヲテ明治四十一年六月全部ノ募集ヲ了シ四十二年四月起工シ六月竣功ス文林閣寄附ノ地ハ狭隘ナルヲ以テ文林閣ニ売却シテ其所有ノ畑地二分余ヲ購入シ雷茂蘭ヨリ購入ノ地ト合併シテ校地トナス

＊玉川大学教育博物館

1909（明治42）年4月に起工し6月竣功。その後文林閣より寄附され
た土地は狭いため文林閣に売却しているがその経緯は分からない。また、
1910（明治43）年10月のこととして、
　　九芎林庄土名高堤頭文林閣建物ノ一部ヲ無償借入シ生徒寄宿舎トナ
　　ス　借入期限満五箇年ナリ
さらに1916（大正5）年6月にも寄宿舎についての記事が載る。
　　文林閣建物ノ一部ヲ寄宿舎トシテ三年間（壱ヶ月五拾銭ノ約）借用セ
　　リ
先の無償借用が終り、再度の借用時は金銭を支払っている。1917（大
正6）年度は入学児童増加のため教室を2学級増築し、10月に完成した。
その間のこととして、
　　此年十月十日マデハ第六学級第六学年ハ文林閣寄宿舎ノ一部ヲ採光
　　ニ依リ修繕ヲナシコヽニ入レ教授ヲ行ヒタリ
などと書かれている。また1931（昭和6）年8月31日の記事として
　　文林閣より800円の寄附を受け教室及事務室の屋根及板壁等の大修
　　繕を施行し兼ねて白蟻防備設備を講ぜり
と載る。これまで各地の「学校沿革誌」から、創立期に孔子廟や廟の
一室を公学校教室として開校した事例を明らかにしてきた。当校の場合、
当初民屋を借用して開校し、その後文林閣の一部を寄宿舎とし、文林閣
からの寄附等を基に校地の購入や校舎建築を行うなど経済的と支援を受
けている。文林閣なしに九芎林公学校の発展拡充はなかったと思われる。
文林閣は学問の神様である文昌帝君をお祀りする地元民の信仰の拠り所
であるため、公学校設置に相応しい廟と当地の総督府の役人が判断した
のであろう。尚、現在の文琳閣は文昌帝を祀るものとして台湾内で最大
級の建物とのこと。**(写真①)**

　1935（昭和10）年1月23日の記事に
　　本校の文集「文林」は昭和三年に生まれ第二号にて休刊せしが本日
　　第三号を発行し児童に配布せり
さらに、翌1936（昭和11）年2月16日に制定された校歌（渡部逸平作
詞）の歌詞3番に、として
　　歴史はかほる文林の　我が学舎の名にはぢず
　　皇国の精神磨かなん　ああ聖代のみ民われ

写真①

など、文林を学校文集の誌名とし、校歌でその名を歌い「文林」の名称は児童や卒業生に後々まで刻まれることになる。

　また、戦前台湾の流行歌として広く知られる「雨夜花」の作曲者として知られる鄧雨賢の名が「沿革誌」に載る。鄧雨賢は台北師範学校に学んだ後、日本に留学。帰国後「大稲埕行進曲」「望春風」「雨夜花」「月夜愁」等の作曲者として知られ、台湾歌謡の父と言われるようになる。1938（昭和13）年4月に「雨夜花」は「誉れの軍夫」として歌詞が換えられ軍歌としてレコードになりコロンビアから発売された。後に映画にもなり、その結果、多くの台湾人が軍夫志願をする結果にもつながった。鄧が心を痛めたことは想像に難くはない。「誉れの軍夫」は軍夫出征時によく歌われたとの思い出を、筆者の行った聞き取り調査時に度々聞いている。

　鄧は1940（昭和15）年3月31日付けで台湾コロンビヤ会社を辞し当校に赴任し、日本名東田暁雨と改姓するも4年後の1944（昭和19）年6月12日に亡くなる。この間、3年生4年生の学級担任、1943（昭和18）年4月12日より5日間「新要目ニヨル音感教育講習会」指導等の記録が載る。文林閣は鄧の祖父鄧兆熊が建立に関わり、鄧は芦林国民学校奉職時に文林閣の一室を住居としていたとのこと。

芎林国民小学校史室には、日本で初めて児童向けに出版された『児童百科大辞典』が置かれていた。本書は玉川学園出版部（現玉川大学出版部）発行によるが、当時の学生たちが販売等のために台湾に渡った記録が、筆者の勤務する玉川大学教育博物館学園史料として残されている。そうした1冊であったのだろう。本書は台湾師範大学図書室や台中教育大学図書室にて閲覧したが、国民小学の校史室では初めて確認した。

芎林国民小学参観については同校卒業生で戦前戦後教員や校長として勤務された古慶瑞氏の尽力によった。また、鄧雨賢についても当時の様子を語っていただいた。共にお礼申し上げたい。

(新竹県芎林郷文山路288号　2013年11月14日訪問)

2　竹南慈裕宮と竹南国民小学

竹南へは台鉄台北駅から西部幹線自強号にて1時間半ほどの竹南駅下車。竹南駅から竹南国民小学へは中山路から中正路の国立竹南高級中学の前を通り、徒歩で20分くらいの距離になる。竹南慈裕宮へはさらに中正路を西へと進み10分ほどかかる。

苗栗県竹南国民小学の創立は1898 (明治31) 年1月24日の新竹国語伝習所中港分教場設置認可に遡る。同年3月20日に開場、同年10月1日公学校令発布に依り中港公学校と改称した。竹南国民小学は国語伝習所分教場を起源に持つ地域の伝統校である。『中港公学校沿革誌』(以下、沿革誌) 中、「二　校舎ノ位置建物ノ種類及其由来」に

　　本校ハ中港街 (中街) ニアリ媽祖宮ノ全部ヲ以テ校舎ニ使用ス
　　当家屋ノ建築ハ道光十八年ニシテ爾来書房ヲ茲ニ開設シ日本政府領
　　台ノ際ニ至ルト云フ

と述べられている。「沿革誌」にあるように、道光十八年 (天保九年/1838) に媽祖宮が造られ書房が置かれた。統治後、そこに新竹国語伝習所中港分教場校舎を置いた。元々書房も置かれていたため地元民の教育を継承するという意義を持たせやすかったのであろう。ここに書かれている媽祖宮が現在の竹南慈裕宮である。**(写真②)**

　　明治四十年五月ヨリ新入学生徒増加ノ結果廟内祭壇装置所ヲ教室ニ

写真②

　使用シ之レヲ以テ廟内全部ヲ校舎ニ充テラル、ニ至レリ

と載り、竹南公学校での生徒募集は順調であったように捉えられる。また「沿革誌」には、

「建築又ハ修繕費其他開設費重ナル寄付者」として地域の有力者と思われる9氏名、暴風雨により校舎の一部が損傷しその修繕費寄付者には48名の名が載る。加えて「開設ニ際シ最モ盡力セシモノ」として新竹県参事、頭份弁務署参事、中港街長、中港分教場助教諭の4名の名が載るなど、地域が一丸となって国語伝習所中港分教場、中港公学校を支援している様子が伝わってくる。そのためか、媽祖宮から経済支援を受けていたという記事は見出せない。前述の九芎林公学校と対照的であった。当地は町の規模も大きく、寄附が出来る層が多かったのであろう。

「沿革誌」中、興味深い記事として、1899（明治32）年5月22日、内地人児童男子1名が3年に編入学し当校に小学科が設けられたことが載る。小学校を設置していない地方では当分公学校に於いて教員に余力のある場合に限り、内地人子弟を受け入れて良いとする「小学校教育特別施行規程」（台湾総督府訓令第百二十三号）が発令されたのは1903（明治36）年6月24日であった。中港公学校では内地人子弟受け入れを発令4年前に行っていたことになる。明治32年度学年末には男女各1名で計2名、同33年度学年末には女2名、同34年度学年末には女1名、同35年度学年末には男3名女2名で計5名が在籍していた。明治36年1月1日小学科は廃止されるが、1913（大正2）年4月に新竹高等小学校中港分教場が設

置された。光復後、小学校跡地には竹南国民中学が開校した。

　当「沿革誌」の記載内容の分量と精緻さは、筆者が調査した各地「学校沿革誌」の中でも突出している。その一例として学芸的行事を取り上げる。明治31年3月20日に「幻灯会」が行われたことが、学芸的行事の初めての記録になる。これは、同年1月24日の新竹国語伝習所中港分教場設置認可、3月20日の分教場開場式の余興として行われたものであった。その後も活動写真、蓄音機を聴かせるなどの機会を設けている。「学芸会」という名称が使用されるのは1915（大正4）年6月17日まで待つが、台湾内でも早期に行われた学校に入ると思われる。その後もほぼ毎年「学芸会」は開催され、紀元節式、講堂竣功記念、アメリカ人形歓迎、雛祭等の特別な行事に合わせて行うなどしている。学芸会という名称はとらないものの童謡舞踊の会、お伽話講演会、ヴァイオリン演奏会、十六ミリ映写会、音楽会、奇術団見学等の学芸的行事開催についての記録も散見する。各地で空襲を受ける戦局押し迫った1944（昭和19）年にも、映画観覧、母姉会にて学芸会、軍慰問映写会、写真移動展覧会見学等も行っている。ここまで詳しい記録は他校「学校沿革誌」に見られないものである。そのためこうした学芸的行事開催は竹南公学校のみが特別であったのか、他校でも一般的であったのかは判断できない。

　「沿革誌」を読み解くと、総督府文書を中心としての教育政策史研究では見ることができない学校内での児童、教員そして地元の人々の姿―生活の中での教育―について垣間見ることができる。各地の「沿革誌」を見出して読み解くことの興味はつきない。

（苗栗県竹南鎮中正路146号　2011年12月26日）

3　北埔慈天宮と北埔公学校

　北埔へは台鉄新竹駅や高鉄新竹駅から定期観光バスである台湾好行獅山線に乗車。高鉄新竹駅から40分ほど。このバスの開通によって北埔への交通の利便性は高まった。当地は今も客家の方が住み東方美人茶の産地でもある。バスを北埔老街で下車すれば、北埔慈天宮と北埔国民小

学へも 10 分程度で行き来できる。
　北埔国民小学沿革については北埔国民小学所蔵『昭和十二年度校勢 北埔公学校』の記載から確認したい
　　明治三十一年五月一日　新竹国語伝習所北埔分教場開校
　　明治三十一年十月一日　国語伝習所ノ後ヲ受ケ北埔公学校設置セラレ慈天宮ヲ仮校舎ニ充ツ
　　明治三十五年十月二十八日　土塊造教室及宿舎落成シ逐次木造煉瓦造校舎増築セラル
　当校に「学校沿革誌」所蔵はなく『昭和十二年度校勢』の記録による。そのため新竹国語伝習所北埔分教場開校、慈天宮に北埔公学校設置の経緯等は不明である。しかし慈天宮に北埔公学校仮校舎が置かれたことから、先の 2 校と同様の歴史を持っていることを知る。慈天宮は一般的な道教の廟であるが、観音菩薩を主とするなど廟の歴史の多様性を知らせてくれ県定古蹟として原第三級古蹟に指定されている。(**写真③**)
　当地で発生した北埔事件は 1907 (明治 40) 年 11 月 14 日に起こった漢民族と原住民による抗日事件である。この事件前後も含め北埔公学校に 23 年間校長としてその任を果たしたのが安部出作であった。安部はこの事件で混乱した村に積極的に立ち入り平静さを取り戻すよう努め村人の尊敬と敬愛を得た。
　安部は退官後帰国し 1931 (昭和 6) 年に亡くなり芝山巌に合祀された。『芝山巌誌』には当地赴任中「鋭意教育事業に盡瘁して他を顧みず、地方民もこの熱誠と児童に対する温情とに感激し、起つて学校教育に助力を致すものさへ現れ、以て同校今日の基礎を確立せり」と載る。亡くなる 3 年前の 1928 (昭和 3) 年、校内に「安部校長紀念碑」が作られ、更に創立百年の 1898 (平成 10) 年に同じ形の碑が立てられた。(**写真④**) 同一の碑が 2 基置かれているのも珍しい。新しい碑には「一樹桃李枝万千、百年基業永傳承、作育英才添佳話。期間竭盡心力、奉献校務、鞠躬盡瘁、深受鄰民愛戴」等と彫られている。安部校長の功績が当地で長く語り続けられていたのであろう。
　当校参観については古慶瑞氏の尽力によったお礼申し上げたい。
　　　　　　　　　　　(新竹県北埔郷北埔村北埔街一号　2014 年 6 月 24 日)

写真③

写真④

参考
『九芎林公学校沿革誌』新竹県芎林国民小学所蔵
『中港公学校沿革誌』苗栗県竹南国民小学所蔵
『昭和十二年度校勢』新竹県北埔国民小学所蔵
拙稿「台湾国民学校期修身教科書教材「心を一つに」についての一考察」『帝国日本の展開と台湾』創泉堂出版 2011年
拙稿「日本植民地統治下台湾における学校劇」『日本植民地・占領地教科書と「新教育」に関する総合的研究～学校教育と社会教育から』平成22～24年度科学研究費補助金 基盤研究（B）課題番号22330207 2013年
拙稿「日本植民地統治下台湾における日本人小学校の成立と展開―統治初期から明治末年までの日本人教育―」『玉川大学教育博物館紀要』第11号 2014年

Ⅶ．学会・シンポジウム参加記録

戦争をどう乗り越えるか
―― 盧溝橋事件 80 年国際シンポジウムに参加して ――

田中 寛*

1. 国交回復 45 年と日中戦争開戦 80 年を振り返る

　今年（2017 年）は日中国交回復 45 周年の「節目」の年にあたり、国交回復に至る経緯について外交面をはじめ、これまでに知られなかった側面を検証する作業やさまざまな催しが行われている。また、同時に日中戦争開戦から 80 年にあたり、あらためてこの戦争の意味、様々な負の遺産の検証が行われている。「国交回復」と「日中戦争」という、いわば記憶の不可分な関係は、いまなお多くの未決の問題を含むものであり、この混迷が現在の日中関係を反映していることは否めない[1]。日中戦争の真実を共有しない限り、国交は「正常化」の真の意味を共有することはできない。植民地教育史研究に携わる立場にあっても、日中戦争の検証は無関心ではいられない。国交回復が戦前・戦中の日本のおかしたさまざまな侵略戦争の検証、その戦争責任、そして戦後責任を共有したうえでの「成熟した」回復であったかといえばそうではない。歴史教科書問題をはじめ、日本国内でも戦争責任問題が十分に議論内省されないまま、とくに 1990 年代から戦争責任を問う中国民衆の側からの告発、損害賠償請求の運動が連綿として続き、これへの誠意ある対応もなされずに推移してきた結果、ここ数年、両国の関係は一段と厳しさを増してきている。

　あの国交回復は何だったのか。その後の中国ブーム、そして蜜月の時代。あのとき、四十年後のこじれた日中関係のゆくえを誰が予想しただろう。戦争責任を清算していない、いわば「棚上げ」の状態は長くは続

*大東文化大学教授

かない。歴史の「パンドラの箱」は冷戦終結から今世紀に入って開けられたともいえる。両国の現政権の舵取り如何で良好な関係は簡単に瓦解しかねない。

　春先に千葉商科大学の趙軍教授から国際シンポジウムの開催の予定が届き、研究発表の依頼があった。日中戦争という歴史研究が専門ではなく、狭い見識で植民地教育史研究に取り組んでいる身にとっては荷が重く、しかも何かと実務がたてこんでいたが、重要なシンポジウムであることに共感を示し、承諾して準備に入ることとなった。国交回復何十周年という節目を考える前に、常に日中戦争という戦争の原点を考える必要がある。そこには忘れてはならない歴史の負の遺産がある。混迷する日中関係を見直す意味からも、盧溝橋事件80年国際シンポジウムは大きな意義ある催しになることが期待された。

2．シンポジウムの開催

　シンポジウムは2017年7月1日、明治学院大学本館3101教室にて開催された。主催は日本華人教授会議、中国抗日戦争史学会、協賛諸団体は公益財団法人東華教育文化交流財団、中国社会科学院近代史研究所『抗日戦争研究』編集部、また後援は明治学院大学平和研究所であった。日本華人教授会議は主として在日の日中現代史研究の中国人研究者で組織されている。戦後70年の節目の年（2015年）には、同じく同主催により千葉商科大学で国際シンポジウムが開催されている。一方の中国側の主催者である中国抗日戦争史学会は中国社会科学院近代史研究所におかれた学会であり、学術研究誌『抗日戦争研究』（隔月版）を刊行している。現代中国を代表する研究者と若手研究者の来日とあって、相互交流が期待される機会となった。

　開会式は9時30分から行われ、趙軍氏（千葉商科大学教授）の司会により、廖赤陽氏（武蔵美術大学教授、日本華人教授会議代表）から開会の辞、開催趣旨説明があった。ついで基調報告として日本側からは村田忠禧氏（横浜国立大学名誉教授）による「認識の共有化の前提としての歴史事実の共有化の重要性」、また中国側からは王建朗氏（中国社会科学院近代史研究

所研究員・所長）による「戦後対日処置構想與実践的変化（戦後対日処置の構想と実践における変化）」（通訳付）の講演がそれぞれ行われた。

　村田講演は尖閣諸島の領有過程をめぐる歴史的事実の経緯を再度あきらかにしたうえで、日中の相互理解をあらためて主張すると共に、史料の公正、的確な理解共有が必要との主張が確認された。とりわけ教育現場に持ち込まれる領土問題、相互理解促進のための歴史科学の取り組みについて大きな示唆を受けた。対立を煽るのではなく、冷静な思考が研究にも求められることを痛感した。また王講演（中国語、日本語通訳）は、大戦終戦の直前に対日処置工作がどのように推移していたのかを再検証する試みで、戦後処理の基本的な方針とともに、領土問題、中国駐日占領軍の問題、米国とソ連の対立における中国の立場など、今後の議論が俟たれる内容であった。発表は午前中に第一部、昼食休憩をはさみ、午後は第二部、第三部が行われた。発表は日本語と中国語（日本語通訳）で行われた。

3．第一部「史実が語る戦争と拡大への道」

　あのとき、一発の銃声がその後の泥沼化する日中戦争の長期化、さらにその先の太平洋戦争を予期し得たであろうか。不拡大方針の推移のもとにおそらく数ヶ月で終息するとの見通しはもろくもついえ、際限のない戦いへと進んでいった。第一部では陳肇斌氏（首都大学東京教授）の司会により、こうした日中戦争の内実を解き明かす研究が発表された。

　6名の報告者と発表題目は次の通りであった。（＊は中国語での発表、日本語通訳付き）

・井上久士（駿河台大学教授）「抗日民族統一戦線と日本」
・趙軍「"英雄"未満、"凡人"以上——『訊問調書』から見る日中戦争中の中西功」
・賀江楓（南開大学副教授）「1940-1942年閻錫山與対伯工作的歴史考察（1940-1942年の閻錫山と対伯工作に対する歴史的考察）」＊
・周東華（杭州師範大学教授）「仏已成魔：淪陷初期的杭州日華仏教会（悪魔になった仏陥落初期の杭州日華仏教会）」＊

・田中寛（大東文化大学教授）「文学で刻む日中戦争の記憶―戦時下に作家は何を見、何を感じたのか―」
・劉本森（山東師範大学講師）「英美学界的盧溝橋事変研究（英米学界における盧溝橋事変の研究）」＊

　以下、紙幅の制約から数点にしぼってコメントを加えたい。
　井上久士論文は日中戦争の勃発と満洲事変の接点を抗日民族の視点から再検証するというもので、9.18事変（満洲事変、柳条湖事件）と7.7事変（盧溝橋事件）にはある共通した特徴が見られるという。9.18事変に「味をしめた」日本軍部は7.7事変でもその謀略的経験が生かされているとの指摘は改めて侵略の本質を浮かび上がらせた。趙軍論文は中西功という特定の人物史から日中戦争の推移を見るという試みである。ひとりの日本人の中国観を掘り下げる意味でも興味深い内容であった。賀江楓論文は経済侵略の視点からこれまで考察されなかった閻錫山のもうひとつの側面についての報告である。周東華論文は植民地教育史の視点から最も興味ある内容で、宗教と言語政策の連携など今後の研究の課題となるべきものが多くあった。田中寛論文は戦争の呼称をめぐる日中の歴史観の相違にもふれながら、日中戦争を題材にした文学作品から両国の理解を深める努力について論究した。歴史学以外の研究の連携、実効性が問われる課題である。劉本森論文は盧溝橋事変に対する英国と米国の見方、国際情勢をめぐる分析で、今後の議論が俟たれる内容であった。

会場での発表風景
©TANAKA 2017.7.1

4. 第二部「"抗戦"の中国と日本」

午後は廖赤陽氏（武蔵野美術大学教授）の司会により、以下の発表が行われた。

・桜井良樹（麗澤大学教授）「国際関係の中の華北駐屯日本軍」
・趙秀寧（北京大学大学院博士課程）「抗戦時期日本対華資源的另類略奪――青島特別市"献銅運動"的研究（抗戦時期日本の中国資源に対するもう一つの略奪――青島特別市の"献銅運動"についての研究）」*
・戸部健：（静岡大学准教授）「南開学校とYMCA―日本軍による南大攻撃（1937年7月）の遠因―」
・李玉蓉（北京大学大学院博士課程）「従進入山西到立足太行――試論八路軍後勤供給與軍事財政的創建（八路軍の補給と軍事財政の樹立――山西省の場合）」*
・程斯宇（南開大学大学院博士課程）「中共華北抗日根拠地的整風審幹運動（中共の華北抗日根拠地における「整風・幹部審査運動」）」*
・高瑩瑩（中国社会科学院近代史研究所編輯）「霧社起義與日本的理蕃政策――（霧社蜂起と日本の原住民対策について）」
・関智英（日本学術振興会特別研究員）「呉佩孚擁立工作と日支民族会議」

桜井良樹論文は近年の自書に沿って、駐屯軍の機能がどのように変化していったのかを11の項目に分けて解説した[2]。1935年以後の華北分離政策の進展が北京議定書の内容と駐屯軍の任務を拡大変質させた経緯が説明された。趙秀寧論文は戦時下の銅の需要が増大するにつれて青島でも「献銅運動」が華北政務委員会によって推進されていく経緯を明らかにし、文化侵略の一側面を浮き彫りにした。戸部健論文は対支文化事業を背景に南開大学の成立過程を検証するとともに戦時下での中国におけるYMCAの活動を考察した。これまでほとんど知られていなかった1937年の7月28日の天津南開大学の爆撃の遠因を明らかにした。李玉蓉論文は抗戦八路軍の食糧補給と軍事財政がどのように推移したかを山西省を例に考察した。程斯宇論文は抗日根拠地における整風（思想改造）運動についての研究である。高瑩瑩論文は台湾の霧社蜂起事件を日本の

蕃民政策のなかで再考した研究である。関智英論文は呉佩孚擁立工作の時期にあってその周囲に集まった人々をめぐり、日支民族会議の発足と「日支民族会議」の刊行などに焦点を当てて考察した。

5．第三部 「"歴史認識問題"と日中関係の提言」

　休憩をはさみ、李恩民氏（桜美林大学教授）の司会により以下の発表が行われた。

・高士華（中国社会科学院近代史研究所研究員）「論中日両国的戦時・戦後歴史連続性（中日両国における戦時・戦後の歴史的連続性について）」
・鹿錫俊（大東文化大学教授）「戦争はなぜ勃発したのか：当局者の認識から見る「コミンテルン陰謀論」の虚構」
・楊東（天津商業大学副教授）「循名責実――中共関於"抗日戦争"的概念表述與話語行動（名実相伴う："抗日戦争"に関する中共の概念表現と行動）」*
・姫田光義（中央大学名誉教授）「「撫順の奇蹟」を世界歴史記憶遺産に!!」
・天児慧（早稲田大学現代中国研究所所長、教授）「日中関係の直面する課題と今後の展望」

　高士華論文は「中国大陸の総体戦研究と日中比較」という観点から、いわゆる総力戦の定義とともに、それが戦後体制にどのように連続していったかを検証した[3]。鹿錫俊論文は西安事件から盧溝橋事件にいたる中国の対ソ認識をふまえながら当時の相互不信がどのように戦争に加担していったかを問題提起した。楊東論文は中国の「抗日戦争」の概念成立をめぐって「七七事変」から「全面抗戦」に至る経緯を検証した。姫田光義報告は、いわゆる撫順の奇蹟といわれる歴史事実の今日的意味として、さらに若い世代に記憶すべき遺産として呼びかけるメッセージであった。最後に、天児慧氏は全体の学術報告を統括する形で、今回のような学術交流が今後の日中関係の是正にきわめて大きな意味をもつことを再確認した[4]。

6. 総括として

　閉会式ではシンポジウムをふりかえり、高士華氏（中国社会科学院近代史研究所研究員）の司会で殷燕軍氏（関東学院大学教授）が全体の総括と閉会の辞を述べた。

　ここ数年、日中関係の冷え込みから日中学術交流にも影響が懸念されている。ある世論調査によれば相手国をよく思わない人達の数値は双方でこれまで以上に高くなっている[5]。相互信頼の構築のためには、何が必要だろうか。今回のシンポジウムに参加して痛感したことは日中二国間の学術交流の重要さである。現在のきびしい日中関係においてこそ、学術交流の重要さが増しているといえる。しかし、その趣旨が十分に達成されたかといえば、多くの課題も残された。

　まず大会が一日ということで日本語での発表が15分、中国語での発表が通訳付きで25分というように発表時間が十分に担保されず、多くの研究報告がともすると輪郭だけで終わったことは残念なことであった。18名もの発表者の研究題目はそれぞれ長い歳月をかけた研究の結実でもあるのだが、そうであればこそ意見の交換もまた重要な機会となる。

　また、関連団体に所属する研究者の積極的な参加が見られなかったことである。最近はどの研究会でも「集客」に苦労するという話を聞く。インターネット社会の影響で足を運ばなくても情報を収集できるとの風潮があるのか、人と人との積極的な直接対話の機会が少なくなっている。これと相俟って研究が蛸壺化し、自己主張の他は関心を抱こうとしない兆候が見られるようになった。学問研究の後退ともいうべき憂うべき事態ではないだろうか。

　第一部の宗教侵略に付託した日本語教育の実態に言及した周東華報告、また第二部では台湾の露社事件を新たな視点でとらえた高瑩瑩報告など、植民地教育史の研究から多くを学ぶ機会であっただけに、もっと多くの研究者の参加があれば、と残念に思われた。こうした機会は両国の側にとっても貴重な機会である。中国の若手研究者もそれを目標に日夜研鑽を続けているという話も聞いた。複数の学会、研究会の横の連携、情報の共有は難しい側面があるが、一方、研究者のそれぞれの専門領域を越

えて寛大な姿勢から知見を吸収する関心と作業が、現代という時代においてますます重要になっている。歴史感情の対立が完全になくなることはない。だが、その距離を少しでも縮めることは不可能ではない。そのための努力を払うことが研究者の使命であろうし、植民地教育史研究の最終目的でもあろう。このことを強調して報告を終えたい。

註
1 久保亨「日中戦争史研究の現在と日中関係」、『歴史評論』（2017年7月号、特集：日中戦争を考える―80年目の今日、校倉書房）。なお、日中戦争全体の見直しとして笠原十九司著『日中戦争全史（上下）』（高文研、2017）が刊行された。
2 桜井良樹『華北駐屯日本軍――義和団から盧溝橋への道』（岩波全書、2015）。
3 この報告は「中国大陸の総体戦研究と日中比較」と題して、上記『歴史評論』同号に収録されている。日本語の総力戦に対し、中国側で使用される「総体戦」の意味についても詳しく触れている。
4 このほか、日中戦争をあつかった特集として『歴史地理教育』（2017.7、歴史教育者協議会）の「日中開戦80年から学ぶ日中交流」がある。中国側では『抗日戦争研究』（2017年第3期）が日中戦争を多角的に特集している。
5 2016年の調査によれば日本では91.6％、中国では76.7％の人が相手国に対して良くない感情を抱いているとの報告がある。認定NPO法人言論NPO。日中共同世論調査。http://www.genron-npo.net/world/archives/6365.html　2017.9.25アクセス

Ⅷ. 彙報

2016年12月から2017年11月までの本研究会の活動を報告する（文中、敬称略）。

（1）組織・運営体制

　本研究会には、会則7条によって本『年報』奥付に記載の役員が置かれている。運営委員の任期は3年、『年報』編集委員の任期は2年である（第9条）。本年は運営委員は任期中であり（一部補充あり）、編集委員が改選された。

代表：井上薫
運営委員
○通信部：（議事録・通信・WEB更新支援）北川知子・小林茂子・清水知子
○研究部：（年次研究テーマ＜科研＞・定例研究会・国際交流等）合津美穂子・
　　　　　佐藤広美・佐野通夫
○宣伝・販売部：（年報の販路拡大など）白柳弘幸
　　　事務局長：（総務・渉外・各部との連絡調整）岡部芳広
　　　事務局次長：松岡昌和
　　　事務局員：（HP担当）山本一生／（研究業績作成）滝澤佳奈枝
　　　　　（会計）白恩正／（会計監査）北島順子・芳賀普子
年報編集委員会：（編集長）一盛真（副編集長）藤森智子（委員）松浦勉・丸山剛史・山本一生　〈編集長と副編集長は運営委員を兼務〉

本年の主な活動は以下の通りである。
1）研究大会・総会
　　2017年3月18日（土）・19日（日）宇都宮大学
2）運営委員会（研究大会準備、日常的会務のために3回開催）
　　①3月18日（土）宇都宮大学（第20回研究大会・総会準備等）
　　②6月24日（土）こども教育宝仙大学（第21回研究大会準備等）
　　③10月28日（土）東京家政学院大学（第21回研究大会準備等）
3）研究部（研究例会を2回開催、企画、運営）
　　①6月24日（土）こども教育宝仙大学
　　②10月28日（土）東京家政学院大学

4）編集委員会
　①6月24日（土）こども教育宝仙大学
　②10月28日（土）東京家政学院大学

5）事務局
事務連絡、会員入退会処理、会計、HP管理等を行った。

（2）第20回研究大会の開催

　第20回研究大会は、2017年3月18日（土）・19日（日）に、宇都宮大学で開催された。今回は第20回記念大会と位置づけ、初日冒頭にて渡部宗助会員（第Ⅳ期代表）による、「創設の頃とその後」というテーマでの記念講演がおこなわれた。続いてのシンポジウム「教育の植民地支配責任を考える」では、佐藤広美会員のコーディネートにより、以下の3名の報告があった。

1）松浦勉（八戸工業大学）
　「福沢諭吉のアジア認識と植民地教育史研究の課題」
2）丸山剛史（宇都宮大学）
　「満州国の職業技術教育と植民地支配責任」
3）三橋広夫（日本福祉大学）
　「中学生とともに植民地支配責任を考える―困難と課題」
　2日目は、以下の3本の自由研究発表がおこなわれた。

1）松岡昌和（一橋大学大学院言語社会研究科特別研究員）
　「日本占領下シンガポールにおけるこども向けメディアと日本文化教育」
2）井上薫（釧路短期大学）
　「日帝下朝鮮における日本語普及・強制政策
　　―1910年代前半の憲兵警察による教育への関与―」
3）宇賀神一（神戸大学大学院）
　「石森延男国語教科書編纂史」

（3）第21回研究大会の準備

第21回研究大会は、2018年3月31日（土）・4月1日（日）に、こども教育宝仙大学で行うこととなった。シンポジウムのテーマについては、運営委員会で検討され、「日中戦争と植民地教育の展開（仮）」に決定し、コーディネーターは一盛真会員が担当することとなった。

（4）年報『植民地教育史研究年報』の発行
第19号『植民地の近代化・産業化と教育』を、皓星社から2017年3月25日付で出版した。特集は前年度の研究大会として、2016年3月7日に東京家政学院大学で行われたシンポジウム「植民地の近代化・産業化と教育」であった。この他、研究論文2本、研究動向1本、書評、旅の記録、気になるコトバ、彙報で構成した。

（5）「研究会通信」の発行
　研究会通信「植民地教育史研究」は、第55号（2017年2月23日付）、第56号（2017年5月25日付）、第57号（2017年10月6日付）の3号が発行された。
　第55号では、宇都宮大学での第20回研究大会の概要予告、光復71周年・韓日修交51周年記念韓日国際学術会議「日本における韓国独立運動と日本人」参加記などが掲載された。第56号ではこども教育宝仙大学での第37回定例研究会の案内、第20回研究大会の報告などが掲載された。第57号では、東京家政学院大学での第38回定例研究会の案内、第37回定例研究会の報告が掲載された。

（6）科研進捗状況
　基盤研究Bとして申請したが採択されず、再検討を経て、本年度再度申請をおこない審査中である。

（7）定例研究会
　定例研究会の日程、発表等については以下の通り。
【1】第37回定例研究会
2017年6月24日（土）こども教育宝仙大学
　①滝澤佳奈枝：「日本統治期台湾における本島服をめぐる一考察

―教科書・服装調査を手がかりとして―」
　②田中寛：「大東亜共栄圏下の異言語文化接触の一断面
　　　―"大東亜語学"と南方日本語普及工作の実態―」
　③小林茂子：「1930年代後半南洋群島の警察制度にみる「巡警」の
　　　役割と教育―朝鮮、台湾の日本人警察官に対する現地語奨励
　　　策を参照しつつ―」
【2】第38回定例研究会
2017年10月28日（土）東京家政学院大学
　①中川仁：「戦後期日本における台湾語研究」
　②小林茂子：「南洋群島関係の資料について
　　　―特に教育雑誌『南洋教育』を中心に―」

（8）出版企画

　皓星社より発行予定であった『植民地教育史ブックレット』については、諸般の事情より企画を停止した。その他出版物については現在企画中で、ワーキンググループを運営委員会内に立ち上げた。メンバーは、佐藤広美会員（責任者）、一盛真会員、岡部芳広会員、佐野道夫会員、渡部宗助会員。

（9）その他

　運営委員会及び年報編集委員相互の日常の諸連絡や検討事項については、それぞれのメーリングリストによって行われている。

　　　　　　　　　　　　　　　　　　　　（事務局長　岡部芳広）

前号訂正
19号において駒込武『世界史のなかの台湾植民地支配――台南長老教中学校からの視座』の表題が誤っておりました。訂正させて頂き、深くお詫び申し上げます。

編集後記

　国際社会において「移民排斥」の先頭を走るこの国は、米国、北朝鮮とともに東アジアの危機を深化させ、「秘密保護法」「安保法制」「共謀罪」と、米国に従い戦争ができる法整備を整えた。国際的な核兵器禁止の動向にも距離を置いて。政権の私物化・横暴・腐敗にもかかわらず、戦前の「治安維持法」の再来である「共謀罪」が、なぜ国民に受け入れられてしまうのか、私たちは考えなければならない。露骨な統制にさらされるマスコミと教育にのみ、その責をゆだねてはならない。デマゴギー、監視、そして「中立」性イデオロギーを特徴とする社会を生きる私たち。

　「共謀罪」は、日本社会に生きる市民を守るものではなく、国家を守るというきわめてナショナルなものである。そのため、この法律を受け入れてしまう主権者のあり方を深める糸口は、植民地支配の意図的「消去」を通してつくられた「戦後」に透徹したまなざしで向き合うことにある。アジアへのふるまいを「消去」してきた「戦後」の継続する無自覚な植民地主義・人種主義。朝鮮戦争、ベトナム戦争、アジアの独裁と不可分な関係にある日本国内の「内向きの平和主義」と経済成長。この無自覚な植民地主義・人種主義、それにより支えられる「内向きの平和主義」こそが、日本社会の右傾化の今を支える国民的思想基盤となっている。

　戦前の治安維持法は、植民地出身者に厳しかった。最初の検挙・起訴は京都学連事件の3ヶ月前の朝鮮共産党事件（1925年11月）である。治安維持法の対象者は、いわゆる「内地」では1930年代半ばから「国体ヲ変革」から「独立」へと解釈が広げられた。（植民地では、当初から拡大解釈で運用されていた。）1941年には、新たな予防拘禁規定が加えられる。1941年以後、治安維持法による検挙者のうち、「独立」を理由とされるものが全体の30.2％を占めた。しかも半島では死刑判決が出ている。この法律は、戦争の本格化に伴い、植民地出身者を弾圧する法律となった。

　戦前の朝鮮を代表する詩人尹東柱と従兄の宋夢奎も治安維持法の犠牲者である。尹東柱は、1945年2月16日福岡刑務所で謎の獄死をしている。宋夢奎も3月10日に獄死している。ともに27歳であった。2人の逮捕の理由は、下宿で同朋留学生と議論した時、宋夢奎が「独立のための武装蜂起論」を唱え、横で尹東柱が頷いて聞いていたことが、判決文では、「オルグ活動」とされた。行動ではなく議論でも逮捕、収監できたのである。宋夢奎はともかく、尹東柱は、独立運動の事実はない。解釈の拡大、行動ではなく何を考えるのかで処罰することが可能である点で、戦前・戦後の2つの法律は通底している。

　予防拘禁について気になることがある。2016年7月26日、神奈川県相模原津久井やまゆり園において、元施設職員による大量殺傷事件が起こされた。この時、安倍首相は「措置入院」の見直しを指示し、マスコミはこの事件の異常性を叫び、世論の多くは「措置入院」の予防拘禁的運用期待した。この事件にこそ、この社会に通底する人間観の弱さと、戦争を支えていく国民の弱さが露呈している。

　治安維持法に関わる事実の解明、責任の追及、名誉回復、国家賠償、特に植民地出身者への痛苦の反省と責任がなされないまま、私たちは新たな法律を持つこととなった。

　デマゴギー、監視、忖度、そして「中立」の時代を生きる私たち、特に日本国民は、主権者としての魂を獲得することを日本社会、アジアをはじめとする国際社会から問われている。

（一盛 真）

著者紹介（掲載順）

佐藤広美
　東京家政学院大学教授。1954年生まれ。日本近代教育思想史、博士（教育学）。『総力戦体制と教育学』（大月書店、1997）、『興亜教育』全8巻（監修、緑陰書房、2000）、「国定教科書と植民地」（『植民地教育史研究年報』9、皓星社、2007）、「植民地教育支配とモラルの相克」（『植民地教育史研究年報』18、皓星社、2015）、など

渡部宗助
国立教育政策研究所（名誉所員）。『日本植民地教育史研究』（科研報告書、国立教育研究所、1998）、『日中教育の回顧と展望』（科研報告書、国立教育政策研究所、2000）、『教育における民族的相克』（編、東方書店、2000）、「教員の海外派遣の政策史と様態」（小島勝編著『在外子弟教育の研究』玉川大学出版部、2003）、『教育刷新委員会／教育刷新審議会会議録』全13巻（編著、岩波書店、1998）、「1910年前後の日本の歴史教育　――その状況・教育課程・教科書――」（『植民地教育史研究年報』13、皓星社、2011）など。

松浦勉
八戸工業大学教員。『日本近代教育と差別――部落問題の教育史的研究――』（安川寿之輔・一盛真共著、明石書店、1998）、『差別と戦争』（渡辺かよ子共著、同上、1999）、「『総力戦体制』の形成と日本の教育学　――阿部重孝の教育改革・学制改革の思想とその特質――」（『八戸工業大学紀要』第24号、2005）、「海後宗臣の中国占領統治＝植民地主義教育の政策構想」（『八戸工業大学紀要』第32号、2013）、「アジア・太平洋戦争と日本の〈講壇教育学〉　――海後宗臣とその〈化育所〉構想を中心に――」（『八戸工業大学紀要』第33号、2014）

丸山剛史
宇都宮大学教育学部教員。1971年生まれ。学校教育学、技術教育学。『戦後教育改革資料　19　鹿内瑞子旧蔵資料目録』（共編、国立教育政策研究所、2006）、「宇都宮大学所蔵『満洲国』技術員・技術工養成関係資料目録　――解説と凡例――」（『植民地教育史研究年報』11、皓星社、2009）、「長谷川淳の文部省における技術教育の探究と挫折」（田中喜美編『技術教育の諸相』学文社、2016）など。

三橋広夫
早稲田大学非常勤講師。1951年生まれ。神田外国語大学大学院修士課程修了（日本語学）、前千葉県公立中学校教員。『これならわかる台湾の歴史Q&A』（大月書店、2012）、鄭在貞『帝国日本の植民地支配と韓国鉄道　1892～1945』（翻訳、明石書店、2008）、『東アジアの歴史――韓国高等学校歴史教科書』（翻訳、明石書店、2015）

宇賀神一
神戸大学大学院人間発達環境学研究科（博士課程）／日本学術振興会特別研究員。教育史・国語教育。「国定国語教科書編纂過程にみる国語教育史上における石森延男の位置」（『日本教育史研究』第36号、2017年8月）、「東京高等師範学校在学中における石森延男の活動」（『国語教育史研究』第16号、2016年3月）など。

岡田泰平
東京大学大学院　総合文化研究科　地域文化研究専攻。

宮脇弘幸
元宮城学院女子大学教授。社会言語学専攻。『日本語教科書－日本の英領マラヤ・シンガポール占領期（1941－45）』全6巻（復刻）解題「占領下マラヤ・シンガポール におけ

る教育と日本語教科書」（龍溪書舎、2002）、『南洋群島 國語読本』全8巻（復刻）解説「南洋教育と「国語読本」（大空社、2006）、『日本の中国侵略期における植民地 教育政策』監修（台湾・致良出版社、2010［原著『日本侵華時期殖民教育政策』武強遼寧教育出版社、1994］）など。

合津美穂

信州大学非常勤講師。東京都立大学大学院人文科学研究科博士課程単位取得満期退学。日本語教育史・社会言語学。「台湾公学校『国語科』教科書にみる『近代化』の内実―政治的教材を観点として―」『日本植民地・占領地教科書にみる植民地経営の「近代化」と産業政策に関する総合的研究』（平成25～27年度科学研究費補助金研究成果報告書、2016年）等。

山本一生

上田女子短期大学専任講師。博士（教育学）。『青島の近代学校－教員ネットワークの連続と断絶』（皓星社、2012年）、「扶輪学校設置とその教育活動」（貴志俊彦・白山眞理編『京都大学人文科学研究所所蔵華北交通写真資料集成』国書刊行会、2016年11月）、「「外地」の商業学校の学科課程における商業教育の意義と編成方法－私立青島学院商業学校を事例として－」（『植民地教育史研究年報』Vol.19、2017年3月）等。

Ulrich Flick

東北学院大学教養学部講師。ドイツ・ハイデルベルク大学博士課程修了。博士（哲学）。日本研究・中国研究専攻。「満洲」における植民地教育をメインに研究を進めている。著書に「「満洲」における歴史教育―中国人用教科書の分析を中心に―」（新保敦子編『成人教育研究におけるライフストリー分析』、早稲田大学ライフストリー研究会、2011）、「Identitaetsbildung durch Geschichtsschulbuecher – Die Mandschurei waehrend der faktischen Oberherrschaft Japans, 1905-1945」（Nomos、2014）等。

山下達也

明治大学文学部准教授。博士（教育学）。『植民地朝鮮の学校教員―初等教員集団と植民地支配―』（九州大学出版会、2011）、「植民地期朝鮮における初等学校の教育形態－複式教育論の分析を中心に―」（『韓国文化研究』、第5号、2015）、「植民地期朝鮮の教育実践研究―『朝鮮の教育研究』の分析を中心に―」（『アジア教育』、第9巻、2015）等。

李省展

恵泉女学園大学・大学院教授。「『文化政治』と朝鮮―1920年代を中心として」（趙景達編『植民地朝鮮―その現実と解放への道』、東京堂、2011）、「キリスト教と社会―ミッションスクールとナショナリズム」（『東アジア近現代通史―アジア研究の来歴と展望』別巻、岩波書店、2011）、「帝国・近代・ミッションスクール―ピョンヤンにおける「帝国内帝国」と崇実学校―」（駒込武・橋本伸也編『帝国と学校』、昭和堂、2007）、『アメリカ人宣教師と朝鮮の近代』（社会評論社、2006）など。

佐藤由美

埼玉工業大学教員。教育史専攻。日本統治下台湾・朝鮮における教育政策とその実態を研究。最近の研究に「日本統治下台湾からの工業系留学生―林淵霖氏の場合―」（『埼玉工業大学人間社会学部紀要』第8号、2010）、「植民地教育令の理念と制度―朝鮮教育令の制定をめぐって―」（『教育人間科学の探求』学文社、2008）がある。

芳賀普子

1941年仙台生まれ。2010年一橋大学大学院言語社会研究科博士課程卒。朝鮮戦争時北朝鮮人民軍動員についての論文で博士（学術）。一橋大学言語社会研究科特別研究員。出版社自営。

白柳弘幸

玉川大学教育博物館、玉川大学教育学部全人教育研究センター研究員。日台近代教育史、自校史（玉川学園史）。「台北高等学校と成城高等学校―「自由」な校風と3名の教育者―」『台北高等学校創立90周年　国際学術研討会論文集』国立台湾師範大学台湾史研究所　2014年。「日本植民地統治下台湾における日本人小学校の成立と展開―統治初期から明治末年までの日本人教育―」『玉川大学教育博物館紀要』第11号　玉川大学教育博物館　2014年。「台湾における小原國芳の教育行脚」『全人教育研究センター年報』第1号　玉川大学教育学部全人教育研究センター　2015年。「台南南門尋常小学校における内台共学―大正9年から昭和7年の『学校沿革誌』記録を中心に―」『玉川大学教育博物館紀要』第14号　玉川大学教育博物館　2017年。

田中寛

1950年、熊本県生まれ。大東文化大学教授。博士（文学）。専門は日本語学、日本語教育学、対照言語学、中国・タイにおける日本語教育史研究。主要書に『戦時期における日本語・日本語教育論の諸相―日本言語文化政策論序説』（ひつじ書房、2015）など。2004年、2016年英国ロンドン大学SOAS（東洋アフリカ学院）学術訪問員。

岡部芳広

1963年大阪市生まれ。相模女子大学教授。神戸大学大学院総合人間科学研究科博士後期課程修了。博士（学術）。台湾近現代音楽教育史専攻。『植民地台湾における公学校唱歌教育』（明石書店、2007）、「台湾の小学校音楽教育における1962年改訂国民小学音楽科課程標準の意味」（『音の万華鏡　音楽学論叢』藤井知昭・岩井正浩編、岩田書院、2010）など。

一盛真

大東文化大学文学部教授。「美しみを紡ぐ言葉―水俣病事件・上野エイ子の語り―」（教育科学研究会編『教育』No.854、2017年3月号、かもがわ出版）、「『社会的殺人』の背後にある人間観の敗北」（『教育』No.857、2017年6月号）、書評「清水寛編著『ハンセン病児問題史研究』」（日本教育学会編『教育学研究』第84巻第4号、2017年12月）、書評「清水寛編著『ハンセン病児問題史研究』」（全国障害者問題研究会編『障碍者問題研究』第45巻第4号、2018年2月）、書評「有薗真代『ハンセン病療養所を生きる』（『教育』No.865、2017年2月号）、「『マジョリティ』としての『民族』」（社会教育推進全国協議会編『月刊社会教育』No744、2018年5月号）

『植民地教育史研究年報』投稿要領

2015年度総会（2016年3月5日）了承

投稿要領
①投稿の申し込み締め切り日は、毎年7月31日とする（編集委員会必着）。
②投稿は、葉書、メール、または、ファックスにより、以下を記入の上、編集委員会に申し込む。
　名前、標題（30字以内）、区分（研究論文、研究ノート等）、連絡先
③申込・提出先（編集委員会）は、研究会事務局に問い合わせること。
④投稿原稿提出の締め切り日は、毎年9月30日とする（編集委員会必着）。
⑤研究論文等の投稿は、会員に限る。
⑥応募原稿は未発表のものに限る。ただし口頭で発表したものは、この限りでない。
⑦掲載が決定した場合は、投稿料として原則1人5,000円を納める。執筆者には3冊贈呈する。ただし、諸事情のある場合には、運営委員会による減免措置がある。
⑧掲載原稿の著作権は、研究会に帰属する。ただし著者は、研究会に連絡して、転載することができる。
⑨投稿原稿は日本語によるものとする。

執筆要領
⑩原稿の分量は次のとおりとする（本文・注・図・表などすべてを含む。分量厳守のこと）。
　研究論文：20,000字、研究ノート・研究方法・研究動向：8,000字
　旅の記録・研究資料：6,000字、気になるコトバ：4,000字
⑪投稿原稿等の提出要領（掲載される・されないに関わらず以下の項目を提出すること）
1．以下の項目を書いて添付すること。
　(1) 標題・著者名・所属（和文・外国語で表記のこと）、(2) 著者紹介（最近の研究業績は2本以内）、(3) 連絡先（住所、電話番号、ファックス番号、メールアドレス）
2．電子データ原稿を原則とする。
3．「図表、写真等のデータ」の取り扱い。
　(1) 文字原稿データと図表・写真等はデータを分けて提出すること。
　(2) 表は、ワードではなくエクセルで作成すること。
　(3) 「図表、写真等のデータ」には番号を振り、本文中の位置を指示すること。
　(4) 写真はモノクロでの印刷となる。
　(5) 脚注機能を使用せず、入稿時には本文に注番号も含めて記入すること。
　　例：「……必要が起こるのであります。」（注15、塩原時三郎「東亜に於ける日本帝国の使命」『文京の朝鮮』1937年12月、30頁。）しかし、……
⑫執筆者による校正は一度（初校）限りとする。校正時の大幅な修正は認めない。

編集委員会
⑬原稿の採否は編集委員会が決定する。
⑭研究論文と研究ノートは、別に定める審査要領に基づく審査を経て、編集委員会が採否を決定する。
⑮書評は、別に定める書評選考規程に基づいて、編集委員会が採否を決定する。
⑯編集委員会は原稿の内容・表現等について、著者に修正・書き直しを求めることがある。また、編集委員会で用字・用語等について、修正・統一をすることがある。
⑰編集委員会は必要に応じて、会員、非会員に原稿執筆を依頼することができる。

CONTENTS

Forward: The meaning of colonial textbook research:
pulling together Issue 20 of the Annual Review ················· Satō Hiromi 5

I. 20th Anniversary Lecture:

The Japanese Colonial Education History Research Group: Its founding and what came after ·· Watanabe Sōsuke 14

II. Symposium: Considering responsibility for colonial education

Introduction: What is colonial education responsibility? Considering the case of Ozawa Yūsaku ·· Satō Hiromi 30

The state of research on Fukuzawa Yūkichi and the historical study of Japanese colonial education: Starting with Yasukawa Junosuke's *Fukuzawa Yūkichi no Ajia Ninshiki* (2000).
··· Matsuura Tsutomu 40

Considering vocational and technical education in Machukuo and colonial rule responsibility.
··· Maruyama Tsuyoshi 62

"State logic" inherent in the consciousness of middle school students: Teaching which relativizes "colonialism" ··· Mitsuhashi Hirō 72

Conclusion ·· 89

III. Research Paper

The Place of the "Manshū Hojū Tokuhon (Manchurian Sub-reader)" in the execution of Japanese language education in Manchuria
·· Ugajin Hajime 106

IV. Book reviews and book notices
Book Reviews

Negawa Sachio and Inoue Shōichi, eds. *Border crossings and movements in the education history of Japanese emigrants: From the viewpoint of multi-cultural experiences.* Minerva Shobo, June 2016. ··· Okada Taihei. 128

Tanaka Hiroshi. *Some aspects of wartime Japanese Language and language education: An introduction of Japanese Language and culture policy theory.* Hitsuji Shobo, 2015.
·· Miyawaki Hiroyuki 134

Lin Qizhen. *Imperial Japan and Total War Education.* National Taiwan University Press, 2015. ·· Aizu Miho 142

Book Notice
Matsubara Takatoshi, Andrew Hall, Jin Tingshi, eds. *Education history in Manchuria and Korea : An international approach*. Hana Shoin, 2016.
.... Yamamoto Issei, Ulrich Flick,Yamashita Tatsuya 149

V. Historical materials introduction
School experiences in colonial Korea: The case of Chi My ngkwan
.... Lee Sung Jeon, Haga Hiroko, Satō Yumi 158
Table of contents and analysis of the journal *Manshū Kōkō* (Manchuria Mining and Manufacturing), edited by the Manchuria Mining and Manufacturing Technicians Association. .... Maruyama Tsuyoshi 175

VI. Field work report
Research on the Remains of Taiwan Education History-10 ...... Shirayanagi Hiroyuki 192

VII. Conference report
A report on the international symposium "The 80th Anniversary of Lugouqiao Incident": How we overcome war memory .... Tanaka Hiroshi 202

VIII. Miscellaneous announcements .... Okabe Yoshihiro 212

植民地教育史研究年報　第20号
Annual Reviews of Historical Studies of Colonial Education, vol. 20

教育の植民地支配責任を考える
Considering responsibility for colonial education

編集
日本植民地教育史研究会運営委員会（第Ⅵ期）
The Japanese Society for Historical Studies of Colonial Education

代　　表：井上薫
運営委員：北川知子・小林茂子・清水知子・合津美穂子・佐藤広美・
　　　　　佐野通夫・白柳弘幸・一盛真・藤森智子
事務局長：岡部芳広
事務局次長：松岡昌和
事務局員：山本一生・滝澤佳奈枝・白恩正・北島順子・芳賀普子
年報編集委員会：一盛真（編集長）・藤森智子・松浦勉・
　　　　　　　　丸山剛史・山本一生
事務局：神奈川県相模原市南区文京 2-1-1
　　　　相模女子大学学芸学部岡部研究室

TEL 042-713-5017
URL http://blog.livedoor.jp/colonial_edu/
E-Mail：y-okabe@star.sagami-wu.ac.jp
郵便振替：00130-9-363885

発行　2018年3月31日
定価　2,000円＋税

発行所　　株式会社　皓星社
〒101-0051　千代田区神田神保町 3-10 宝栄ビル 6 階
電話：03-6272-9330　FAX：03-6272-9921
URL http://www.libro-koseisha.co.jp/
E-mail：info@libro-koseisha.co.jp
郵便振替　00130-6-24639

装幀　　藤巻亮一
印刷・製本　精文堂印刷株式会社

ISBN978-4-7744-0660-2 C3337